职业教育"十三五"改革创新规划教材

社交礼仪

曹 华 主编

清华大学出版社
北 京

内 容 简 介

本书是职业教育"十三五"改革创新规划教材,根据院校课程改革及教学实际编写而成。通过本书的学习,学生可以掌握现代礼仪,使自己成为受欢迎的人,有助于走向社会后更好地与他人交往和合作。本书由一线教师参与编写,紧密结合工作岗位,教学内容与职业岗位对接;选取的案例贴近生活、贴近社会实际;将创新理念贯穿到教材内容选取、体例等方面,充分体现职业教育要求。

本书可作为职业院校社交礼仪类课程教材。

本书封面贴有清华大学出版社防伪标签,无标签者不得销售。
版权所有,侵权必究。举报:010-62782989,beiqinquan@tup.tsinghua.edu.cn。

图书在版编目(CIP)数据

社交礼仪/曹华主编. —北京:清华大学出版社,2019(2023.8重印)
职业教育"十三五"改革创新规划教材
ISBN 978-7-302-52241-6

Ⅰ.①社… Ⅱ.①曹… Ⅲ.①社交礼仪—职业教育—教材 Ⅳ.①C912

中国版本图书馆 CIP 数据核字(2019)第 015240 号

责任编辑:刘士平
封面设计:傅端学
责任校对:赵琳爽
责任印制:宋 林

出版发行:清华大学出版社
  网 址:http://www.tup.com.cn, http://www.wqbook.com
  地 址:北京清华大学学研大厦 A 座 邮 编:100084
  社 总 机:010-83470000 邮 购:010-62786544
  投稿与读者服务:010-62776969, c-service@tup.tsinghua.edu.cn
  质量反馈:010-62772015, zhiliang@tup.tsinghua.edu.cn
  课件下载:http://www.tup.com.cn, 010-83470410
印 装 者:三河市科茂嘉荣印务有限公司
经 销:全国新华书店
开 本:185mm×260mm 印 张:15 字 数:332 千字
版 次:2019 年 12 月第 1 版 印 次:2023 年 8 月第 4 次印刷
定 价:45.00 元

产品编号:075917-02

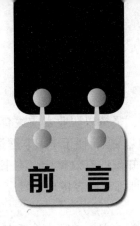

前言

本书是职业教育"十三五"改革创新规划教材,根据院校课程改革及教学实际编写而成。通过本书的学习,学生可以掌握现代礼仪,使自己成为受欢迎的人,有助于走向社会后更好地与他人交往和合作。本书由一线教师参与编写,紧密结合工作岗位,教学内容与职业岗位对接;选取的案例贴近生活、贴近社会实际;将创新理念贯穿到教材内容选取、体例等方面,充分体现职业教育要求。

每一个人生活在社会中,必然要与他人进行交往。在社会交往过程中,人们逐渐形成了一系列共同认可的社会交往规则,这就是礼仪文化。我们青年人应继承和发扬中华民族讲"礼"重"仪"的优良传统,学习和实践社交礼仪,树立社会主义荣辱观,有利于构建和谐社会,实现中国梦。本书共分九讲,各讲内容为:第1讲社交礼仪概述,简要介绍了礼仪的起源和发展、概念和特征、基本原则、种类及功能。第2讲仪容仪态礼仪,告诉同学们如何修饰仪容、举止形态以及佩戴配饰。第3讲着装礼仪,详细介绍了不同场合下着装的基本原则、风格特点和选择搭配。第4讲日常交往礼仪,提醒同学们与人交往时如何称呼与招呼、问候与致意、介绍与名片使用及邀请与拜访。第5讲商务公务礼仪,讲解了在不同的商务或公务活动中仪容仪表和言谈举止的基本要求。第6讲婚寿丧礼仪,讲述了婚庆、寿诞和丧葬活动中各具特色的礼仪文化。第7讲餐会礼仪,让同学们了解中餐、西餐、宴请和饮品的基本礼仪文化。第8讲文书礼仪,指导同学们借助文书来拉近与他人交往的社交距离。第9讲国际礼仪,介绍了国际交往的基本规范以及不同地域、不同国家的风土人情与社交礼仪,帮助同学们采取合适的方式与国际友人相处。

本书在编写时努力贯彻教学改革的有关精神,具有以下特色。

(1) 体系完整,注重内容的实用性和操作性。从礼仪文化的起源发展到中外礼仪的对比,描述了礼仪的基本特征、主要原则和功能作用。从仪容、仪态到着装,塑造了个人的外在形象。从日常交往到商务活动,从餐会到婚寿丧,不同场合下遵循着特有的礼仪规范。虽然现在互联网改变了人们交往的模式,但是文书礼仪依然有它存在的价值。经济全球化拉近了世界各国人民之间的距离,与国际友人的交往已是常态,需要我们熟悉国际交往礼仪。

(2) 突出实践技能的培养。本书注重"做中学、做中教"的职业教育教学特色,

社交礼仪

以社会需求和学生就业为导向，坚持以职业素质教育为主线，书中将知识性与趣味性巧妙结合，形象直观，内容呈现感强，便于学习掌握运用。

（3）突出理论知识和实践知识的有效整合。本书各讲引经据典，图文并茂，设有思考题，通过相关知识和拓展训练等内容将理论贯穿于实践中，学以致用，用以促学，学用相长。

（4）贴近学生、教师需求。本书在编写中注重任务内容的选择，贴近生活，激发学生的学习兴趣，易于教师教学组织、教学实施与教学评价，同时在知识拓展中添加新的实训内容以供学习，进一步深化对礼仪文化的理解和应用。

本书建议 54 学时，具体学时分配见下表。

章 节	内 容	学 时
第 1 讲	社交礼仪概述	4
第 2 讲	仪容仪态礼仪	6
第 3 讲	着装礼仪	6
第 4 讲	日常交往礼仪	6
第 5 讲	商务公务礼仪	6
第 6 讲	婚寿丧礼仪	6
第 7 讲	餐会礼仪	6
第 8 讲	文书礼仪	6
第 9 讲	国际礼仪	8
合 计		54

本书由曹华担任主编，负责全书框架的总体设计和统稿。各讲编写分别由以下人员执笔：第 1、2、9 讲，曹华编写；第 3 讲，缪露、张丹薇编写；第 4 讲，樊曼莉编写；第 5 讲，黄建编写；第 6 讲，吴雁编写；第 7 讲，刘西贝编写；第 8 讲，庞晓虹编写。

本书在编写过程中参考了大量的文献资料，在此向文献资料的作者致以诚挚的谢意。由于编者水平有限，书中难免有疏漏和不妥之处，恳请广大读者批评指正。了解更多教材信息，请关注微信订阅号：Coibook。

编 者
2019 年 9 月

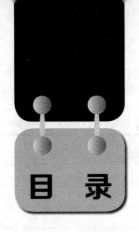

目 录

第 1 讲　社交礼仪概述 1
1.1　礼仪的起源和发展 3
1.2　礼仪的概念和特征 8
1.3　礼仪的基本原则 10
1.4　礼仪的种类及功能 11
思考题 13

第 2 讲　仪容仪态礼仪 15
2.1　仪容修饰 17
2.2　仪态举止 21
2.3　首饰和配饰搭配 30
思考题 42

第 3 讲　着装礼仪 43
3.1　着装原则及注意事项 45
3.2　公务着装 47
3.3　社交着装 53
3.4　休闲着装 66
3.5　特殊场合着装 68
思考题 69

第 4 讲　日常交往礼仪 71
4.1　称呼与招呼 73
4.2　问候与致意 78
4.3　介绍与名片使用 81
4.4　邀请与拜访 86
思考题 91

社交礼仪

第 5 讲　商务公务礼仪 ... 93
　5.1　接待礼仪 ... 95
　5.2　商务谈判礼仪 ... 107
　5.3　庆典礼仪 ... 120
　思考题 ... 129

第 6 讲　婚寿丧礼仪 ... 131
　6.1　婚庆礼俗 ... 133
　6.2　寿诞礼俗 ... 141
　6.3　丧葬礼俗 ... 145
　思考题 ... 148

第 7 讲　餐会礼仪 ... 149
　7.1　中餐礼节 ... 151
　7.2　西餐礼节 ... 159
　7.3　宴请礼节 ... 169
　7.4　饮品礼节 ... 174
　思考题 ... 180

第 8 讲　文书礼仪 ... 181
　8.1　书信往来 ... 183
　8.2　电子商函 ... 200
　8.3　签名赠言 ... 204
　8.4　请柬 ... 207
　思考题 ... 210

第 9 讲　国际礼仪 ... 211
　9.1　国际礼仪规范 ... 213
　9.2　涉外接待礼仪 ... 216
　9.3　涉外会谈礼仪 ... 220
　9.4　国外礼俗举要 ... 222
　思考题 ... 230

参考文献 ... 231

第 1 讲

社交礼仪概述

不学礼，无以立。

——孔子

礼仪是一个人、一个组织、一个民族乃至一个国家内在精神文明素养的展现。礼仪作为律己、敬人的行为规范，让我们的社会生活更有秩序、人际关系更加和谐。学习礼仪是提高个人素质和单位形象的必要条件，也是安身立命之本。

1.1 礼仪的起源和发展

在社会发展中，人类要生存与发展，必须建立起有序的社会生活秩序。礼仪就是为了维系正常的社会秩序，人们所共同遵守的行为规范。随着社会的发展和进步，作为人类文明的产物，礼仪的内容和形式不断地发生变化。总体来看，人们追求真善美的愿望是一致的，其基本礼仪已约定俗成、世代相传。由于地理环境不同，历史文化相异，世界各国各民族有着各自独特的礼仪规范。

1.1.1 中国礼仪的起源与发展

中国自古就以"礼仪之邦"闻名于世。中华民族的礼仪经历了从无到有、从低级到高级、从零散到完备的逐步形成与发展过程。中华礼仪在周朝以前是以祭祀的形式存在。到了公元前 700 年左右，才形成一整套完整礼仪制度，即大家熟知的"周礼"。中华礼仪在其传承沿袭的过程中不断发生着变革，其演变过程可以分为以下几个阶段。

1. 礼仪的萌芽时期（公元前 5 万年—公元前 22 世纪）

原始社会时期，由于愚昧无知，人们面对天灾束手无策，对大自然充满了敬畏，举行祭祀活动企求神灵保佑风调雨顺。为祈祷而举行的仪式是古代礼仪的萌芽，正所谓"礼立于敬而源于祭"。原始社会所形成的礼仪简单，不具有阶级性。中国礼仪最早可以上溯到原始社会。经考古发现，在旧石器时期，距今约 1.8 万年前，生活在北京周口店的山顶洞人，用穿孔的兽齿和石珠作为装饰品来打扮自己，在去世的族人身旁撒放赤铁矿粉，举行原始宗教仪式。这是迄今为止在中国发现的最早的丧葬礼仪。在半坡遗址中，发现了生活在距今约 5000 年前的半坡村人的公共墓地，墓地中坑位排列有序，死者的身份也有所区别，有戴殉葬品的仰身葬，也有无殉葬品的俯身葬等。仰韶文化时期的其他遗址表明，当时形成了区别尊卑等级、男女有别的礼制——长辈坐上席、晚辈坐下席，男子坐左边、女子坐右边。此外，还有婚嫁礼仪、祭典仪式及日常交往礼节。

2. 礼仪的形成时期（公元前 21 世纪—公元前 771 年）

随着生产工具和耕作技术的进步，农业、畜牧业、手工业生产跃上了一个新台阶，生产产品出现了剩余，并逐渐集中在少数人手里，开始出现阶级分化，原始社会解体，人类进入奴隶社会。统治阶级为了巩固自己的统治地位把原始的宗教礼仪发展成符合奴隶社会政治需要的礼制，礼被打上了阶级的烙印。在这个阶段，中国第一次形成了比较完整的国家礼仪与制度。

许多基本礼仪在商末周初已基本形成，成书于商周之际的《易经》和在周朝大体

社交礼仪

定型的《诗经》，是记载礼仪内容的代表作。周朝对礼仪颇多建树，确立尊老爱幼等礼仪，相见礼和婚礼（包括纳采、问名、纳吉、纳征、请期、亲迎"六礼"）也成为定式。在西周，贵族佩戴成组饰玉成为风气，青铜礼器成为个人身份的象征。西周的礼乐制度将人们的行为举止、心理情操等统统纳入一个尊卑有序的模式中。西周礼是用于定亲疏，决嫌疑，别同异的典章制度，而西周乐以五声八音为乐，五声为音阶，即宫、商、角、徵、羽，八音为器乐之分类，即埙、笙、鼓、管、弦、磬、钟、柷。按礼，天子的舞用"八佾"（"佾"是"列"的意思，每列八人，八佾六十四人），天子祭祖唱《雍》诗来撤除祭品，只有天子可以"旅"（祭祀）于泰山。如果卿大夫这样"僭礼"，实质上就是夺取政治权力的一种表现。西周的礼乐制度就是等级制度，主要用来维护宗法制度和君权、族权、夫权、神权。

《周礼》又名《周官》，大至天下九州，天文历象；小至沟洫道路，草木虫鱼。凡邦国建制，政法文教，礼乐兵刑，赋税度支，膳食衣饰，寝庙车马，农商医卜，工艺制作，各种名物、典章、制度，无所不包，堪称上古文化史之宝库。《周礼》是一部通过官制来表达治国方案的著作，现存5篇，第6篇用《考工记》弥补，详细介绍了六类官名及其职权。六官分别称为天官、地官、春官、夏官、秋官和冬官。其中，天官主管宫事、财货等；地官主管教育、市政等；春官主管五礼（即吉礼、凶礼、宾礼、军礼和嘉礼）、乐舞等；夏官主管军旅、边防等；秋官主管刑法、外交等；冬官主管土木、建筑等，如图1-1所示。

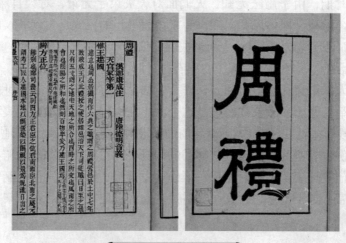

图1-1 《周礼》拓本

3. 礼仪的发展、变革时期（春秋战国时期）

西周末期，诸侯纷起争霸，周王朝岌岌可危。承继西周的东周王朝已无力全面恪守传统礼制，出现了所谓"礼崩乐坏"的局面。

春秋战国时期是我国奴隶社会向封建社会转型时期。在此期间，以孔子、孟子、荀子为代表的诸子百家对礼仪的起源、本质和功能进行了系统阐述，第一次全面而深刻地论述了社会等级秩序的划分及其意义。

孔子把"礼"看成治国、安邦、平定天下的基础。他认为"不学礼，无以立"；"质胜文则野，文胜质则史。文质彬彬，然后君子"；倡导"仁者爱人"，相互关心，彼此尊重，要做到"非礼勿视，非礼勿听，非礼勿言，非礼勿动"。他编订的《仪礼》，详细记录了战国以前贵族生活的各种礼节仪式。《仪礼》和《周礼》《礼记》合称"三礼"，是中国古代最早、最重要的礼仪著作。这三本著作是汉代以后的2000多年历史中制定礼仪制度的模本。

孟子把"礼"看作人的善性的发端之一，将孔子的"仁学"思想加以发展，提出了"王道""仁政"学说和"民贵君轻"学说，主张"以德服人""舍身而取义"。

荀子主张"隆礼""重法"，提倡礼法并重。"礼者，人道之极也。"他把"礼"作为人生哲学思想的核心，看作做人的根本目的和最高理想。"礼"既是目标、理想，又是行为过程。"人无礼则不生，事无礼则不成，国无礼则不宁。"只有尊崇礼，且法制完备，国家才能安宁。

西周春秋时期贵族讲究的礼是比较多的，有籍礼、冠礼、大搜礼、乡饮酒礼、乡射礼、朝礼、聘礼、祭礼、婚礼、丧礼等。籍礼是用来监督平民在"籍田"上从事无偿的集体劳动，以维护称为"籍"的办法的。冠礼是授予成年贵族种种特权，以维护贵族的利益和巩固贵族成员之间的关系。大搜礼具有军事检阅和军事演习性质，起着整编军队、检阅兵力和加强统治的作用。乡饮酒礼在于维护一乡之内贵族的宗法制度和统治秩序。乡射礼具有以乡为单位的军事训练和军事学习的性质。朝礼在于尊重国君的权力和地位。聘礼在于维护贵族内部的等级和秩序。祭礼在于维护神权和尊重族权。婚礼和丧礼在于维护宗法制度与族权。

4. 礼仪的强化时期（公元前221—公元1911年）

在我国长达2000多年的封建社会里，不同朝代有不同的社会政治、经济、文化特征。不过这个时期的礼仪文化始终是维护封建社会等级秩序的主要工具，大致分为涉及国家政治的礼制和家庭伦理两类，其核心思想是尊君抑臣、尊夫抑妇、尊父抑子、尊神抑人。这一时期的礼仪是中华民族传统礼仪的主体。在历史发展的长河中，封建社会的礼仪妨碍人类个性自由发展，阻挠人类平等交往，成为禁锢思想自由的精神枷锁。

秦王朝是中国历史上第一个中央集权制的封建王朝。秦始皇在全国推行"书同文""车同轨""行同伦"。秦朝制定的集权制度，成为后来延续2000余年封建体制的基础。

西汉初期，叔孙通协助汉高祖刘邦制定了朝礼之仪，突出发展了礼的仪式和礼节。西汉思想家董仲舒则把封建专制制度的理论系统化，提出"唯天子受命于天，天下受命于天子"的"天人感应"之说，把儒家礼仪具体概括为"三纲五常"。"三纲"即君为臣纲，父为子纲，夫为妻纲。"五常"即仁、义、礼、智、信。汉武帝刘彻采纳董仲舒的建议，使儒家礼教成为定制。

汉代时，孔门后学编撰的《礼记》问世。《礼记》共计49篇，其中有讲述古代风

社交礼仪

俗的《曲礼》；有谈论古代饮食、居住进化概况的《礼运》；有记录家庭礼仪的《内则》；有记载服饰制度的《玉藻》；有论述师生关系的《学记》；还有教导人们道德修养的途径和方法，即"修身、齐家、治国、平天下"的《大学》等。总之，《礼记》堪称集上古礼仪之大成，上承奴隶社会、下启封建社会的礼仪汇集，是封建时代礼仪的主要源泉。盛唐时期，《礼记》由"记"上升为"经"，成为"礼经"三书之一。

宋代时，出现了以儒家思想为基础，兼容道学、佛学思想的理学，程颢、程颐和朱熹为其主要代表。"二程"认为："父子君臣，天下之定理，无所逃于天地间。""礼即是理也。"朱熹进一步指出："仁莫大于父子，义莫大以于君臣，是谓三纲之要，五常之本。人伦天理之至，无所逃于天地间。"朱熹的论述使"二程"的"天理"说更加严密、精致。这个时期家庭礼仪研究硕果累累，以司马光的《四书集注》和朱熹的《朱子家礼》最为著名。

明代时，交友之礼更加完善，而忠、孝、节、义等礼仪则日趋繁多。

满族入关后，逐渐接受了汉族的礼制，并且使其复杂化，导致一些礼仪显得虚浮、烦琐。例如，清代的品官相见礼，当品级低者向品级高者行拜礼时，动辄一跪三叩，重则三跪九叩。清代后期，清王朝政治腐败，民不聊生，古代礼仪盛极而衰。而伴随着西学东渐，一些西方礼仪传入中国，北洋新军时期的陆军便采用西方军队的举手礼等，以代替不合时宜的打千礼等。

5. 近现代礼仪的发展（1912—1978 年）

在半殖民地、半封建社会时期，中华民国政府破旧立新，主张用民权代替军权，用自由、平等取代宗法等级制度；普及教育，废除祭孔读经；改易陋俗，剪辫子、禁缠足等，从而正式拉开了现代礼仪的序幕。符合时代要求的传统礼仪被继承、完善和流传，那些繁文缛节逐渐被抛弃。同时，国际上通用的礼仪形式开始被民众所接受，像握手礼开始流行于上层社会，后逐渐普及于民间。

新中国成立后，摒弃了昔日束缚人们的神权天命以及严重束缚妇女的"三从四德"等封建礼教，确立了"同志式"的合作互助关系和男女平等的新型社会关系，讲究信义、以诚相待、尊老爱幼、先人后己、礼尚往来等良好的传统礼仪则得到了继承和发扬。

6. 当代礼仪的发展（1978 年至今）

随着中国改革开放大门的打开，与世界各国各民族的交往日趋频繁。西方一些礼仪传入我国，同我们的传统礼仪相结合，构成了社会主义礼仪的基本框架。随着社会的进步、科技的发展和国际交往的增多，礼仪的内容、形式都在不断变革，现代礼仪的发展进入了全新的发展时期。

1981 年 2 月 25 日，在全国范围内开展"五讲四美"活动。"五讲"即讲文明、讲礼貌、讲卫生、讲秩序、讲道德，"四美"即语言美、心灵美、行为美、环境美。

1996 年 10 月 10 日，从中央到省、市、自治区开办市民学校，学习礼仪知识，推行文明礼貌用语，积极树立行业新风，开展"18 岁成人仪式教育活动"，制定市民文明公约，努力创建全国文明城市。

2001年9月20日，中共中央印发《公民道德建设实施纲要》，大力倡导"爱国守法、明礼诚信、团结友善、勤俭自强、敬业奉献"的基本道德规范，努力提高公民道德素质；大力倡导以尊老爱幼、男女平等、夫妻和睦、勤俭持家、邻里团结为主要内容的家庭美德，鼓励人们在家庭中做一个好成员；提倡在重要场所和重大活动中升国旗、唱国歌、开展入队、入团、入党宣誓，成人仪式以及各种形式的重礼节、讲礼貌、告别不文明言行等活动，引导公民增强礼仪、礼节、礼貌意识，不断提高自身道德修养。

2014年2月24日，习近平总书记强调要弘扬以爱国主义为核心的民族精神和以改革创新为核心的时代精神，深入挖掘和阐发中华优秀传统文化讲仁爱、重民本、守诚信、崇正义、尚和合、求大同的时代价值，引导人们向往和追求"讲道德、尊道德、守道德"的生活。

我们认识到，在古代，礼仪文明作为中国传统文化的一个重要组成部分，对中国社会历史发展产生了广泛深远的影响，其涉及的范围十分广泛，内容十分丰富。在近现代，礼仪的范畴逐渐缩小，礼仪与政治体制、法律典章、行政区划、伦理道德等基本分离。当代礼仪继承了中华民族的传统美德，去掉了繁文缛节、复杂琐碎的内容，明确了当代人最基本的行为准则，吸收了许多反映时代风貌、适应现代生活节奏的新形式，更加简明、实用、新颖、灵活。

1.1.2　西方礼仪的起源与发展

爱琴海地区和希腊是亚欧大陆西方古典文明的发源地。约从公元前6000年起，爱琴海居民开始从事农业生产。此后，相继产生了克里特文明和迈锡尼文明。公元前11世纪，古希腊进入因《荷马史诗》而得名的荷马时代，在史诗中有关于礼仪的描述。古希腊哲学家毕达哥拉斯率先提出了"美德即是一种和谐与秩序"的观点。苏格拉底认为，培植人的道德观念是哲学的目标之一。他不但教导人们要待人以礼，而且在生活中身体力行，为人师表。柏拉图强调教育的重要性，指出理想的四大道德目标为智慧、勇敢、节制、公正。亚里士多德强调，"人类由于志趣善良而有所成就，成为最优良的动物，如果不讲礼法、违背正义，就会堕落为最恶劣的动物"。

公元1世纪末至5世纪，是罗马帝国统治西欧时期。这个时期，教育理论家昆体良指出，一个人的道德、礼仪教育应从幼儿期开始。诗人奥维德则告诫，青年朋友不要贪杯，用餐不可狼吞虎咽。

公元476年，西罗马帝国灭亡，欧洲开始进入封建化过程。中世纪欧洲以土地关系为纽带，形成封建等级制，制定了严格而烦琐的贵族礼仪、宫廷礼仪等。诗集《埃达》详尽地描述了当时用餐的规矩、嘉宾贵客居上座、举杯祝酒有讲究……

进入文艺复兴时期，意大利作家加斯梯良著作的《朝臣》，论述了从政的成功之道和礼仪规范及其重要性；尼德兰人文主义者伊拉斯谟的《礼貌》，着重论述了个人礼仪和进餐礼仪等，提醒人们讲究道德、清洁卫生和外表美。思想家培根说："一个人若有

社交礼仪

好的仪容，那对他的名声大有裨益，并且正如女王伊莎贝拉所说，那就'好像一封永久的推荐书一样'。"

17—18世纪，欧洲资产阶级革命爆发。随后资本主义制度在欧洲确立和发展，资本主义社会的礼仪逐渐取代封建社会的礼仪。这个时期的约翰·洛克编撰的《教育漫话》，系统、深入地叙述了礼仪的地位、作用以及礼仪教育的意义和方法。1716年，德国学者腼南杰斯撰写出版礼仪专著《论接待权贵和女士的礼仪，兼论女士如何对男士保持雍容态度》。英国政治家切斯特菲尔德勋爵在其名著《教子书》中指出："世界最低微、最贫穷的人都期待从一个绅士身上看到良好的教养，他们有此权利，因为他们在本性上是和你相等的，并不因为教育和财富的缘故而比你低劣。同他们说话时，要非常谦虚、温和，否则，他们会以为你骄傲而憎恨你。"

在现代社会，不少西方学者出版了有关礼仪的书籍，其中比较著名的有英国学者埃尔西·伯奇·唐纳德编的《现代西方礼仪》、法国学者让·赛尔著的《西方礼节与习俗》、美国礼仪专家伊丽莎白·波斯特编的《西方礼仪集萃》、德国作家卡尔·斯莫卡尔著的《请注意您的风度》以及美国教育家卡耐基编辑的"成功之路丛书"等。

不论在东方还是在西方，人们都强调，进行社会交往的行为要讲文明、懂礼貌。可是，由于东西方自然环境、历史背景和文化传统观念的不同，中西礼仪在实际操作方面存在着明显的差异。比如，我们尊称上了岁数的长者为"老先生""老师傅""老大爷""老奶奶"等，而在西方国家，用"老"字称呼上了岁数的人以表敬意，会适得其反。因为西方人认为"老"意味着"精力不济，走下坡路"。在后面我们会专门介绍不同国家、不同民族独具特色的礼仪。

1.2 礼仪的概念和特征

礼仪是人们在社会交往中逐渐形成，并且以风俗、习惯和传统等方式固定下来。礼仪是一个人的品行修养、文明素养和交际能力的外在表现，也反映一个国家社会文明程度、道德风尚和生活习惯，体现的是对人对己的尊重。

1.2.1 礼仪的概念

礼的繁体字"禮"，左边代表神，右边是向神进贡的祭物。因此，汉代学者许慎著《说文解字》曰："礼，履也，所以事神致福也。"早期礼仪是从祭祀起源，是原始社会宗教信仰的产物，也是原始社会人类生活的若干准则。在我国，"礼仪"一词，最早见于《诗经》。中国古代的"礼"和"仪"是不同的概念。"礼"是指表示敬意的仪式、规则制度和社会意识观念；而"仪"则是指仪容仪表和法度标准。礼仪后来演绎为一整套系统而完整的程序。现代社会"礼仪"一词有了更加广泛的含义，是与人交往的程序、方式以及实施交往行为时的外在表现方面的规范，其内容包括仪表仪态、礼貌礼节、行礼仪式、行为规范、交往程序、礼宾次序、道德规范等。

仪表是指人的外表，如容貌、服饰、表情、姿态等。

礼貌是指人们在日常交往过程中，表示敬重、友好的行为规范。讲礼貌应做到彬彬有礼、落落大方、诚恳和善。

礼节是指人们在交际活动中待人接物的形式和规则。礼节是礼貌在语言、行为、仪态等方面的具体体现。比如，见到长辈要问安行礼；得到帮助要说"谢谢"；与人告别要挥手致意等。

仪式是指在一定场合举行的具有专门程序的活动，如开业典礼、迎送仪式等。

礼仪是现代社会文明的重要组成部分。从交际的角度来看，礼仪是人际交往中约定俗成的以示尊重、友好的习惯做法，是一种人际交往艺术或方式。从传播的角度来看，礼仪是在人际交往中进行相互沟通的技巧，大致可分为政务礼仪、商务礼仪、服务礼仪、社交礼仪、涉外礼仪五大分支。

1.2.2 礼仪的特征

礼仪是人们进行社会交往的行为规范与准则，具有以下几个特征。

1. 普遍认同性

礼仪无处不在，礼仪无时不在。受生活环境、文化背景和历史传统的影响，不同国家不同民族产生了不同的礼仪文化。尽管如此，不少礼仪是全世界通用的，具有全人类的共同性。例如，尊老爱幼、礼貌待客、礼尚往来、遵时守约等被人们广泛认同，是世界通用的基本礼仪，全人类、各民族所共同遵循的礼仪准则。

2. 动态发展性

礼仪作为一种文化现象，是动态发展的。在人类的社会交往中，礼仪为人们逐渐确立或约定俗成。符合人类生存发展的礼仪通常会长期沿袭，经久不衰。像尊老敬贤、父慈子孝、礼尚往来等礼仪，反映了中华民族的传统美德，被一代代传承下来，而强调男权、君权等封建糟粕的礼仪则被抛弃。社会在不断进步，礼仪也在不断更新。随着社会交往的不断扩大，各国各民族的礼仪文化相互渗透。顺应时代发展的要求，中华礼仪在保持传统民族特色的基础上，吸收西方礼仪，变得更文明、更简洁、更实用。例如，当代在正式社交场合下，人们遵循国际惯例，习惯穿西装出席，以示尊重。

3. 行为规范性

礼仪是约定俗成的一种自尊、敬人的惯用形式，规定了人们在各种交际场合待人接物时必须遵守的行为规范。这种规范性是一种"通用语言"，约束着人们在交际场合的言谈话语、行为举止，使之合乎成规，也是衡量他人、判断自己是否自律、敬人的

社交礼仪

标准和尺度。若是不遵守行为准则，另起炉灶，自搞一套，或是只遵守个人适应的部分，而舍弃个人不适应的部分，都难以为交往对象所接受、所理解。

4. 显在差异性

礼仪的运用因时间、地点或对象的变化而有所不同。这种差异性首先表现为民族差异性。不同民族的生活环境、历史背景造就了各民族礼仪各具特色、缤彩纷呈。各民族的习俗礼仪都凝结着本民族、本地区人民的文化情结，人们严格遵循，苦心维护，难以改变。比如同是见面礼，有的是握手，有的是拥抱，有的是亲面……其次表现为个性差异。每个人因其地位、性别、资质等因素的不同，在使用同样的礼仪时会表现出不同的形式和特点。比如同是出席宴会，男士和女士仪表仪态、举止风格表现各异。再次表现为时代差异性。礼仪总是随着社会的进步而不断发展、丰富和完善，体现着时代要求和时代精神，因而不同时代的礼仪存在差异。最后表现为等级差异性。不同身份、不同地位的人士礼宾待遇是不同的。日常生活中，用长幼之分、男女之别来规范每个人的受尊重程度；官方交往中，依据职务或社会地位的高低确定礼宾次序和礼宾待遇，礼节上做到相互对等、礼尚往来。

1.3 礼仪的基本原则

礼仪主要起规范作用，规范则有标准的尺度，礼仪水平的高低，则反映出个体或群体的修养和境界。礼仪原则可大致概括为尊重、自律、适度和真诚。

1.3.1 尊重原则

古人云："敬人者，人恒敬之。"尊重是礼仪的核心，在社会交往中既要自尊又要尊敬他人。自尊就是要保持自己的人格和尊严，做到自强不息，修养身心，才能赢得他人的尊重。而尊敬他人就是要以礼相待，尊重他人的人格。在平等基础上达到双方交往的目的，对任何交往对象都必须一视同仁，尊重彼此的习俗，遵循入乡随俗、入国问禁的古训，切不可自恃清高，自以为是。在与人交往时，互尊互敬，互谦互让，使用礼貌语言，遵循行为规范，才能保持和谐愉快的关系。

1.3.2 自律原则

礼仪作为社会生活的准则，对人们的行为规范有着广泛的约束力。礼仪的实施靠每个人自觉、自愿地遵守，规范自己在社会交往活动中的言行举止。不注意礼仪的人会遭到公众的批评和谴责，处处碰壁；而注重礼仪之人会处处受人尊敬，一帆风顺。因此，在社会生活中，我们要知礼守礼，对照礼仪这面"镜子"严格要求自己，自我约束，自我反省，努力树立良好形象，赢得他人的尊重，达到交际活动预期的目标。

1.3.3 适度原则

人们在交际活动中运用礼仪时，要注意把握分寸，适可而止，做到仪表端庄大方，举止庄重文雅，说话文明，遵守社会公共道德。若是过度或没有度，施礼就可能进入误区。面对上级、长辈应彬彬有礼、落落大方，而不要低眉顺眼；面对朋友、同事应亲切随和，而不要尖酸刻薄。与人交往时，言行举止要符合自己的身份、地位，恰如其分。面对不同场合，要适时调整自己的心态情绪，以恰当的方式应对。

1.3.4 真诚原则

在人际交往过程中，做到诚实守信，不虚伪、不做作，言行一致，表里如一。发自内心地真诚待人，自然得体的言行，有助于双方的交流沟通。如果缺乏真诚则不可能达到信息传递、情感交流、思想沟通，更无法保证交际的效果。在与人交往时，要善解人意，和睦相处。

1.4 礼仪的种类及功能

1.4.1 礼仪的种类

礼仪的内容涵盖着社会生活的各个方面。现代礼仪根据不同的分类方式，可以分为多种类型。

（1）按应用范围分，礼仪可分为社交礼仪、政务礼仪、商务礼仪、涉外礼仪、公关礼仪、旅游礼仪、职场礼仪、宗教礼仪等。

（2）按交际场所分，礼仪可分为家庭礼仪、学校礼仪、办公室礼仪、公共场所礼仪、客房服务礼仪等。

（3）按职业身份分，礼仪可分为教师礼仪、学生礼仪、服务员礼仪、司门员礼仪、主持人礼仪等。

（4）按沟通媒介分，礼仪可分为交谈礼仪、电话礼仪、交换名片礼仪等。

（5）按表达方式分，礼仪可分为握手礼、亲吻礼、跪拜礼、揖让礼、袒臂礼、虚左礼等。

1.4.2 礼仪的功能

礼仪是调整和处理人们之间相互关系的手段，是拉近彼此心理距离的桥梁。其作

社交礼仪

用表现在以下几个方面。

1. 教育功能

礼仪蕴含着丰富的文化内涵，体现着社会的要求与时代的精神。礼仪具有很强的教育功能。讲究礼仪的人起着标榜的作用，潜移默化地影响周围的人。作为道德习俗，礼仪对全社会的每个人都有教化作用，通过评价、劝阻、示范等教育形式纠正人们不正确的行为习惯，倡导人们按礼仪规范的要求协调人际关系，彼此通情达理，维护社会秩序。图1-2所示为日常会话礼仪用语。

图1-2　日常会话礼仪用语

2. 美化功能

一个人讲究礼仪，就可以变得充满魅力。礼仪是人类生活经验的总结，要求人们重视内在美和外在美的一致，将美好的心灵与美丽的仪表、优雅的举止形成一个有机的整体，以充分展现各自的风采。双方良好的形象有助于建立和谐的社交关系。

3. 协调功能

礼仪作为一种规范、程序，作为一种文化传统，对人们之间的相互关系模式起着规范、约束和及时调整的作用。礼仪指导人们如何立身处世、立身社会，协调人与人之间的关系以及人与社会之间的关系，使人们能够相互尊重，友好相处，社会秩序井然有序，从而缓和和避免不必要的冲突与障碍。

4. 沟通功能

礼仪是人们交际生活的礼节和仪式。在人际交往中，往往热情的问候、友善的目光、亲切的微笑、文雅的谈吐、得体的举止等，是人们交流与沟通的基础，有利于扩大社会交往，促进事业成功。

5. 维护功能

礼仪是社会文明发展程度的反映和标志，同时也对社会的风尚产生广泛、持久和深刻的影响。人们知礼、守礼，讲文明，讲礼貌，待人接物恰到好处，有助于家庭的和睦，有利于社会的稳定。礼仪讲得越多，社会便会越和谐稳定。

思考题

1. "昔我往矣，杨柳依依。今我来思，雨雪霏霏。"——《小雅·采薇》
   "我徂东山，慆慆不归。我来自东，零雨其濛。"——《豳风·东山》
   "死生契阔，与子成说。执子之手，与子偕老。"——《邶风·击鼓》
   "关关雎鸠，在河之洲。窈窕淑女，君子好逑。"——《周南·关雎》

作为中国历史上最早有礼仪记载的著作之一，书中主要介绍了哪些礼仪？
2. 礼仪的主要特征有哪些？
3. 日常礼仪中，需要遵循哪些基本原则？

第2讲

仪容仪态礼仪

> 从仪态知觉人的内心世界，把握人的本来面目，
> 往往具有相当的准确性和可靠性。
>
> ——达·芬奇

　　一个人在努力塑造心灵美的同时，也要注重外表美。因为在社交场合邋里邋遢或衣冠不整的外形，会让人反感，不受欢迎。外表美也是自我形象的重要组成部分，反映出个人的内在素质、精神面貌和文明程度。

2.1 仪容修饰

俗话说："女为悦己者容。"容光焕发的脸、飘逸飞扬的秀发及亲切温和的笑脸无不展示出自尊、尊人和自信的特质。在社交场合，适当的容貌修饰更受大家的欢迎。虽然容颜是天生的，但是我们用心对容颜进行保养、护理和修饰，会让自己的形象更加积极健康，给人留下良好的印象，有助于工作的开展和生活的交往。

2.1.1 从"头"做起

柔软光亮的秀发，配上端庄的发型，个人形象平增几分。一头健康的秀发让一个相貌平平的女性平添风韵，变得更加迷人。

1. 头发的护理

要使秀发健康，应注意营养平衡、睡眠充足，用科学的方法来护理。

（1）要勤洗头。一周清洗头发两三次。洗发时水温40℃左右，选择适合自己发质的洗发水，去除落在头发上的灰尘和头皮的分泌物，涂抹护发素轻揉发根，冲洗干净自然风干，有助于头发的生长和健康。

（2）正确梳理头发。用不起静电的木质梳或牛角梳，先梳通发梢，再慢慢地梳通发根，同时借助梳子的力度按摩头皮，促进头部血液循环和皮脂分泌，保持头发的光泽和柔软。坚持一日50~100梳，从发根到发梢，力度要适中。

（3）按摩头皮。将十指分开，从前向后在头上做环状揉动，反复多次，直至头皮发热或产生紧缩的感觉。按摩头皮促进头部的血液循环，促进头发生长，防止头皮脱落。

2. 发型的塑造

适当的发型会使人神采飞扬、美丽动人。发型设计要考虑脸形、体形、年龄、职业、气质等因素，能体现个人的品位和修养，起到修饰脸形、协调体形的作用。

（1）根据脸形设计。椭圆形脸或瓜子形脸，任意发型都适合；圆形脸的发型可将头顶部头发梳高，用垂发将两颊遮住，使脸看起来清瘦些；长形脸的发型可留刘海起到缩短脸形长度的作用；梨形脸的发型可增加头顶头发的蓬松感，用长发遮住大腮帮，让整个脸形看起来柔和；方形脸的发型应设法掩饰棱角，使脸形圆润些，头发不要留太短、平直或中分。

（2）根据季节设计。春、秋两季气候宜人，发型可长可短，随意；夏季天气炎热，适合留凉爽、飞扬的短发或盘髻；冬季气候寒冷，衣服高领较多，留长发更适合。男士头发长度以"前不遮眉、侧不遮耳、后不及领"为标准。

3. 注意事项

与人交谈时，不要梳理头发，使残发、头屑到处飞；要随时注意清理落在肩背上的头皮屑。

2.1.2 面容美化

姣好的面容自然讨人喜欢，不过干净的面容也让人赏心悦目。我们要合理饮食（多饮水、多吃水果蔬菜），加强体育锻炼，保证睡眠充足，做好皮肤清理，保证皮肤光亮而健康。以下是皮肤护理的一些要点。

（1）面部的护理。洗脸的方向应从下向上、从内向外，冷热水交替清洗，使用刺激小、去污强的洗面乳。洗面时按摩面部穴位，逆着皱纹从下向上、从内向外按摩面部，促进血液循环，减缓皮肤老化。洁面后涂抹精华素、营养霜于面部，保持皮肤的细腻滋润，如图2-1所示。

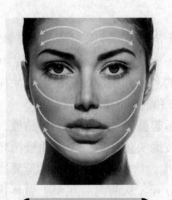

图2-1 面部按摩

根据皮肤类型选择合适的面霜。油性皮肤选择无油的面霜；干性皮肤选择营养性的面霜。想让皮肤变白，可以选用美白的面霜。肌肤老化，可以选用除皱的面霜。坚持每周做两次面膜，出门涂抹防晒产品。

（2）眼部的护理。眼睛是心灵的窗户。明眸善睐、顾盼生辉，都是形容灵动的眼睛。眼部是人注意最多的地方，每天涂抹眼霜，确保眼部肌肤的滋润。要注意清洁眼部，避免眼屎残留在眼角处。每天保持充足的睡眠，避免出现黑眼圈。户外活动时佩戴墨镜，防止紫外线对眼睛的损伤。切记室内不要戴墨镜，这是不礼貌的行为，除非患有眼疾。

根据脸形和发型修剪眉毛，尽量做到眉形自然。圆形脸宜用上扬眉，两眉上挑，画成弧形，增加眉与眼的距离，以拉长脸颊；长形脸宜取直线眉，眉梢略向下弯，眉毛不要修得太细，应粗些；方形脸宜用清俊的眉峰，顺着脸形描出四角形眉；三角形脸宜将眉毛修成高而长，带有自然的圆弧形；倒三角形脸适合自然柔和的圆弧形，弧形的最高点略向内偏，眉毛长短适中，如图2-2所示。

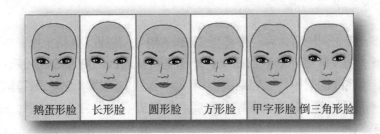

图 2-2 脸形与眉形的搭配

（3）鼻部的护理。每天清洁鼻子内外，保证洁净干燥，千万不要让人看到"黑黢黢"的鼻孔。感冒流鼻涕时，随身携带手帕或纸巾，不要当众擦拭。用完的纸巾随手扔进垃圾箱。平常注意修剪鼻毛和胡须。不要让鼻毛在外面舞动，胡须不整洁让人觉得邋遢。不要当众拔鼻毛或胡须。

（4）牙齿的护理。坚持每天早晚刷牙，保持口腔的卫生，避免呼吸出来的气味让人生厌。牙齿上出现牙垢或牙齿发黄，及时去正规医院洗牙，保证牙齿的干净、洁白和健康。出门时可以喷口腔清新剂，保持口腔清新，防止口臭。每周用保湿度较高的护唇膏或者蜂蜜把整个唇涂均匀，有效改善唇部干燥、脱皮现象。

（5）耳部的护理。每天清洁耳部，洗去飞尘，洗净耳中分泌物。如果有耳毛的，要及时修剪，确保干净整洁。

（6）颈部的护理。颈部是最显年龄的部位，要注意保养。每天要清洁，涂抹护肤品，确保该处皮肤保持滋润。经常进行颈部运动，按摩颈部穴位，延缓颈部皮肤的衰老。

2.1.3 面容妆扮

恰到好处的妆容，让人心情愉悦，容易拉近彼此之间的距离。化妆是使用化妆品来装扮和美化自身形象的技术活。浓妆淡抹总相宜，平添几分优雅。

1. 妆容要分场合

不同场合适合不同的妆容。上班、郊游等白天的活动场合，适合淡妆；宴会、晚会等晚上的活动场合或喜庆场合，可以酌情化浓妆。不要在公共场合化妆或补妆。

2. 自然真实为准则

面部化妆要与年龄、衣着、职业相适宜，突出整洁雅致的气质。对自己的面貌有正确的认知，化妆时扬长避短，既要注意面部各基点的配合，又要兼顾点与面的配合。

社交礼仪

3. 化妆技巧

人的面部五官比例协调匀称，要符合"三庭五眼"。"三庭"是指上庭、中庭与下庭。上庭是指从额头的发际线到眉线的间距；中庭是指从眉线到鼻底线的间距；下庭是指从鼻底线到下颌底线的间距。三庭距离要相等。"五眼"是指从左耳到右耳之间，脸的横向距离应该正好是自己的五只眼睛的宽度。如果五官不符合这个比例，通过化妆手法进行修饰与弥补。

清洁皮肤后，用润肤霜涂抹，使皮肤滋润。脸部有雀斑等明显斑迹，先用遮瑕膏遮盖；选择适宜自己肤色的粉底均匀肤色，遮盖皮肤上的瑕疵，让整个面容看起来白净有光泽；打完粉底后，再用定妆粉定妆，确保妆效持久。切记颈部附近也要打上一点粉底，让面部和颈部过渡自然。

在修好的眉毛上随着眉毛的生长走势画眉，眉毛的颜色应比头发的颜色稍浅，画眉峰时比眉头和眉梢重一些增强立体感。刮去散眉毛，再把眉毛剪齐，使长短一致，再用眉刷轻刷双眉，使其保持自然形状。

画眼线能使眼部轮廓清晰。画上眼线，要从内眼角朝外眼角方向画；画下眼线应从外眼角向内眼角画，且在距内眼角约 1/3 处收笔。眼小的，眼线可以画得明显些；眼尾下垂的，可以画得稍高；眼尾斜吊的，可在尾部微微往下描一点；眼睛过大的，就不要画眼线。眼线的颜色多用黑色或深棕色。眼影的选择要与肤色、发色、服装色彩相匹配，色彩协调，整体和谐。

腮红能提升面部气色和增强立体感。腮红的色彩根据脸形、肤色及眼影的色彩来确定。圆脸的腮红应从颧骨中心向靠近鼻梁的部位逐渐拉长，呈长弧形涂抹，再自然地向耳边舒展，渐渐淡下去，使脸形显得长些。小脸或窄长脸的腮红以颧骨为中心向外侧推抹，横面铺开为扇形，到两颊自然匀开，让脸显得圆润。颧骨偏高的脸形可将腮红涂抹在颧骨下边，自然向周围展开，使高颧骨看起来不太突出。瘦弱憔悴面容的腮红应在面颊周围自然展开，面积可大些。

用化妆笔连接眉峰、眼梢垂直向下，与颧骨的交点就是腮红的中心点，可以此点为色彩最浓郁的位置，如图 2-3 所示。还有一种简单的方法：当你微笑时，以脸颊的最高点为腮红的中心，在耳朵前方至太阳穴的区域涂抹即可。

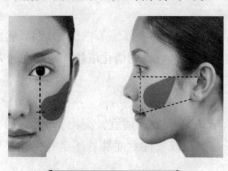

图 2-3　腮红中心位置

涂唇膏前先用润唇膏滋润双唇，再用唇刷蘸取唇膏涂抹嘴唇，注意左右两边对称，整个唇形自然衔接。切记唇膏不要溢出唇线，牙齿不要沾染上唇膏，唇膏颜色要比腮红的颜色稍重，与眼影颜色协调。

刷睫毛膏能使睫毛浓密、纤长、卷翘，让面部更具立体感。中国人皮肤黄，头发黑，宜选用黑色的睫毛膏。用睫毛刷涂抹睫毛膏时，动作要轻柔，将结块的睫毛梳开，确保睫毛根根分明。

最后在耳朵后面或手腕的脉搏处喷洒香水。工作场合适合用清新淡雅的香水，私密场合适合用浓烈诱人的幽香。男士多使用古龙香水，也可以根据个人喜好选择些相宜的香水。

整个妆面完成后，要整体看效果是否和谐统一，色调是否一致，发现问题及时修补，确保妆容精致舒服。

2.1.4 身体保养

随着年龄的增长，身体肌肤水分、皮脂流失越来越快，需要我们平常加强身体的保养。每天多喝水，每天 2000mL，采用 20~30min 就小口饮用一次的方式摄取水分。洗完澡后，一定要马上涂抹乳液并按摩，促进血液循环，补充肌肤流失的水分。每周 2~3 次给身体去角质，按照从下往上、从内往外的方向按摩身体大面积肌肤，而膝盖、手肘等局部小地方，以螺旋画圆的方式轻柔去角质。保持身体的紧致，需要经常做运动，加快肌肤的新陈代谢。

背部油脂旺盛，保养以清洁控油、收敛肌肤为主，控好皮脂分泌问题，减少长痘痘、毛孔粗大等问题的出现。

手因油脂分泌少、经常暴晒在外，容易皲裂和老化。要勤洗手、勤剪指甲，不仅要注意指甲长度适中、外形美观，还应保持干净，连指甲周围出现的死皮一块儿剪掉。经常涂抹乳油、木果油、维生素 B_5、爪钩草等植物成分的护手霜，保持双手的润滑细腻。

腿脚也需要护理。每次洗完澡，用滋养霜护理足部，从下往上单一方向按摩至小腿，保持肌肤滋润，消除足部浮肿。

2.2 仪态举止

人际交往中，人们的感情流露和交流往往借助于人体的各种姿态，这就是我们常说的"体态语言"。举止和行为作为社交中传递信息的一种方式，是内涵极为丰富的体态语，其作用不亚于有声语言。举止行为不仅反映一个人的外在，也反映一个人的品格、气质和修养。用优美的举止和行为表达礼仪，比用语言更能让人感到真实、美好与生动。

人的举手投足、点头弯腰乃至一颦一笑，并非是偶然的、随意的。我们追求真善

社交礼仪

美,希望做一个成功者,那么,就应当注意自己的言行举止,使言行举止都符合行为规范,展现出美丽的光彩。举止和行为的基本要求是端庄、自然、大方、稳健。

2.2.1 表情

表情是人的思想感情和内在情绪的外露。人们几乎每时每刻都在调动面部表情,进行人际交流或表达感受。通过表情,我们可以观察到对方的情绪、情感,从而做出是否或怎样与对方交往的判断。美国心理学家艾伯特·梅拉宾曾总结出一个公式:传递信息的总效果=语言(7%)+声音(38%)+面部表情(55%)。所以,我们应该把握好自己的表情,表达出我们的热情、友好和自信,努力使自己成为受欢迎的人。

1. 目光

眼睛是心灵的窗户,能明显、准确地展示心理活动。在人与人面对面的交往中,信息的交流常常以目光的交流为起点。目光运用得当与否,直接影响到信息的传递和交流的效果。因此,要学会不同场合、不同情况下,应用不同的目光。

日常交往中,不管是熟人还是初次见面,在向对方问候、致意、道别时,要用柔和的眼神平视着对方的脸上,以示尊敬和礼貌,而不是单单注视着对方的一个点,也不可以上下打量对方。切记唇部以下是注视的禁区。

交谈中,听的一方通常应该多注视说的一方,保持双方目光的接触。每次看对方的眼睛3s左右,让人感觉比较自然。可随着话题内容的变换,采用及时恰当的目光反应,使整个交谈融洽、和谐且生动有趣。切不可直勾勾地盯着对方,也不可长时间回避对方目光或左顾右盼,会让对方感觉很不舒服,这是非常失礼的行为,如图2-4所示。

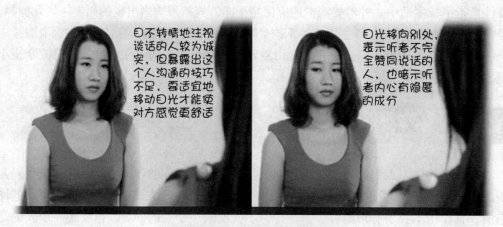

图2-4 交谈中目光的运用

交谈中当双方都沉默不语时,要将目光移开,以免因一时没话题而感到尴尬或不安;当别人说错话或拘谨时,不要正视对方,以免对方误认为是对他的讽刺和嘲笑。

商务谈判时，炯炯有神的目光，往往能掌握谈判主动权。因为这是充满信心的表现，容易取得对方的信任与合作。反之，双眉紧锁、目光无神或不敢直视对方，会被认为怯懦或另有隐情，导致自己处于不利的位置。

作为销售或服务人员，应该用明快而亲切的眼神与客户对视。介绍产品时，额头舒展，眼神有光；递接物品时，自然地注视对方的手部。这样能增进双方的信任感，有助于融洽气氛、交流思想、增进感情和加深印象。

2. 微笑

目前，人们公认微笑是最富有吸引力、最能促进和谐关系的表情。真诚的微笑如同一扇敞开的窗户，象征着快乐与平和；象征着与心灵相通、相近、相亲的希望；象征着愿意与他人分享快乐、分担忧伤与痛苦的愿望。善于微笑的人，通常是快乐而有安全感的，在交际场合能够营造融洽的氛围，如图 2-5 所示。

图 2-5　微笑的表情

微笑是发自内心的快乐。当一个人心情愉快、兴奋或遇到高兴的事情时，都会自然地流露出这种笑容。微笑应是内心情感的自然流露，而不是强颜欢笑、假意奉承。发自内心的微笑既是一个人自信、真诚、友善、愉快的心态表露，同时又能制造明朗而富有人情味的气氛。

具有亲和力的微笑，可以通过训练获得。微笑的时候，先要放松面部肌肉，然后使嘴角微微向上翘起，让嘴唇略呈弧形。最后，在不牵动鼻子、不发出笑声、不露出牙龈的前提下微笑。

两人初次见面，微笑可以拉近双方之间的心理距离；同事间见面点头微笑，显得融洽和谐；店员的微笑让顾客愿意打开钱包消费；医生的微笑让病人减轻痛苦……微笑虽然是人们交往中最有吸引力、最有价值的面部表情，但也不能随心所欲，想什么时候笑就什么时候笑，走到哪里笑到哪里，见谁都微笑，不加节制。笑得得体，笑得适度，才能充分表达友善、诚信、和蔼、融洽等美好的情感。微笑要区分场合与对象。在特别严肃的场合，不宜微笑；当别人遭受重大打击，心情悲痛时，不宜微笑；当别人做错事、说错话时，不宜微笑。

2.2.2 站姿与走姿

站姿是人的最基本仪态，也是其他仪态的基础，是我们日常生活中正式或非正式场合中第一个引人注视的姿态。走姿是站姿的延续动作，是在站姿的基础上展示出的动态美。走路往往是最引人注目的身体语言，也最能表现出一个人的风度和活力。"站如松""行如风"生动、形象地概括了正确的站姿和走姿。

1. 站姿

人的站立姿势要像青松一样端正挺拔。站立时，要抬头、挺胸、收腹，双目平视前方，身体站直，两肩舒展，双臂自然下垂，两手可交叉在腹前，也可以把右手放在左手上。在非正式社交场合，也可把手背在身后，如图 2-6 所示。

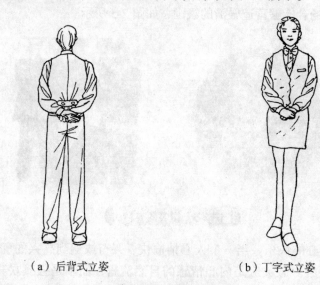

（a）后背式立姿　　　　（b）丁字式立姿

图 2-6　站立姿势

站立时，不要东倒西歪、弯腰驼背或挺肚后仰，不要耸肩或一肩高、一肩低。站着与人交谈时，不要把手插在口袋里或叉在腰间。

站姿可靠墙训练，后脑勺、双肩、臀部、小腿及脚后跟都紧贴着墙壁；也可两人一组，背靠背站立。

2. 走姿

人们走起路来要像风一样轻盈，就应做到两眼平视前方，上体正直，收腹挺胸直腰，自然地摆动双臂，前后摆动的幅度在 45°左右，不要摇头晃脑和左右摆动双臂，也不要有意扭动臀部。此外，注意不要边走路边吃东西。多人行走时，不要勾肩搭背，也不要排成横队，以免影响他人行走。

走路，我们每个人都会。有的人步伐矫健、敏捷，显得精明强干；有的人步伐稳重、大方，显得沉着老练；有的人步伐轻盈、欢快，显得朝气蓬勃。这些走姿给人留下美好的印象。而有的人走路时摇头晃脑，左右摇摆，给人以轻浮的印象；有的人走路时弯腰驼背，步履蹒跚，给人以老态龙钟的感觉；还有的人走路盘着"八"字脚，这些走姿都不雅观。如何走出风度、走出优雅、走出美来，则要靠平时的练习和注意。

正确的走姿是抬头、挺胸、两眼平视，步幅和步位符合标准，讲究步韵。步幅是指行走时两脚之间的距离。步幅的一般标准是前脚脚跟与后脚脚尖的距离均等于自己的脚长。这里的脚长是指穿了鞋子的长度，而非赤脚。步位就是脚落地时的位置。一般来说，两只脚所踩的是以一条直线为标准的。步韵是指行走时的韵律。行走时，脚腕要富于弹性，肩膀应自然、轻松地摆动。平时走路不要太快，也不宜过于缓慢。一般男性每分钟走100步，女性每分钟走90步，显得有节奏和韵律。行走时，男子要步履雄健有力，不慌不忙，展现出雄姿英发、英武刚健的阳刚之美。女子要步履轻盈优雅，步伐适中，展现出温柔矫健的阴柔之美。

训练走姿时，可以在地上画一条直线，双脚踩着直线走，如图2-7所示。反复练习，自然会有进步。

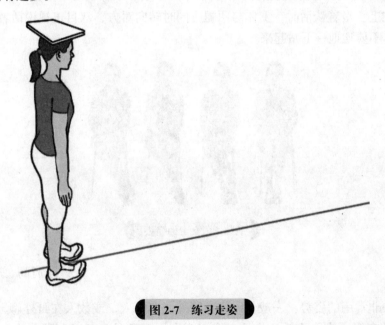

图2-7 练习走姿

在楼道、走廊等道路狭窄之处应为他人让行，采用侧行步，即面向对方，双肩一前一后，侧身慢行。这样做避免与他人抢道，表示"礼让三先"。与他人告别时，为了表示对在场的其他人的敬意，应采用后退法，即目视他人，双脚轻擦地面，向后小步幅地退三四步，然后转身扭头，轻轻地离去。

2.2.3 坐姿与蹲姿

坐姿与蹲姿都是由站姿变化而来的，是相对静止的体态。得体优雅的坐姿与蹲姿

社交礼仪

传递着自信、友好的信息，也显示出高雅庄重的良好风范。我们经常会见到一些不雅的坐姿与蹲姿，比如，两腿叉开、抖腿、跷腿。这样的举止，让人实在不敢恭维。

1. 坐姿

端稳、优雅的坐姿能表现出一个人的静态美感。入座时，动作要轻盈、和缓、平稳，从容自如，不要慌张和用力，不要大大咧咧地一把拉过椅子，"扑通"一声把自己扔进座椅里。落座时搞得响声大作，是没有教养的表现。若是走向他人对面的座椅落座，可采用后退步接近属于自己的座椅，尽量不要背对自己将要与之交谈的人。穿裙子的女士，落座时应用手把裙子稍稍向前拢一下，显得娴雅。

入座后，坐姿要端正，上身挺直，两腿并拢。双手应掌心向下相叠或两手相握，放于身体的一边或膝盖之上，头、颌、颈保持站立时的样子不变。男女坐姿大体相同，只是细部上有些差别。如女士就座时，双腿并拢，以斜放一侧为宜，双脚可稍有前后之差，即若两腿斜向左方，则右脚放在左脚之后；若两腿斜向右方，则左脚放在右脚之后，如图2-8所示。男士就座时，双脚可平踏于地，双膝也可略微分开，双手可分置左右膝盖之上。坐着谈话时，上体与两腿应同时转向对方，双目正视说话者。起座时，动作要轻，不要猛地一下站起来。

图2-8 女士的坐姿

2. 蹲姿

蹲姿并非常用的姿势。一般长时间在野外候车等人，或数人在野外聊天会用蹲姿；拾捡掉落的东西，或取放低处物品也会用蹲姿。下蹲时，可以右脚在前，左脚稍后，两腿靠紧向下蹲。右脚全脚着地，右腿小腿部基本垂直于地面，左脚脚跟提起，脚掌着地，形成右膝高左膝低的姿态，臀部朝下，主要用左腿支撑身体。穿裙子的女士采用交叉式下蹲，即下蹲时，一只脚在前，一只脚在后，在前的脚，全脚着地，小腿垂直于地面，在后的脚，脚掌着地，脚跟提起，前腿在上，后腿在下，双腿交叉重叠，如图2-9所示。

图 2-9　正确的蹲姿

拾捡物品时,最好走近物品,上体正直,单腿下蹲,如图 2-10 所示。这样既可轻松自如捡起物品,又能展示优美的体态。那种直腿下腰翘臀或双腿下蹲去捡物品的姿势是不可取的。在公共场合下蹲时,不要双腿平行叉开,这种上厕所的姿势十分不雅。

图 2-10　拾捡物品的蹲姿步骤

2.2.4　手势

正式场合里,手应保持静止,给人以稳重之感。在谈到自己时,可将手掌按在胸口上,以显得斯文;谈到别人时,不可用手指指点点。"静止的双手是权威的表示。"

社交礼仪

与人谈话时，手势不宜过多，动作不宜过大，更不能手舞足蹈。在社交中要善于用手传情达意，比如双手自然摊开，表明心情轻松，坦诚而无顾忌；紧握双拳，表明怒不可遏或准备"决战到底"；用手挠后脑、抓耳垂，表明有些羞涩或不知所措。切记与他人说话时，手不要做一些不相关的习惯动作，比如，掏鼻子、剔牙、摆弄衣服或物件、抬腕看表，这会让对方感到话题不被重视；与人交谈时，手指发抖、搔头、摸脸、搓手，会给人以不自信的印象。

日常交际中常用的手势有直臂式、横摆式、双臂横摆式、斜摆式、双臂竖摆式，如图2-11所示。

（a）横摆式　　　　　　　　（b）双臂横摆式

图2-11　常用手势

打招呼、握手、致意、告别、欢呼等都属于手势范围，应注意其力度的大小、速度的快慢、时间的长短，不可过度，如图2-12所示。

（a）握手　　　　（b）送客　　　　（c）告别

图2-12　不同场合的手势

了解手势符号在不同国家、地区的含义。

拇指和食指合成一个圈，其余三个指头伸直或略屈。在美国、英国表示"赞同""了不起"的意思；在法国表示零或没有；在泰国表示没问题、请便；在日本、缅甸、韩国表示金钱；在印度表示正确、不错；在突尼斯表示"傻瓜"；在巴西表示侮辱男人，引诱女人。

食指和中指上伸成 V 字形，拇指弯曲压于无名指和小指上。这个动作在世界上大多数地方伸手示数时表示二。用它表示胜利时，手掌一定要向外，如果手掌向内，就是贬低人、侮辱人的意思。在希腊，做这一手势时，即使手心向外，如手臂伸直，也有对人不恭之嫌。

左手或右手握拳，伸直食指。在世界上大多数国家表示数字一；在法国则表示"请求提问"；在新加坡表示"最重要"；在澳大利亚则表示"请再来一杯啤酒"。

右手或左手握拳，伸出大拇指。在我国，拇指上伸表示"好""了不起"等，有赞赏、夸奖之意；在意大利，伸出手指数数时表示一；在希腊，拇指上伸表示"够了"，拇指下伸表示"厌恶""坏蛋"；在美国、英国和澳大利亚等国，拇指上伸表示"好""行""不错"，拇指左右伸则大多是向司机示意搭车方向。

2.2.5 仪态的禁忌

举止行为要做到文明、端庄、自然、大方、稳健，给人一种美的享受，就要注意在社交场合中的一些禁忌。

1. 不吃零食

在人来人往的公共场所最好不要吃东西，更不要出于友好而逼着在场的人非尝尝你吃的东西。爱吃零食者，在公共场所，为了维护自己的美好形象，一定要有所克制。当众嚼口香糖，或嚼的时候不断发出响声，都是缺乏修养的表现。

2. 动作与声音

公共场合不得用手抓挠身体的任何部位。文雅起见，最好不当众抓耳挠腮、挖耳鼻、揉眼、搓泥垢，也不可随意剔牙、修剪指甲、梳理头发。若身体不适非做不可，则应去洗手间完成。

在众人之中，应力求避免从身体内发出各种异常的声音。咳嗽、打喷嚏、打哈欠等均应侧身掩面再为之。

在大庭广众之下，不要趴在或坐在桌子上，也不要在他人面前躺在沙发里。走路脚步要放轻，不要走得咚咚作响。遇到急事时，不要急不择路，慌张奔跑。

在公共场所里，高声谈笑、大呼小叫是极不文明的行为，应避免。在人群集中的地方，交谈者应低声细语，声音的大小以不引起他人注意为宜。

3. 服装与气味

公开场合，须把衣裤整理好。尤其是出洗手间时，你的样子应与进去时保持一致，或更好。边走边扣扣子、拉拉链、擦手甩水都是失礼的。

参加正式商务活动前，不宜吃带有强烈刺激性气味的食物（如葱、蒜、韭菜、洋葱等），以免口腔异味引起交往对象的不悦甚至反感。

4. 健康与卫生

患感冒或其他传染病时应避免参加各种公共活动，以免把病毒传染给他人，影响到他人的身体健康。

对一切公共场所的规则都应无条件地遵守与服从，这是最起码的公德观念。不随地吐痰，不随手乱扔烟头或其他废物。非吐、非扔不可，那就必须等找到污物桶后再行动。

2.3 首饰和配饰搭配

首饰、配饰和服装一样，都是装扮所需，必须分清场合。并不是在任何场合，都要全套饰品齐上阵，否则会给人张扬、凌乱、不稳重甚至花瓶的感觉。首饰或配饰的恰当点缀，才会让女士更加优雅美丽，仪态万千。

2.3.1 首饰的搭配

佩戴首饰要对自己的外形条件作客观实在的评价，能遵循基本原则，做到扬长避短，最大限度地达到美化自己的效果。

1. 搭配规则

（1）数量规则。佩戴首饰或饰品，数量以少为佳。需要多搭配首饰的，也最好不要超过三件。特殊场合（像葬礼）甚至可以一件首饰或饰品都不佩戴。日常生活中，除了手镯、耳环以外，其他同类首饰不要超过一件。戴了耳环，最好不要再佩戴胸针或手镯，因为这样搭配较为呆板，佩上同色系列的项链或戒指最合适。"少而精"是男性佩戴首饰的主导意识，也是区别于女性梳妆打扮的主要原则。

（2）质地规则。日常工作、生活中佩戴首饰，选择同质地的进行搭配，即全部首饰的质地要么同为白金，要么同为水晶。同质地的首饰给人的视觉感和谐，不会突兀。珠宝等高档首饰，适合于宴会等隆重社交场合。

与礼服配搭的珠宝首饰应该是比较精致而考究的；与便装搭配的首饰则应是大方而简洁的；与牛仔装搭配的首饰应该是比较粗犷而奔放的。

当服装面料柔软而细腻时，宜选择质感粗犷的首饰；当服装面料厚重而挺括时，则应佩戴光润、晶莹的首饰，以使两者相互衬托，呈现出丰富多变的视觉美感。

（3）色彩规则。佩戴首饰时色彩最好以补充服饰色彩中的不足为依据。如当服装色彩很单调时，便可用色彩鲜明且富于变化的首饰，如有色宝石来点缀；而当服装的色彩过于强烈或混乱时，则可佩戴颜色较单纯、色彩较浓重含蓄的首饰，如铂金钻饰、深蓝色的蓝宝石等来缓解。如果同时佩戴两件或两件以上首饰或配饰时，力求色彩的主色调保持一致。金色与深色的首饰或配饰适合秋冬季佩戴，银色与艳色的适合春夏季佩戴。

选择首饰时要注意与肤色的协调和谐。一般来说，首饰颜色与肤色同色调为宜。肤色白皙的人，选佩浅色或艳色镶宝石首饰，如镶红宝石或其他有色宝石的K金项链、戒指，看着秀美。肤色红润的人，佩戴色彩鲜艳的首饰，如镶红、镶蓝宝石的耳环或K金戒指、带坠饰的K金项链、铂金项链等，显得健美。肤色略黄或肤色灰青的人，选佩无色透明的首饰，如水晶项链、铂金钻饰、镶有色宝石铂金饰品、珍珠饰品等，平添优雅。偏黝黑皮肤的人，佩戴粗犷风格的黄金及K金镶蓝色宝石首饰尽显阳刚之美。

2. 首饰佩戴

首饰对人们的穿着打扮起着辅助、陪衬、烘托的作用，使用得当会锦上添花，使用不当则会画蛇添足。因此，年轻的女性可以佩戴色彩较为丰富和鲜艳、款式较为新潮的珠宝饰品；为了显示风度和社会地位，男性佩戴的珠宝应以线条简洁、风格粗犷、价值较高为主；中老年人则应佩戴大方、质料上乘的珠宝，彰显其成熟、事业有成。在不同场合，合适的着装配上得体的首饰或配饰会让你光彩照人。例如，看古典剧目演出、听音乐会等高雅的场合，尽量佩戴艺术造型突出的珠宝饰品，以显示你丰富的文化内涵。

（1）耳饰可分为耳环、耳钉、耳链、耳坠等。耳环是大多数女士及极少数男士的所爱。一般情况下，讲究成对使用，个别女性喜欢一只耳朵戴多只耳环；男士一般于左耳上戴一只，戴两只会被人视为同性恋。戴眼镜的女性配上穿耳洞的小耳环（贴耳耳钉），可使面容显得清丽脱俗。

发型不同，选择的耳环款式也不同。短发适于佩戴纽扣式耳环；披肩发等长发，宜选用色彩醒目的垂吊式金耳环或K金镶宝石耳环。

选择和佩戴耳环应考虑自己的身材与脸形。例如，身材高大的女士适合戴大耳环，身材小巧的女士宜戴小耳环。圆形脸庞的女士可选戴带棱角状坠饰及垂悬式耳环，拉长脸形；方形脸庞的女士宜佩戴中等的椭圆形耳环；长脸形的女性，可佩戴圆形大耳环或镶宝石的圆耳环，让人的视线横扫面部感觉脸显得短一些；正三角脸形适合佩戴小巧的单粒镶宝石或小碎钻耳钉或垂珠式中型耳环；倒三角脸形又叫瓜子脸形，宜佩戴小型的三角形耳环；椭圆脸形也叫鹅蛋圆脸形，无论佩戴何种式样的首饰都可以。

（2）项链是戴于颈部的环形首饰，男女皆可使用。一般来说，女士佩戴金项链和钻石项链，可显示出高雅的气质。项链的粗细，应该和脖子的粗细成正比。一般短项链大概的长度是40cm，适合搭配低领上装，中长的项链大概是50cm，可以广泛使用。

社交礼仪

60cm 的项链适合女士在社交场合佩戴。

为了美得恰到好处，在佩戴项链时，服装的款式是必须考虑的。连衣裙领口大的，选择中长度项链；领口小的选择短项链；鸡心领选择带挂件的项链。旗袍及婚礼服的领子虽无开口，也宜配上较长的珠式项链，显得端庄气派。

长脸形的女性，可佩戴细短项链，来增加脸部的宽阔感；方脸形的女性，尽可能戴较长一些的项链，并配上宝石项坠，以增加脸部的柔和感；圆脸形的女性，可佩戴细长的 V 字形项链并配以坠饰，以增加脸部的轮廓感；正三角脸形的女性，佩戴带坠饰的 V 字形下垂项链，可以减少脸下部的宽阔感；瓜子脸形的女性，宜佩戴简练的荡环、细而短的项链，以增加脸下部的宽阔感。

体形颀长的女性，手指、臂腕也纤细修长，但往往胸部比较平坦，宜佩戴层叠式富有图案结构的项链；体形肥胖的女性，一般颈部短粗，胸部过大，手指、臂腕也较粗，最好佩戴有拉长感带坠项链，坠物最好为水滴形、长形等，长度在 60~70mm；体形瘦小的女性，适合佩戴小型首饰，项链应选细的，最好不要配坠；高大健壮的女性，宜佩戴中长项链，切记不要将一根短项链紧束颈上，这会让人觉得不舒服；中等身材的女性，可选择各种中型首饰。

着深色系礼服，可以佩戴一些较鲜艳夺目的珠宝首饰，如红宝石吊坠或白色珍珠项链，凸显出高贵华丽的气质；着浅色系礼服，可选择浅蓝色蓝宝石吊坠或 K 金项链，平添几分妩媚。职场上所佩戴的项链以颜色素净、造型简单的冷色系为准。

（3）戒指是男女老少皆宜的装饰品。但是，由于戒指戴在不同的手指上有着不同的含义，因此戒指不可乱戴，以免发生误会。一般来说，戒指戴在食指上，表示未婚或求婚；戴在中指上，表示正在热恋中；戴在无名指上，表示已订婚或结婚；戴在小指上，则表示自己是独身。大拇指通常不戴戒指。一只手不应戴两枚以上的戒指。

戒指的选择要考虑体型。体形颀长的女性，手部的饰品则应以粗线条为主，如钻石、红蓝宝石、玉石戒指，宝石可适当大一些，这样会将柔嫩的手指衬托得格外娇美；高大健壮的女性，可佩戴大而宽的镶宝石戒指，以冲淡高壮的感觉，使壮与柔美平衡。

戒指必须配合指形才能给人五指纤柔圆润的感觉。倘若你拥有一双柔美而修长的纤纤玉手，任何类型的戒指都适合。手指短小的女性佩戴戒指，想让手指看起来修长，应尽可能挑选有棱角和不规则的设计，镶有单粒梨形和椭圆形珠宝的戒指，不要选择宽阔的戒指环，这只会让手指显得更为短小。手指修长的纤手，适合戴镶单粒长方形或橄榄形珠宝的宽阔指环。手指丰满而指甲修长者则适合镶圆形、梨形和心形的珠宝的戒指，款式大可新颖别致。

戒指与指甲油颜色的搭配。蓝色系戒指，选择散发出自然光泽的乳白色指甲油，能烘托出戒指的美；钻戒可以搭配任何颜色指甲油，不过玫瑰红色调的指甲油能更好地衬托出高贵质感；红色系戒指搭配同色系指甲油，浑然一体，使红宝石色泽更显红润。

年轻人适宜佩戴小巧玲珑、充满艺术气质的戒指；老年人则佩戴古朴庄重的戒指。

记住，和别人交流时，不要抚弄自己的戒指。戴薄纱手套时，戒指应戴在手套里面。只有新娘可以戴在手套外面。

（4）手镯又名手链，是佩戴于手腕上的环状饰物。手镯多为女性佩戴。如果戴一只，应戴在左手；如果戴两只，可以左右手各一只或都戴在左手上。手镯的宽窄、粗细应该和胳膊的粗细成正比。翡翠玉手镯适合于穿长袖衣服的瘦长胳膊的女性佩戴，而对胳膊和手腕丰满的女性来说，手镯产生不了装饰美，不戴反而更好些。体形肥胖的女性要佩戴手镯，可以选择一些异型花戒、宽而松的手镯来转移粗短的感觉。手腕较瘦的人适合佩戴扁镯和圆镯，而比较富态的女性戴贵妃镯则会显得比较服帖。圆镯是比较传统的款式，适合中老年妇女，其他两款则对于年轻女性更适合一些。

（5）胸针是别在胸前的饰物，图案多为花卉，女士常佩戴。别胸针的部位有讲究。穿西装时，应别在左侧领上；穿无领上衣时，则应别在左侧胸前。发型偏左时，胸针应当居右；发型偏右时，则胸针居左合适。别胸针的高度以从上往下数的第一粒、第二粒纽扣之间。

领针是胸针的一个分支，是专门别在西式上装左侧领之上的饰物，男女皆可使用。佩戴领针的数量以一枚为限，不宜与胸针、纪念章、奖章、企业徽记等同时使用。男性领针可选择抽象的图形或代表雄风之美的龙、虎、豹、鹰等动物图案。

概而言之，首饰的佩戴不是为了显示珠光宝气，而是要对整体服装起到画龙点睛的作用。职业装适合佩戴珍珠或做工精良的黄金、白金饰品；晚礼服适合佩戴珠宝或钻石首饰；休闲装则适合个性化或民族风的饰品。因此，选择与自己身份、气质及服装相协调的首饰来佩戴，才能彰显个人的品位。

2.3.2 帽子的搭配

帽子各个季节都可以使用，不但御寒、防晒，而且是装扮的时尚单品。像有着法式的浪漫和优雅的宽檐帽，不但有显脸小的作用，而且波浪纹能增添柔和感，更具女人味；小礼帽平添英伦风味，与衬衫、牛仔裤、及踝靴是绝佳搭配；一顶棒球帽加上卫衣、T恤、运动鞋，最适合户外运动。记住进入房间后，要把帽子脱掉，或挂在衣架上，或拿在手里。

1. 帽子与脸形的搭配

瓜子脸或椭圆形脸的人适合戴各种帽子，帽型深度适中，以脸部露出 1/3 左右为好。方形脸的人选择线条柔和、女性味足、中等帽檐的圆形帽，以脸部露出 3/4 为宜，适合卷边帽、礼帽等。圆脸形的人可选择较长帽冠，有棱角的帽子，比如，高顶帽、牛仔帽、八角帽、骑士帽、鸭舌帽等。长脸形的人适合平顶宽檐浅帽，不宜选择尖顶帽和高筒帽，脸部露出 2/3 为佳，适合渔夫帽、大檐帽等。锥形脸适用于尖顶帽，帽檐的宽度可遮挡稍宽的额头。菱形脸选择线条圆润的圆形帽，不宜选择鸭舌帽。

2. 帽子与体形的搭配

人的身体有高矮之分。身材高大者选择帽子宜大不宜小，避免头重脚轻。瘦高个不宜戴高筒帽和小帽，花边、蝴蝶结、羽毛都是适合的帽饰品，起到平衡身体的作用。矮个子不要戴平顶宽檐帽，应选择样式简单、设计别致的小帽子，花边、纽扣、缎带是适宜的帽饰品。脖子短者，不适合戴色彩鲜艳的帽子。

3. 帽子与肤色的搭配

肤色红润的人，帽子可供选择的颜色多，特别是灰白、浅蓝、淡紫等浅颜色，除了太红的帽子外；肤色偏黄的人适宜戴深棕色、米灰色的帽子，不宜戴黄色或绿色的帽子；皮肤黝黑的人根据服装来搭配帽子效果，即选用鲜艳色彩的帽子时，注重着装的整体效果；皮肤白皙的人，帽子适用大多数色彩，避免选白色或近似色。

4. 帽子与服装的搭配

帽子与服装搭配应浑然一体，自然舒服。戴与服装同色或与主色调相近的帽子，整体看起来清新、高雅；戴与服装色彩形成强烈对比的帽子，让人感到跳跃性强，活泼矫健。穿印花衣服时，最好戴一顶颜色较深的帽子；着红色或蓝色服装时宜戴一顶蓝色或红色帽子。正式社交场合穿西装，或风衣、呢子大衣常搭配礼帽或羊绒帽；户外运动，应着运动服，戴一顶棒球帽或空顶帽，整体造型英姿勃发。

5. 帽子与发型的搭配

西部牛仔的大檐帽，配上大卷发，这是绝佳的搭配；嬉皮的礼帽让中卷发发挥得淋漓尽致；中分发型戴礼帽是最佳的选择；直发配上 J 帽，极具个性，充满了诱惑，如图 2-13 所示。

图 2-13　J 帽、小礼帽

2.3.3 围巾的搭配

围巾是女性朋友喜爱的装扮单品，极具变化灵动。根据质地可以分为丝巾、毛绒围巾；根据颜色可以分为纯色围巾、花色围巾；根据图案可以分为格纹围巾、印花围巾；根据形状可以分为披肩、方巾、长围巾。不管什么场合，选择合适的围巾，为的是突出自己的穿着品位和个性张扬。

1. 围巾的选择

围巾的搭配需要与着装、季节协调。厚重的衣服可以搭配厚重的围巾或轻柔的丝巾，但轻柔的衣服不适合搭配厚重的围巾。衣服颜色偏深，可以搭配浅色的围巾；冷色系的衣服，可以用暖色系的围巾来搭配；花色衣服宜用单色系的围巾来匹配；素色衣服可以搭配颜色鲜艳的围巾。为避免颜色太杂，可以让围巾与服装采用共同颜色来搭配。秋冬季多选用毛绒围巾，春夏季多选用飘逸丝巾。

用围巾调节气色。肤色偏黄者，不宜用深红、绿、蓝、黄色围巾；偏黑者，不宜用白色或浅色系、有大红图案的围巾。肤色苍白的，可以用红色系围巾使面颊显得红润。

用围巾调整体形。身材瘦小者，选花色款式简洁朴素、清淡雅致、暖色调的围巾；身材偏矮胖、胸围较大者，适合色调单一、颜色较深的宽松类围巾；胸围偏小者，适合质地柔软蓬松，给人丰厚感的围巾；窄肩或溜肩者，可以选加长型围巾，将围巾两端斜搭在肩部向身后垂挂，视觉上肩部相对变宽；脖颈较长者，选加厚加长围巾，视觉上缩短脖颈。

2. 围巾的系法

围巾不仅是保暖的时尚配饰，更是扮靓造型的时尚配饰单品。不同的围巾系法，给你带来不一样的好心情。

（1）法国结围法是把围巾绕在脖子上打一个结，打结处留一点空隙，把右边那段围巾绕过左边那段，再从空隙中穿过抽出来，如图2-14所示。

图2-14　法国结围法

(2）不对称结围法是把围巾交叉绕在脖子上，左边在上，然后将右边那段沿箭头方向穿过空隙抽出来，如图2-15所示。

图2-15　不对称结围法

(3）领带结围法是把围巾绕在脖子上，右边在上，把后边那段围巾沿箭头方向在左边那段上绕一圈，再绕一圈从后面找出围巾点的空隙抽出来，如图2-16所示。

图2-16　领带结围法

(4）平衡结围法是把围巾绕在脖子上，前后交叉打个结，将前面那段围巾从脖子后面绕过去，把从后面绕过来的围巾沿箭头方向穿过空隙就可以了，如图2-17所示。

图2-17　平衡结围法

(5）套舌结围法是把围巾绕在脖子上，右边的那头在上，将右端从中间的空隙中穿过，将这段再从空隙中穿回，留一部分重叠，这样就可以了，如图 2-18 所示。

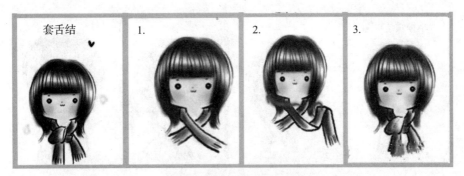

图 2-18　套舌结围法

（6）轻盈结围法是把围巾在脖子上绕一圈，将左右两段围巾交叉打结，如图 2-19 所示。

图 2-19　轻盈结围法

（7）大蝴蝶结围法是把围巾绕在脖子上，左右打个结，左边在上，右边在下，把右边的那段围巾对折重叠，把重叠的围巾放在左边那段下面，把左边的围巾沿箭头方向绕在另一段上，然后再围紧些就可以了，如图 2-20 所示。

图 2-20　大蝴蝶结围法

（8）小蝴蝶结围法是把围巾在脖子上绕一圈，交叉打一个结，把打好的结调整到前后方向，然后再打一个结就大功告成了，如图 2-21 所示。

图 2-21 小蝴蝶结围法

除了上述的基本结围法外，还有很多种方法可以使用。我们可以根据发型和服饰的需求任意选择合适的结围法，让整个人看起来赏心悦目。

2.3.4 腰带的搭配

在搭配腰带时，要同服装协调，和体形搭配，和社交场合契合。男士的腰带比较单一，多为皮革制品，也有帆布制品。一根好腰带能衬托个人的气质。穿西服时，要扎适合正装的皮质腰带；着休闲服装时，可以扎帆布腰带或独具个性的腰带。夏季穿衬衫时，将衬衫穿进裤子里，必须系腰带。

腰带是气质美女的必备佳品。女士的腰带款式、花色多样，除了固定裤子的作用之外，主要是修饰、协调作用。无论裤子还是裙装在腰带的点缀下凸显女性 S 形曲线，而腰带与腰封巧妙的设计，搭配在衬衫与西裙之前让人时尚优雅。女士选择腰带时需要注意与体形、服装、场合等相匹配。

1. 根据体形选择

身材比例标准的人，选择腰带时没有任何问题，风格的搭配显得更重要一些。

个子过于瘦高，用较显眼的腰带形成横线，分割一下身材比例，增加横向宽度。过于矮胖的人，就要避免使用大的、花样多的腰带扣（结），也不要用宽腰带。

身材较矮小的人不要系太坚硬牛皮制的腰带，应以柔软的细腰带为宜；不要选择和衣服颜色冲突的腰带，颜色的对比容易造成视觉断差，而与衣服同色系的款式简单的腰带是不二选择。

细腰的人挑选腰带的范围比较宽泛，身材不需要通过腰带做过多调整。但骨架小且特别瘦的人搭配腰带时，不宜再去强调腰的纤细了。

腰胖的人适宜宽度适中、款式简单的腰带，重点是腰带扣要有花饰，将腰带稍微搭在小肚子最高的地方，再外搭件外套，或是大毛衣开衫，或是小西装外套等。外套把腰带两侧的视觉效果拿掉,从正面看关注点落在中间的有漂亮花饰的腰带扣上,转移了视线。使用有松紧性的腰带是腰胖者的败笔,因为这条腰带将会让臀部变得更大且突出。这种装扮也适合于胯宽的人。

腰身较长的人,看起来上身比例比腿长,身材比例不完美,可选择阔边皮带掩盖较长的腰部,颜色则要配合上身衣服,适当提高腰带到比较合适的上下身比例线上。腿超长的适合将腰带搭配在胯的位置,可以调整身材比例的视觉效果。

2. 根据服装选择

穿西服套裙一般选择皮革或纺织的、花样较少的腰带,以便与服装的风格相搭。暗色系服装配用深色的腰带,如果为了修正体形,可以选择浅色腰带。若穿两件或轻柔织物服装,腰带的选择余地比较大,根据喜好和服饰颜色随意。以布或丝质料制成的腰带,适合于比较浪漫或有个性风格的服装造型上。金属制的腰带适合于追赶时尚潮流的年轻人。

3. 根据社交场合选择

职业场合不要用装饰太多的腰带,而要干净利落;参加舞会时,腰带可以花哨些。切记在公共场合不要当众调整腰带,不要进餐时当众松紧腰带,这是极不雅观的行为。如有必要,可以去洗手间进行整理。

2.3.5 手表的佩戴

手表又叫腕表,是佩戴在手腕上的用于计时的工具。在社交场合,佩戴手表,通常意味着时间观念强、作风严谨;而不戴手表的人,多表明其时间观念不强。

在正规的社交场合,手表视同配饰。你腕间不经意的一瞥,优雅的气质流淌于腕间!人们所戴的手表往往体现其地位、身份和品位等。佩戴一款正统与简约风格的高纯度冷色调腕表,会使你显得更加与众不同。女士佩戴一款时尚、流行、端庄、秀丽的腕表,会更加风姿绰约,妩媚动人。男士腕间佩戴一款得体的名表,更是社交场合的不二选择。

1. 手表的选择

正确佩戴手表,先要了解手表,并善于选择手表。选择手表,应注重其种类、造型、色彩、图案、功能五个方面的问题。

(1)种类的选择。在社交场合,手表是依据价格来分类的。按照这个标准,手表可被分为价格在10 000元以上的豪华表、2000~10 000元的高档表、500~2000元的中档表、500元以下的低档表四类。人们要量力而行地选择手表,应考虑个人的职业或露面的场合、交往的对象以及所配搭的服饰等相关因素。

(2)造型的选择。手表的造型繁多,正圆形、椭圆形、正方形、长方形及菱形手表，是正式场合佩戴的首选。少女和儿童喜欢造型新奇、花哨的手表；女士偏爱精巧的手表；男士多选择造型庄重、保守的手表。

不同社交场合，搭配合适的腕表，会给个人形象加分。出席正式场合，西装革履适合搭配的腕表，务必化繁为简，没有过多花哨功能的大三针基本款腕表，再搭配小牛皮表带，就是你最合适的选择。在日常工作，或者朋友小聚这种休闲的场合，腕表的款式造型与你的衣着相互呼应即可。户外运动，首选的腕表就是橡胶表带或者全橡胶材质的纯运动表，同时应尽量挑选大表盘的款型，如图2-22所示。

图2-22 正装表

（3）色彩的选择。在正式场合佩戴的手表，色彩不要杂乱，宜选择单色手表或双色手表，色彩要清晰、典雅、高贵。金色表、银色表、黑色表，即表盘、表壳、表带均为金色、银色、黑色的手表，是最理想的选择。金色表壳、表带、乳白色表盘的手表，也能经得起时间的考验，在任何年代佩戴都不会落伍。

（4）图案的选择。除数字、商标、厂名、品牌外，手表上没有必要出现其他没有任何作用的图案。选择适用于正式场合的手表，尤其需要牢记此点。

（5）功能的选择。计时是手表最主要的功能。无论指针式、跳字式还是报时式的手表，首先应具有计时的功能，精确到时、分，能精确到秒则更好。至于像温度、湿度、风度、方向、血压、步速等附加功能，则可有可无。总之，手表的功能不仅在于装饰，更在于计时的实用价值。

2. 忌戴的手表

在正式的交际场合下，成年人通常不应佩戴以下不符合礼仪规范的手表。否则，是很失礼的行为。

（1）失效表。计时不准确，或不能计时的手表。戴这种表，形同虚设。

（2）劣质表。在正式场合千万不要戴糙钢、塑料制造的质地与做工低劣的手表。

这种手表绝对会破坏服饰的整体效果。

（3）怀式表。又叫怀表、袋表、链表。这是一种极具古典浪漫风格的手表，在今天使用这款表，怀旧风太重，与时代气息格格不入，难以与日常服装搭配。

（4）广告表。用作广告宣传作用的手表，在正式场合佩戴，会被别人误解是在做广告宣传，给人以爱占小便宜之嫌。

（5）卡通表。以卡通图形为主制造而成的手表，属于时装表，多受少女、儿童的欢迎，不适合与正装搭配，更不适合在庄重、严肃的场合佩戴，尤其不适合成年男子佩戴。

（6）世界表。可用以同时显示外地或世界各地时间的手表。戴这种不发挥真正的计时作用手表的人，常常被人当成不切实际、见异思迁的人。

2.3.6　包的选用

包是重要的配件，其重要性不亚于鞋子。包袋由于背法、质地和用途的不同，可以分为很多类型，比如，背包、挎包、双肩包；皮包、布包、编织包；手包、钱包、卡包等。全身上下只背或提着一个包，看起来干净利落。如果非得背两个包，最好一个背包、另一个手提包，两包要有大小之分，避免使用同一系列的产品，这样才会轻盈活泼。

男包比较单一，一般都是公文包。公文包的面料多为牛羊皮制品，以黑色或棕色最正统。除商标外，公文包在外表上不要带有任何图案、文字，包括真皮标志，否则是有失身份的。手提式的长方形公文包最标准。

女包款式众多，选择时要考虑社交场合。工作时间，可以选择黑色、咖啡色、枣红色的大而结实的包，方便装放文件；参加宴会等，可以选择小巧的手包，放进手机、钥匙和现金；户外运动，可以选择背包，便于存放大量外出物品；逛街或聚会，可以选择挎包；在商务场合，选择能给人优雅如贵妇般感觉的圆筒复古型包，是不错的建议。

女包色彩繁多，选择时要考虑服饰颜色。服装颜色单一，可以选择对比色包，比如，白衣配黑包或黑色套装＋红色腰带＋红色包＋黑色高跟鞋。服装颜色多，则包的色彩应与服装的主色调一致，例如橄榄绿底、米黄色、咖啡色印花洋装＋咖啡色包＋咖啡色高跟鞋。中性色服装配上点缀色包，这样搭配会让你非常出色，例如，驼色洋装＋天蓝色包＋驼色高跟鞋。皮包颜色也可与鞋子、帽子或手套的颜色为同一色彩，达到整体上的协调。

女包的选择还要考虑体形。身材娇小的女生，最好不要背一个几乎把整个人遮起来的大包，而是要选择一些中小型的包。身材高大的女生，则不要选择小巧玲珑的包，一个大尺寸或者超大尺寸的包是最好的选择。

社交礼仪

思考题

1. 出席正式宴会，年轻人该如何选配服装和首饰？
2. 初次与长辈见面，仪态举止如何做才合适？
3. 圆脸微胖的人，日常装扮该如何选择？

第 3 讲

着装礼仪

一个人即使他默默无闻,从他的着装也可以了解到他的过去。

——莎士比亚

着装是指一个人的穿衣打扮。在现代社会交往过程中,着装服饰是主要的视觉对象,能在一定程度上体现一个人的修养与素质,它就像一张"名片",折射出一个人的性格、气质、品格,传递出一个人的身份、地位、职业等信息。

美国行为学家迈克尔·阿盖尔做过实验,当他以不同的仪表装扮出现在同一个地点,得到的反馈完全不同。当他身着西装以绅士的面孔出现时,无论是向他问路还是向他打听事情的陌生人都彬彬有礼,显得颇有教养;而当他装扮成流浪者模样时,接近他来对火或者借钱的人以无业的游民居多。尽管不能以貌取人,但人际交往中仪表表达出来的意义胜过语言,完全可以透视出一个人的灵魂和内在品质。

3.1 着装原则及注意事项

中国古代对服饰穿着不端庄者称"服妖"。《汉书·五行志》（中之上）："风俗狂慢，变节易度，则为飘轻奇怪之服，故有服妖。"《后汉书·五行志一》："桓帝元嘉中，京都妇女作愁眉啼妆，堕马髻，折要（腰）步，龋齿笑……始自大将军梁冀家所为，京都翕然，诸夏皆放（仿）效，此近服妖也。"可见，中国传统观念上，对服饰美要求端庄有度，这是人们修养的标志。

随着国际交流日益加深，服饰逐渐向国际化、多样化、个性化方向发展。然而整洁、大方、典雅、和谐永远是着装的追求目标，着装要与自己的年龄、职业相称，与周围的环境相协调。现在通行的着装原则如下。

3.1.1 TPO 原则

"TPO 原则"的概念是由日本男装协会于 1963 年提出来的，之后便成为世界服装界所公认的着装审美原则。TPO 是英文 Time，Place，Object 三个单词的首字母缩写。T 指时间，泛指早晚、季节、时代等；P 代表地方、场所、位置、职位；O 代表目的、目标、对象。着装的 TPO 原则是有关服饰礼仪的基本原则之一，它要求人们在选择服装、考虑其具体款式时，力求使自己的着装及其具体款式与着装的时间、地点、目的协调一致，较为和谐般配。比如说，从时间上讲，冬天要穿保暖御寒的冬装，夏天应穿透气吸汗的夏装；再比如说，参加正式会议的场合应衣着庄重考究，着装正统；而与朋友聚会、郊游场合，着装应轻便舒适。着装只要遵循了这个原则，就是合乎礼仪的。

服饰的品位与时尚，与品牌、流行、金钱无关。得体的服饰是契合年龄、季节、地点、场合的服装；是考虑他人感受，尊重对方，整体上让对方觉得赏心悦目的服装。也就是说，是遵循礼仪之道的服装。

3.1.2 整体性原则

得体的着装，能起到修饰形体、容貌等作用，形成和谐的整体美。服饰的整体美构成，包括人的形体、内在气质和服饰的款式、色彩、质地、工艺及着装环境等。正如培根所说："美不在部分而在整体。"服饰美就是在多种因素和谐统一中显现出来的。孤立地看一个事物的各个部分可能不美，但就整体看可能显得很美。

着装整体美是由服饰的内在美与外在美构成的。外在美是指人的形体及服饰的外在表现；内在美是指人的内在精神、气质、修养及服装本身所具有的"气韵"。在着装时要注意服饰的相互呼应、配合，服装的形式、色彩应与着装人的发型、发色、鞋帽

社交礼仪

等配饰具有一致性，与着装人的气质相协调，从而体现整体美。

3.1.3 个性化原则

着装的个性化原则主要是指依个人的性格、年龄、身材、爱好、职业等要素着装，力求反映一个人的个性特征。选择服装因人而异，重点在于展示所长，遮掩所短，显现独特的个性魅力和最佳风貌。现代人的服饰呈现出越来越强的表现个性的趋势。

各式服饰有自己的风格和内涵，理解服饰应如同理解自身一样，就能找到适合自己穿的衣服。只有个性化的着装，才能与自己的个性和谐一致，才能烘托个性，展示个性，保持自我以区别于他人。只有当服饰与个性协调时，才能更好地发挥其效应，塑造出自己的最佳形象和礼仪风范。

3.1.4 整洁原则

古语说："衣贵洁，不贵华，上循份，下称家"，因此整洁突破了地位、家境等的制约和界限，只有整洁才能恰到好处地表达自尊和对他人的尊重。

在任何情况下，服饰都应该是整洁的。衣服不能沾有污渍，不能有绽线的地方，更不能有破洞，扣子等配件应齐全。衣领和袖口处尤其要注意整洁。保持清洁，熨烫平整，穿起来也就大方得体，显得精神焕发。

3.1.5 内外有别原则

俗语说："十里认人，百里认衣。"不同地方有不同的服饰原则，比如说在有些国家，尤其是亚洲地区，进入别人家、寺庙时，必须脱鞋。因此，请注意袜子是否干净，是否有破洞或出现抽丝。在阿拉伯或热带国家，因为气候炎热，在工作场所男士可以不穿外套，不系领带。而在泰国，人们平时多穿衬衫、长裤与裙子。只有在商务交往中，才会穿深色的套装或裙装。但在公共场合，尤其是在参观王宫、佛寺时，穿背心、短裤和超短裙是被禁止的。在国外，正式餐厅，不论男女应该着正式服装，甚至有些场所，还有男士不打领带不得入内的规定。最好事先问清楚，以免被拒之门外。

真正做到尊重交往对象，首先就必须尊重对方所独有的风俗习惯。在前往其他国家或地区进行工作、学习、参观、访问、旅游的时候，尤其要对当地所特有的风俗习惯，加以认真地了解和尊重。做不到这一点，对于交往对象的尊重、友好和敬意，就好似敷衍了事，无从谈起。

总之，世界上没有不得体的衣服，只有不得体的穿着。在任何场合，遵循着装的基本原则，事先弄明白着装注意事项，就能首先在外在印象上占得先机，胜人一筹。所以，着装要做到以下要求。

第一,要符合身份。每一个人的形象都有其代表意义,甚至代表其所在团队的形象和规范化程度,同时也是个人修养和见识的反映,因此个人着装应与其所要塑造的形象相匹配,与所从事的具体工作相适应,做到男女有别、身份有别、职业有别、职级有别。

第二,要扬长避短。现实生活中,每个人的高矮胖瘦不同,气质特点也不同,着装应强调扬长避短。例如,身材较矮的人,不宜穿大花图案的上衣,应选择款式简单的、稍短的上衣,以达到显高的效果;黄皮肤的人应避免蓝、紫、红等颜色,因为这些颜色与皮肤的对比度强,会使肤色偏黄不好看;这些都是扬长避短。

第三,要区分场合。在日常工作与生活中,着装应当因场合不同而异。在不同的场合商务人员应该选择不同的服装,以此来体现自己的身份、教养与品位。例如,正式社交场合中,着装不宜过于浮华,应庄重大方;参加晚会时,着装可明亮艳丽;节假日休闲聚会时着装应随意、轻便,易于沟通感情,营造轻松、愉悦的氛围。

3.2 公务着装

公务着装礼仪是指在公务活动中有关服装和佩戴的饰物方面的礼仪规范。公务着装一般以庄重大方、素雅整洁、朴实得体、合乎身份为原则,不仅要体现出公务人员稳重、大方、干练、富有涵养的形象,更要体现公务人员的敬业、乐业精神。男性与女性的公务着装有显著差异,礼仪要求也相去甚远。

3.2.1 男性公务人员的着装

公务人员由于其职业身份,着装要求在 TPO 原则基础上,还要遵循体现职业特点的黄金法则,即整肃性、整洁性和整体性。

整肃性。公务人员的着装应严谨、大方,不可过于时尚怪异、随意邋遢和花哨暴露,不宜选择过紧、过露、过透、过短的服饰;也不可过分地落伍,显得因循守旧、顽固不化。譬如佩戴领带体现了场合的正规,但是有的人却随意地将衬衫放在裤带外边,违背了着装的整肃性。

整洁性。整洁的衣冠可以营造积极向上、值得信赖的形象。衣服应收拾得干净整洁,勤洗勤换。上衣干净挺括、裤线清晰明快、皮鞋干净锃亮。上衣不能褶皱歪拧、胸口不能存有污渍、后背不能沾满头皮屑,裤子不能由于长时间未洗而后面磨得发亮,开线和裂开的地方应缝合好,皮鞋不能沾满灰尘,夏天不能留下汗渍,身上不能有异味。

整体性。着装的整体搭配要注重全局效果,体现公务人员和谐得体、自然潇洒的风度。一要衣、裤、鞋、袜、内衣等相互呼应、协调配合,如深色西装与黑色皮鞋之间如果露出大截肤色容易给人断层的感觉,应配上深色袜子;二要与形体、年龄相适

社交礼仪

应,量体裁衣,随体而制,过紧过松的服饰均不适合;三色系搭配不宜杂乱,尽量不超过三种,浅色内衣配深色外套。

1. 西装的选择

当前,从我国的服装趋势看,已经与国际潮流接轨,即以西装为主,公务服装即便统一,也具有西装的大体趋势。因此,在现代社会中,男性职业装首推西装,西装以其设计造型美观、线条简洁流畅、立体感强、适应性广泛等特点而成为通用的男士公务着装。

为了避免某些场合细节出现问题,男性公务人员在选择西装时要注意以下几点。

(1)西装有两件套、三件套之分,如图3-1和图3-2所示。两件套西装套装包括一衣和一裤,三件套西装套装包括一衣、一裤和一马甲。按照传统观点,三件套西装比两件套西装显得更正规、更保守,一般参加高层次的国际活动时穿着。

图3-1　两件套西装

图3-2　三件套西装

单排扣西装,人们选择的比较多。最常见的有一粒纽扣、两粒纽扣和三粒纽扣三种。一粒纽扣和三粒纽扣单排扣西装上衣穿起来比较时尚,而两粒纽扣的单排扣西装上衣就显得更正统一些,如图3-3所示。

双排扣西装,时尚感稍强。最常见的有两粒纽扣、四粒纽扣、六粒纽扣三种。两粒纽扣和六粒纽扣两种款式的双排扣西装上衣属于流行的款式,而四粒纽扣的双排扣西装上衣就明显具有传统风格,一般很少选择,如图3-4所示。

(a) 单排一粒扣款式　　　　（b) 单排两粒扣款式　　　　（c) 单排三粒扣款式

图 3-3　单排扣西装

(a) 双排两粒扣款式　　　　（b) 双排四粒扣款式　　　　（c) 双排六粒扣款式

图 3-4　双排扣西装

两件套西装在正式场合不能脱下外衣。双排扣西装显得更严肃，扣子必须都系上，不能敞开来穿。单排扣西装一般场合可以不系扣，正式场合如参加会议、谈判、会见重要客人等，两粒扣西装只系上面一粒扣，三粒扣西装只系中间或上面两粒，最下面的一粒扣不要系，否则会显得很拘谨，不大方。

（2）西装的面料应高档些。若是正式礼服，最好是全毛面料；若是做日常工作穿着，则纯毛或混纺制品均可。这些面料较挺括，不易起皱。西装的颜色应选深色，如黑色、藏蓝色、深灰色等。公务人员在正式场合应穿同质、同色的深色毛料套装。

（3）西装的上衣口袋和裤子口袋里不宜放太多的东西。按习俗，西装里面不能加毛背心或毛衣。在我国，至多也只能加一件V字领羊毛衣，否则显得十分臃肿，以致破坏西装的线条美。

2. 穿着西装的要求

（1）拆除商标。穿西装前要把上衣左袖口的商标或质地的标志拆掉，有些高档西装购买时销售人员会拆除。随着西装礼仪的普及，很多人意识到了这一点。

（2）五个"不要"。①不要衣袖过长。最好是在手臂向前伸直时，衬衫袖子能露出，并且比西装上衣要长出1~2cm。②不要衣领过高。一般在伸直脖子时，衬衫领口以外露1cm左右为宜。③不要只穿一套。最好准备两套以上轮流穿，以保持西装式样不变，并减少磨损。④不要卷起西装衣袖或裤管，否则就显得粗俗、失礼。⑤不要乱装物品。为使西装外观不走样，西装口袋要少装甚至不装物品。上衣、马甲和裤子都一样。其中上衣外胸袋只放装饰用的手帕，西裤后、侧口袋最好不放物品。

3. 西装的搭配

（1）衬衫、领带的搭配。正装的色彩在整体上以少为宜，要遵循三色原则。三色原则要求男士的着装，衬衫、领带、腰带、鞋袜一般不应超过三种颜色。这是因为从视觉上讲，服装的色彩在三种以内较好搭配。一旦超过三种颜色，就会显得杂乱无章。三色原则是在国外经典商务礼仪规范中被强调的，国内著名的礼仪专家也多次强调过这一原则。配西装的衬衫颜色应与西装颜色协调，不能是同一色。白色衬衫配各种颜色的西装效果都不错，浅色有细隐条的也可以。公务场合男士不宜穿色彩鲜艳的格子衬衫或花色衬衫。

现在很多人喜欢穿立领衬衫，认为有一种独特的文化气质，立领衬衫不用系领带，并能给人挺拔、利落、简洁的感觉，但在正式场合，如重要会议、签字仪式等场合尽量穿翻领衬衫，并系上领带，以示庄重。

领带是西装的灵魂，是男士西装最抢眼的饰物。最正规的领带是用真丝或者羊毛制成的，绦丝领带也可以用，但棉、麻、绒、皮革等领带是纯粹的休闲领带。

一般下端为箭头的领带，显得比较传统、正规，而下端是平头的领带就显得时尚、随意一些。要将领带结打得挺阔端正，并且在外观上呈倒三角形，在收紧领带结时可以在领带结的下面压出一个窝，这样看起来更加美观，如图3-5所示。领带结的具体大小要和衬衫衣领的大小成正比，领带的长度以触及皮带扣为宜。

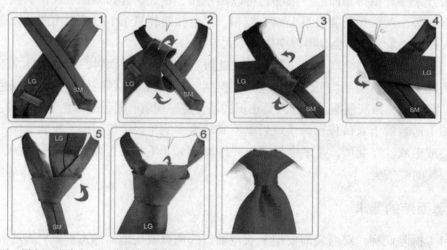

注：图中LG指大头，SM指小头。

图3-5 领带的系法

领带夹在穿着时起固定和修饰的作用，领带夹一般夹在衬衫第三粒与第四粒扣子之间为宜。这样领带会显得比较笔直，也不会被风吹起，弯腰时也不会悬垂向地面，西装系好纽扣后，不能使领带夹外露。

（2）皮鞋、袜子的搭配。深色、单色的皮鞋与正式西装可配套穿着。例如，黑色牛皮鞋和西装最般配，而磨砂皮鞋、翻毛皮鞋则不太适合。在公务场合穿的皮鞋应当没有任何图案、装饰。系带皮鞋是最合适的，一些船式皮鞋、盖式皮鞋、拉链式皮鞋等不适合在正式场合穿着。男士穿厚底皮鞋、坡跟皮鞋、高帮皮鞋等也会显得不伦不类。另外，应注意皮鞋要勤换、勤晾，应时常擦拭保养，鞋面不能落满灰尘。

与西装皮鞋相配套的袜子最好是纯棉的、纯毛的，深色、单色的袜子，黑色比较正规。不穿白色袜子配深色西装，也不要穿花袜子或发光、发亮的袜子。不穿破损的袜子参加社交活动，更不可以光脚穿皮鞋。

（3）其他饰品的搭配。男性的饰品较少，尤其在公务场合。男性的饰品除上面提到的领带夹外，还有腰带、公文包、手表等。男性公务人员所用的腰带、公文包、手表，其款式都应简洁大方，腰带、公文包应是真皮的，按照三色原则，颜色与皮鞋一致，以黑色为佳。男性公务人员一般不宜在公务场合佩戴项链、戒指之类的首饰。

3.2.2　女性公务人员的着装

女性公务人员在公务场合着装要求注重保守，宜穿套装、套裙，以及穿着制服。除此之外，还可以考虑选择长裤、长裙和长袖衬衫。例如，在谈判、大型会议或者外出执行公务时，女性公务人员应选择正式的女性职业套裙；在写字间办公等公务环境，可选择线条明快富有质感的服饰，以较好地体现职业女性的魅力。

1. 套裙的选择

西装套裙是女服借用男装最为成功的范例之一。第一次世界大战期间，由于工作的实际需要，女性换上了以男性军装样式为主、注重实用耐穿性能的套裙。其后由于女权运动的高涨，出现了不凸显女性形体曲线的"杰尔逊奴"（Garconne）女性裙装。由于社会传统观念认为裙子是专属于男性的服装，虽然在服饰元素上硬朗、简洁的风格，但是依然是上衣配裙子而非裤子。20世纪40年代，大批女性在战火中走出闺阁，形成第一次大规模使用职业女装的高潮。西装套裙作为职业女装中的经典样式被固定下来。

西装套裙可以分为两种基本类型，一种是用女式西装上衣和随便的一条裙子进行自由搭配组合成的"随意型"；一种是女式西装上衣和裙子成套设计、制作而成的"成套型"或"标准型"。

社交礼仪

（1）套裙的选择。面料要选择匀称平整、悬垂挺括、手感较好的。上衣和裙子要采用同一质地、同一色彩的素色面料。

色彩应当以冷色调为主，应体现着装者的典雅、端庄与稳重。有时两件套套裙的上衣和裙子可以是一色的，也可以是上浅下深或下浅上深等两种不同的色彩，一套套裙的全部色彩至多不要超过两种，不然就会显得杂乱无章。

选择合适的尺寸是着装得体的首要因素。女士的套裙尺寸要求上衣不宜过长，下裙不宜过短。通常套裙之中的上衣最短可以齐腰，而裙子最短不应短于膝盖以上15cm。上衣的袖子应盖住着装者的手腕。

（2）套裙的着装要求。在各种和工作相关的正式活动中，女性以穿套裙为好，尤其是涉外活动中。其他情况就没有必要一定穿着套裙，穿裙装就可以了。当出席宴会、舞会、音乐会时，可以选择和这类场合相协调的礼服或时装。社交场合穿着套裙，会与现场氛围格格不入。

套裙整体应当协调。通常穿着打扮，讲究的是着装、化妆和配饰风格统一，相辅相成。穿套裙时，必须维护好个人形象，化淡妆，首饰、配饰以少为宜。

套裙最能够体现女性的身材以及优雅的气质，所以要注意个人仪态。要站有站相，双脚不可分开，站得东倒西歪。坐有坐相，双脚不可分开，或是跷二郎腿、抖动脚尖，更不能脚尖挑鞋，甚至当众脱鞋。走有走相，步子要轻而稳，不可以大步奔跑。蹲姿时，应注意得体、优雅。

2. 套裙的搭配

（1）衬衫。作为与套裙配套的衬衫，在面料上要求轻薄而柔软，例如，真丝、麻纱、罗布、府绸、涤棉等，都是可供选择的面料。在色彩上以单色为最佳之选。同时，衬衫的色彩与所穿套裙的颜色应搭配合适，要么外深内浅，要么外浅内深，形成两者之间的深浅对比。

在衬衫的穿法上，女性公务人员要注意三点。第一是衬衫在公共场合不宜直接外穿。遵循礼节，不允许在外人面前直接脱下外衣，而直接以衬衫面对对方。身穿紧身而透明的衬衫时，尤其要注意这一点。第二是衬衫的下摆必须掖入裙腰之内，不得任其悬垂于外，或是将其在腰间打结。第三是衬衫的纽扣要一一系好，除最上端一粒纽扣按惯例允许不系外，其他纽扣均不得随意解开。

（2）衬裙。衬裙十分重要，尤其穿着丝、棉、麻等薄型面料或浅色面料的裙装时，不穿衬裙会让内衣痕迹暴露无遗。衬裙的颜色应与外套色彩协调。衬裙的裙腰不可高于套裙的裙腰，同时应将衬衫下摆掖入衬裙与套裙之间。

（3）内衣。穿着内衣最关键的是适当、得体，同时也要注意内衣一定要穿、内衣不准外露和内衣不准外透这三点。国际上通常认为袜子是内衣的一部分，因此袜子不可随意乱穿。袜子可以是尼龙丝袜或羊毛袜，不可将九分裤等裤装当成袜子来穿。女士穿裙子应当配长筒丝袜或连裤袜，肉色长筒丝袜配长裙、旗袍较为得体。尤其要注意女士不能在公共场合整理自己的长筒丝袜，而且袜口不能露在裙摆外边。

（4）围巾。应使用与套裙的颜色搭配和谐的围巾，以丝绸或全毛质地为好。

（5）鞋。用来和套裙搭配的鞋必须是皮鞋，可以选择和套裙色彩一致的皮鞋，其中黑色皮鞋最好。款式应选择高跟、半高跟的皮鞋，丁字式皮鞋、皮靴、皮凉鞋等都不适宜。

（6）手提包和手提箱。手提包和手提箱最好是用皮革制成的，手提包上不要带有明显的设计者标签。女性的手提箱可以用硬衬，也可以用软衬，最实用的颜色是黑色、棕色和暗红色。

（7）装饰。套裙上不宜添加过多的点缀，在饰品的佩戴上要注意以少为佳、同质同色。女士的饰品包括耳环、项链、手镯、胸针、戒指等，要求佩戴时控制在三种以内，每种不多于两件，太多就显得杂乱。同质同色，就是要求所佩戴的首饰色彩和款式要协调。

3. 女性公务人员不恰当的着装

女性公务人员应该懂得如何适当地打扮自己，但在日常中也常出现以下问题。

（1）过分时髦型。现代女性热爱流行的时装是很正常的现象，即使不去刻意追求流行，流行也会左右着你。一个女性公务人员对于流行的选择必须有正确的判断力，同时要切记在工作中主要表现业务能力而非赶时髦的能力。

（2）过分暴露型。夏天的时候一些女性公务人员，不能够注重自己的身份，穿起颇为性感的服装，这会使才能和智慧被埋没，甚至还会被视为轻浮的表现。因此，再热的天气也应注重自己仪表的整洁、大方。

（3）过分正式型。这个现象也是常见的，其主要原因是性格保守，审美守旧。女性公务人员的着装应平淡朴素，但也要有时代感、轻松感。

（4）过分潇洒型。最典型的着装就是一件随随便便的T恤或罩衫配上一条泛白的牛仔裤，丝毫不顾及工作环境的要求，这样的穿着是非常不合适的。

（5）过分可爱型。在服装市场上有许多可爱俏丽的款式，也不适合公务人员穿着，否则会给人留下轻浮不稳重的印象。

3.3 社交着装

社交场合主要是指宴会、舞会、晚会、聚会等应酬交际场合，虽然这些场合不是在工作岗位上，但往往面对的是工作关系的熟人，着装的基本要求是讲究时尚、展现个性。通常人们把公务、社交的场合称作正式场合，并把在正式场合的着装称为正装，即正式、规范的装束。社交场合的正装以着礼服为特色。

社交礼仪

3.3.1 中式男士礼服

中式男士礼服主要包括中山装和唐装，如图 3-6 和图 3-7 所示。

图 3-6　中山装　　　　　　图 3-7　唐装

1. 中山装

中山装是我国男士的传统礼服，是孙中山与著名裁缝黄龙生共同研究设计的，这种服装既有西方服装潇洒合身的特点，又符合中华民族朴实大方的生活习惯。中山装一般为上下身同色同质的深色毛料精制而成，前门襟有五粒扣子，领口为带风纪扣的封闭式，上、下、左、右共有四个贴袋，袋盖外翻并有盖扣。着中山装会显得庄重、神气、稳健、大方，富有男子汉气概，可以出席各种社交场合。穿着中山装时应注意以下几点。

第一，要拆除衣袖上的商标。在上衣左边袖子上的袖口处，通常会缝有一块商标。有时，那里还同时缝有一块纯羊毛标志。在正式穿之前，切勿忘记将它们先行拆除。这种做法，等于是对外宣告该套中山装已被启用。

第二，要熨烫平整。要使中山装的穿着看上去美观大方，首先就要使其显得平整而挺括，线条笔直。因此除了要定期对中山装进行干洗外，还要在每次正式穿着之前，对其进行认真的熨烫。

第三，要扣好纽扣。穿中山装时，上衣与裤子的纽扣，都要扣好。一般而言，站立之时，特别是在大庭广众之下起身而立之后，中山装上衣的纽扣应当全部系上，以示郑重其事。就座之后，中山装上衣的纽扣则可解开下面的一粒或两粒，以防其"扭曲"走样。通常，在非正式场合中山装可全部系上或全部不系。

第四，要不卷不挽。穿中山装时，一定要悉心呵护其原状。在公共场所，不能当众随心所欲地脱下中山装上衣，更不能把它当作披风一样披在肩上。无论如何，都不可以将中山装上衣的衣袖挽上去。否则，极易给人以粗俗之感。在一般情况下，随意卷起裤管，也是一种不符合礼仪的表现。因此，也是绝对禁止的。

第五，要少装东西。为保证中山装在外观上不走样，应当在中山装的口袋里少装东西，或者不装东西。对待上衣、马甲和裤子均应如此。中山装不同的口袋有不同的作用。中山装上衣上侧的外胸袋现代的穿法仅供装饰用途，切勿插入钢笔、挂眼镜。内侧的胸袋，可用来别钢笔、放钱夹或名片夹，但不要放过大、过厚的东西或无用之物。外侧下方的两只口袋，原则上以不放东西为佳。在裤子上，两只侧面的口袋只能够放纸巾、钥匙包或者零钱包。其后侧的两只口袋，则大都不放任何东西。

2. 唐装

唐装是清代马褂的传统和现代审美的结合品，它吸取了传统服装中的款式和面料，同时采用了西式服装立体式剪裁，既有文化韵味，又具时尚风度。在2001年上海APEC会议上，中国作为东道主请前来参会的亚洲及太平洋经济体的领导人穿唐装，是中国服饰引领时尚的标志。

据APEC会议各经济体领导人所穿唐装的主要设计者余莺女士介绍，唐装应当是中式服装的通称，这主要是因为国外都称华人居住的地方为"唐人街"，"唐人"穿的衣服自然就应该叫"唐装"了。另外，国外的一些华人也有称中式服装为"唐装"的说法，所以唐装的取名也颇有国际化的味道。唐装作为中国的传统服装，具有自己独特的魅力，相对于西装外观挺括、线条流畅的特点，唐装的肩部自然垂展，不加任何雕饰，穿着非常舒适，它没有一定的形式，是随着穿的人身体曲线而改变的。

唐装的款式结构有四大特点，一是立领，上衣前中心开口，立式领型；二是连袖，即袖子和衣服整体没有接缝，以平面剪裁为主；三是对襟，也可以是斜襟；四是直脚扣，即盘扣，扣子由纽结和纽襻两部分组成。男士身着唐装神采飘逸、气度非凡、一派儒雅，能显现儒雅含蓄的东方气质。

唐装的颜色一般是红色、黑色或者宝蓝色。嵌镶金络银的织纹、如意吉祥和铜钿样的花纹，以及手工制成的盘扣。现代的唐装吸收了时尚元素，所以颜色并不局限于以前的大红大绿。

挑选唐装时，要根据每个人的身材特点来挑选，比如，是深是浅，是否符合自身品位等。值得注意的是，肤色较深或偏暗的人，在选择颜色的时候，要尽量选择明亮的暖色系，让自己看起来更精神一些，也更喜庆一些。而年纪大的未必就要选色彩暗淡的，带有现代风格且颜色鲜亮些的反而能更显年轻。柔和的中性色，如紫莲灰、雪青、秋香绿，还有军绿色等，可以令人眼前一亮。

3.3.2 西式男礼服

礼服和西装的概念都来自西方国家，很多人容易将两者混淆。其实礼服和西装既有联系，也有着细节之处的不同。一般而言，礼服比西装更正式，西方男性在出席正式的宴会时，多被规定必须穿着礼服。至于西装，则是一种城市装，比较轻便，一般的商务会议或是一般宴会可以穿着西装。在婚礼、婚宴或是结婚仪式上，穿着正式的

社交礼仪

礼服可以说是公认的礼仪。有些新郎会以西装来代替礼服，其实并不合礼仪，而且与新娘华丽的白纱礼服也不搭配。

1. 晨礼服

晨礼服又称为英国绅士礼服，是礼服较为正式的一种，特色是外套剪裁为优雅的流线型，充满了贵族感。晨礼服的显著特点是枪驳领、单排扣，前端是弧线下摆，使衣服变成了前短后长，总衣长近膝，且必须配灰色竖条纹裤（这是硬性规定，不是随便配的），马甲，配阿斯科特领巾或领带、领结。晨礼服的衬衣一般多采用小领型的，颜色为白色，通常胸前带有装饰褶皱，如图3-8所示。

图3-8　晨礼服

由于出席场合的不同，晨礼服搭配领带、领结皆可，但通常都会选择与浅灰色马甲色调一致的颜色，尤其是一些带有银灰色光泽质感的领带和领结也更加合适。另外，若是出席婚礼等场合，也可以选择一些带有提花的款式。正规的晨礼服一定要佩戴背带，背带的颜色很讲究，一般来说是以黑色和黑白条纹的为主。佩戴时一定注意不要露出背带扣环。晨礼服的马甲也十分讲究，一般采用浅灰色或者亮面灰色的质地，双排扣或单排扣款式皆可。晨礼服的上衣乍看上去很接近正规的大晚礼服，也就是我们常说的燕尾服，但其实只要仔细观察就不难发现，大礼服的设计是前短后长的，并且通常会是双排扣款式，而晨礼服的下摆没有明显的前短后长分割，而是流畅的一体设计。在颜色方面，晨礼服的上衣一般是黑色为主，当然也不排除有些是灰色的。但对于那些需要穿着晨礼服参加婚礼的男士来说，改换搭配香槟色带有提花的马甲也是非常必要的。晨礼服的裤子是其最为醒目的部分，一般来说黑色上衣配灰色竖条纹的长裤最为正规，且长裤腰部不能带裤鼻。传统的翼纹牛津鞋是搭配晨礼服的最佳方案。

2. 小礼服

小礼服又称无尾礼服，也称便礼服，由于无尾礼服的领带是黑色的领结，因此有"黑领结"之说，这是晚间集会最常用的礼服。小礼服用于比较庄重的场合、结婚典礼、各种招待会、正式仪式、音乐会、戏剧初演日等。有些国家，在家里举行晚宴时也穿小礼服。小礼服的上装为黑色或深蓝色的短上衣，单排扣、双排扣均可。衣领为圆领或剑领，并镶缎面。质地为驼丝棉、开司米等。在东南亚及其他热带国家和夏日避暑地，也有着白色上衣的。白色衬衫的领子一般为软领或燕子领，正统的衬衫胸部饰有叠褶，也有的镶有波形花边、束带或者刺绣上某种图案。但除上装之外，其他穿着应与穿黑上装时一样。裤子的颜色与上装相同，黑、深蓝色均可（上衣为白色时，裤子仍着黑色），并饰有缎带，如图 3-9 所示。

图 3-9　无尾礼服

正式场合不穿钉有普通纽扣的衬衫，一般穿用贴边为双层的衬衫（从表面看不到扣子），或者是普通的单层衬衫，用黑色玛瑙或蝴蝶贝卡子固定。袖口双层、单层都可以。质地为棉、缎子，用黑色蝴蝶结。系腰巾时，领结的质料与腰巾的质料要一致。着黑袜、正统的浅口薄底黑皮鞋或黑色漆皮鞋。现在，穿鞋趋于简单化，很多人只穿一般的式样讲究的皮鞋。上装兜内可放白色麻织或丝绸手帕（上衣为白色时，也可使用黑色丝绸手帕）。一般不戴手套和帽子。

3. 大礼服

大礼服也称燕尾服，是西式晚礼服的一种，在 18 点以后穿着。其基本结构形式为前身短、西装领造型，后身长、后衣片成燕尾形两片开叉，源于欧洲人马车夫的服装造型。色彩多以黑色为正色，表示严肃、认真、神圣之意。燕尾服的袖子很细，袖山很高，袖窿较小，在袖根内侧的腋窝部分有一块做成双层的三角形垫布，以增加耐磨性和吸汗性。燕尾服衣身部分的里子一般为黑色缎子，袖里子则是白色的人字形斜纹绸。为了使胸部富有体积感，同时又有柔和的悬垂感，在前胸要用弹性较好的马尾衬，后背部分一般用棉布衬或缩绒衬，驳头上要用八字形的针脚来纳，以增加驳头的折返弹性。

与燕尾服相搭配的礼服裤也不同于一般的西裤，立裆较深，一般不用腰带，而用背带"萨斯喷达"（Suspender）。裤子前面有两个活褶，裤腿从臀到膝较宽松。裤长略长一些，但没有卷裤脚。外侧裤缝处装饰两条与燕尾服驳头同色同质的丝带。两侧的裤兜为直开兜，一般没有后裤兜，要有也只是一侧有，是双开线的挖兜。因使用背带，故裤子前后都装有背带扣。

4. 婚礼服

婚礼场合，男士的礼服既要适合婚礼的环境主题，也要适宜新郎的形象气质。按照目前国际通用的礼仪着装，男士的礼服分为三个级别，由高到低依次为第一礼服、正式礼服和标准礼服。第一礼服包括白天（18点以前）穿的晨礼服，晚上（18点以后）穿的晚礼服。正式礼服中，白天穿董事套装，晚上为塔式多礼服。标准礼服是指全天候都可以穿着的西装套装。因第一礼服和正式礼服穿着太过复杂，所以可以选择全天都可以穿着的标准礼服。

（1）适合室内婚礼的黑色套装。这里的"黑色"，并不仅仅指纯黑色，其实深蓝色才是黑色套装的标准色，而黑色是正式礼服（燕尾服、塔式多礼服等）的标准色。

东西方民族都把"深蓝"作为高贵的象征。日本著名的男装礼服专家出石尚三先生说过，"深蓝是一种深不可测的颜色，像漆黑夜空一样浓重"。在国际惯例中，越深的蓝，级别越高，直至黑。

（2）适合户外婚礼的浅色套装。如果婚礼是在户外，比如海边，可以选择颜色偏浅的西装套装。

5. 西式男礼服的选择

身材高大型男士，适合穿任何形式的礼服，尤其以双排扣和燕尾服最为出众。

身材矮小型男士，适合简单款式的礼服，单襟或尖领向上的礼服都可，尽量避免燕尾服、双排扣或及襟的礼服，因为这些礼服的比例会让腿看起来更短，为了避免自曝其短，应该避免穿。

身材清瘦型男士，建议穿着剪裁有圆角的款式，可遮掩消瘦的身形。

身材肥胖型男士，不妨利用能广纳各种体形的平口服，但避开较圆的新月领。西装领、有棱有角的剑领比较适合丰润的脸形。礼服颜色尽量选择深色系，避免浅色、燕尾服及开双襟的礼服。

啤酒肚型男士，适合款式简单、深色的单襟礼服，这种款式在视觉上可把身形稍微拉长。切忌穿双排扣、燕尾礼服，因为这种类型的礼服焦点目光很容易会放在肚子的位置。

另外，新月领形状像两片月眉，其圆顺感是年轻人偏爱的外套领形。带有些霸气的剑领和保守的西装领，是年纪稍大者喜爱选择的款式。

3.3.3 女士礼服

总地来说，女士礼服要根据男士的着装来决定。

1. 中式女礼服

（1）旗袍。旗袍是在20世纪上半叶由民国服饰设计师参考满族女性传统旗服和西洋文化基础上设计的一种时装，是一种东西方文化糅合具象。在西方人的眼中，旗袍是我国妇女的传统服饰，具有中国女性服饰文化的象征意义。

旗袍具有款式高雅、线条流畅、能充分展现女性柔美身段、极具民族特色等特点。旗袍的材料常是传统的丝织物，缝制有镶、嵌、滚、绣等传统工艺。它的领、袖、衣襟、衣摆处装饰有花卉、蝴蝶等吉祥图案，而且还有单袍、夹袍、棉袍、皮袍的分类，可以按不同季节更换。旗袍一般可用丝绸、呢料织物或具有民族传统风格的丝绒和锦缎制成。旗袍高领紧扣、腰身微紧、下摆开叉，设计巧妙而简练，十分适宜作为我国女性的民族礼仪服饰。在礼仪场合穿着的旗袍，开叉不宜太高，以到膝关节上方1~2寸为最佳，旗袍的长度最好是长至脚面。着旗袍应配穿高跟鞋或半高跟鞋，或配穿高级面料、制作考究的布鞋或绣花鞋，如图3-10所示。

图3-10　电影《金陵十三钗》中的旗袍造型

① 旗袍的选择。选购旗袍时必须注意样式与面料要相互调和，根据自己穿着所需而定。若用作婚庆的旗袍，应选择面料质地均上乘，且色彩鲜艳夺目，但样式相对古典传统的；若用作赴宴礼服的旗袍，面料应高级华贵，色彩柔和大方，样式可较为新潮，但外观必须保持稳重与高雅；若用作日常便服的旗袍，则相对可随心所欲，只要穿着舒适大方，凸显个性便可。

旗袍是合身要求极高的服装，穿着旗袍前，必须准确测量出自己的"三围"，然后试穿，并观察"三围"是否贴体舒适。必须检查领子、衣身、袖长等细节之处，以求精准，一丝不苟。谨记，旗袍尺寸大小的选购不同于连衣裙等服装，要求十分严格，否则将会失去旗袍的独特之处。

着装的选择往往最能体现一个人的文化修养和审美情趣，尤其是旗袍，某种意义上说，这是一门艺术。"得体大方"是旗袍穿着时必须遵循的宗旨，"适度创意"则是新式旗袍所带来的搭配要诀。

② 旗袍的搭配。中西合璧的改良与创意灵感更让旗袍从沧桑变幻的往昔中焕然一新。其实，只要搭配得当，中规中矩的旗袍也可以穿出温婉可人的传统形象，穿出与众不同，轻松应对各种场合。

旗袍搭配一：旗袍＋皮草。

古典的旗袍与摩登的皮草搭配，不仅保暖，也能凸显旗袍的品质。为了不让皮草喧宾夺主，不宜选择长款皮草，颜色最好和旗袍同色系或对比色系。

旗袍搭配二：旗袍＋箱形短外套。

空间体积感是一直贯穿时装的设计理念，箱形短外套要选择有泡泡袖或斗篷剪裁，如果旗袍是深色系的，可搭配艳色系的箱形短外套。

旗袍搭配三：旗袍＋长风衣。

旗袍外加穿一件长款的风衣，可以选择双排扣、蝴蝶结、大翻领等时装化的风衣样式，非常有中西合璧的感觉。亮丽颜色的风衣里面，旗袍最好穿素色，并以暗花为主，来平衡亮色大衣颜色的饱和度。

旗袍搭配四：旗袍＋披肩。

披肩和旗袍向来是一对孪生姐妹。一件搭配得体的披肩不仅能为丝绸料单薄旗袍提供御寒功用，更能把旗袍的灵秀、端庄、嬗变表现得淋漓尽致。披肩面料应该要罩得住旗袍，避免"头重脚轻"。如果选择羊绒或羊呢等高贵面料的旗袍，最好搭配皮草或羊毛披肩。如果旗袍过于素净，可以用艳色或有亮点闪耀披肩进行点缀。

（2）中式婚礼服。中式婚礼服在不同时期有着不同的式样和色调。

① 中式婚礼服的色彩。在我们的印象中，婚礼服的颜色都是传统的中国红，红色在中国代表喜庆、欢悦，是吉祥的色彩。

但是，在古代，婚礼服的色彩并不都是红色的。古代的结婚典礼追求的是正式、严肃的场面。不能击鼓奏乐，不可以大声喧哗嬉闹等。黑色在古代被视为庄重、严肃的色彩，是各大正式活动的场合不可缺少的色彩之一，很长的一段时期里，婚礼服的颜色是黑色的。从古籍中可以看出朝代不同，传统婚礼服饰的色彩也截然不同，有一个从黑到红的变化过程。秦时期新娘的婚服是"'次'，纯衣纁袡"。"次"是由假发编织的一种假髻，一般是套在头发上，用簪饰将其固定；纁是一种黄色又泛红的颜色。袡即是衣服的边缘。新娘梳理好发式，然后戴好首饰，身穿黑色面料的丝衣，以纁色（即浅红色）为衣缘。女子的上衣和下裳用同样颜色的面料，表示德行专一；以纁色为衣缘，纁色属阴，意味着阴气上行，上交于阳，象征女子出嫁成家而担当起新的责任，如图3-11所示。

第3讲　着装礼仪

图3-11　《芈月传》中秦代婚礼仪式

秦代以后，婚礼服上出现了局部红色的点缀，在唐代时期，婚礼服饰的总体颜色是"绯红青绿，红男绿女"，即女士婚礼服的色彩是淡青绿色，这种礼服形式融合了先前的庄重神圣和后世的热烈喜庆。

"正红对襟大袖衫+凤冠霞帔"这种起源很晚的婚服样式目前是国人心中理解的华夏婚礼服装，而且根深蒂固。但近几年中式婚礼服的颜色随着流行也有所改变，在传统的大红色中加金色、银色等传统图案，使其富丽堂皇，更具喜庆之气。现在的中式婚礼服色彩也不局限于红色、酒红色、朱红色、玫粉色等，婚礼服色彩也别具特色。

② 婚礼服款式的演变。婚礼服的款式随着时代的变迁和朝代的更迭而发展变化。经历周制的爵弁玄端——纯衣纁袡、秦代时期就形成了章服制度、唐代的梁冠礼服——钗钿礼衣、明代的九品——凤冠霞帔等变化多端。

钗钿礼服是晚唐时期宫廷命妇的礼服，身穿大袖衫长裙、披帛都是在花钗大袖襦裙或连裳的基础上发展而来。层数繁多，穿时层层叠叠，非常复杂。然后在外面套上宽大的广袖上衣。从唐代以后，婚礼服的套数有所简化，成为花钗大袖衫。在科举制度影响下又出现嫁服，即当时贵族子孙婚娶可以使用冕服或弁服，官员女儿出嫁可以穿用与母亲的身份等级相符的命妇服，平民结婚也可穿用绛红色公服。新娘通常穿红底绣花的袄裙或旗袍，外面"借穿"诰命夫人专用的背心式霞帔，头上簪红花，拜堂时蒙大红色盖头，如图3-12所示。

图3-12　周制新娘婚服、唐制新娘婚服、明制新娘婚服

社交礼仪

在明代和清代时期，结婚新娘头戴凤冠，身着霞帔，脸遮红盖头，上身内穿红绢衫，外套花红袍，肩挎子孙袋；下穿红裤或红裙、红色绣花鞋，这就是一个典型的中国传统的新娘造型。现代传统式婚礼也有追求中国文化底蕴，模仿古代婚礼的。

辛亥革命以后，婚礼服饰以中山装和旗袍为主，新中国成立后仍继续盛行。20世纪60年代后期至70年代，服装制度又发生了很大的变化，婚礼比较简朴，服装和生活服装几乎没有什么差别，都是军绿色、蓝色或是灰色的制服。改革开放以后，外来文化对我国服饰产生了极大的影响，中国传统的婚礼服开始逐渐与国外接轨，新娘多穿洁白、飘逸的婚纱，婚纱成为结婚的主流服装。

进入21世纪，婚纱礼服的样式变化多样，款式丰富。既有传统的和改良版的旗袍，也有西方浪漫典雅的婚纱，而且婚纱色彩不只限于白色，还有淡粉色、淡蓝色、红色、玫粉色等。新娘身着婚纱，手捧花束，有长至手臂的蕾丝手套和曳地的头纱等。在典礼结束后，新娘换上中式礼服给客人敬酒，西式的婚纱和中式的婚礼服都穿了，真正是中西合璧与新时代的文化交融，这种文化一直延续到现在。

2. 西式女礼服

（1）常礼服。也称晨礼服，款式一般为窄领长袖，礼服以不露肌肤为礼。但是夏天的礼服可微露肌肤，袖子可用中袖。女性常礼服的前身是宫廷的长礼服，因此常礼服以一件套的曳地长裙为正宗传统。但上、下两件套的套装也可以作为正式礼服来使用，裙子也可略为短些，但绝不能是超短裙。

在较隆重的场合，如授奖仪式、结婚仪式上担任主角的女性则应以一件套的长裙为宜。一般出席较为庄重的场合，礼服的色彩不宜选择过分浮华的颜色，应选用色调稳重的墨绿色、浅茶色、蓝色、银灰色等，并且日间穿着正式礼服应尽量避免佩用闪光的饰物，这与晚礼服的饰物配用原则恰好相反。

小型的手包和手套是日间正式女服的必需品。手包的款式应小巧而精致，可以是手提型或小皮包型，而不能是挎肩型，色泽不宜鲜艳。手套也是不可缺少的礼服饰物，手套可不必戴在手上，可以拿在手上。饮食前脱下手套，应先整理各手指部分然后放进手包之中。穿较短的常礼服可以配穿浅口薄底的皮鞋，也可以是高跟鞋。带闪光饰物的鞋子照例是不允许在白天穿用的。时至今日，除了在极为隆重的典礼仪式上，传统女礼服的穿着已经很少看到了，绝大多数国家的女礼服已经大为简化。

在欧美，帽子被赋予至高无上的地位，它被认为是礼服的必备饰物。户外活动，选戴的帽子应有帽檐；室内活动，则应选无帽檐的帽子。配合常礼服的帽子，有宽边帽、翻边帽、钟形帽、无边软帽等。裙子较长的礼服可配无边礼帽或平顶女帽等小型礼帽。戴帽子的同时必须戴手套，但戴手套的同时可以不戴帽子。

（2）小礼服。也称小晚礼服，出现于20世纪20年代，是当时一种比较受欢迎的日间用的服装。到了20世纪三四十年代，出现了全天可穿的小礼服。这种小礼服以黑色为主色调，丝和缎是最常用的面料，长度一般仅仅到膝盖位置，如图3-13所示。黑色小礼服的兴起主要有两个原因：第一，黑色小礼服作为办公室服装显得简洁而严谨，晚上参加派对时穿，显得时髦而典雅。黑色小礼服通常由人造钻纽扣和服装配饰（比如胸针、亮片）点缀，并出现在晚间活动场所（舞会、酒会等）。第二，限于当时的黑白摄影技术，女明星通常都在电影里穿着黑色礼服，避免礼服在电影成像中的色彩扭曲。小礼服很快成为当时女性行动自由和身心自由的标志，给人以无忧无虑的感觉，它不像舞会礼服那样追求飘逸的视觉效果。

图3-13　黑色小礼服

第二次世界大战后，小礼服有了巨大的转变，这归因于从外国回到本国的士兵将其他民族的服装款式和面料带入西方社会。款式也变得越来越开放，礼服的长度变短，领口变得更低，紧身并突出身材，而且取消了袖子。战后的小礼服由于采用更多的反光亮片和闪亮的刺绣变得更加引人注目和迷人，人们认为衣服越闪亮越好。在20世纪40年代末，克里斯汀·迪奥是第一个提出"小礼服"这个词去形容当时的礼服潮流的。

20世纪60年代，小礼服发生了巨大转变，色彩相对变淡，粉彩色、银色和金色替代黑色成为礼服的主色调，礼服上的装饰品相对减少，裙身变窄。

到了20世纪70年代吹起了休闲风，小礼服被宽松的连衫裤和裤子所替代。80年代休闲风过后，小礼服再次为大众所喜爱，通常是用绸缎作为面料并用蕾丝修饰。90年代开始，小礼服重新兴起并为时尚潮人所追捧，多数好莱坞的女主角都喜欢穿着小礼服出现在红地毯上。从那时起各品牌的时装设计师开始重新推出已被忽略了20年的小礼服系列。

传统的小礼服为长至脚面而不拖地的露背式单色连衣裙，其衣袖有长有短，着装者可根据衣袖的长短选配长短适当的手套，通常不戴帽子或面纱。传统小礼服适合于参加18点以后举行的宴会、音乐会、观看歌舞剧等。现代小礼服，是以小裙装为基本款式，具有轻巧、舒适、自在的特点，适合在众多礼仪场合穿着，如酒会宴会、生日Party、商务谈判、约会、度假休闲、婚宴等，多采用高档的衣料以及贴身的剪裁设计，将女性的曲线美展现得淋漓尽致。小礼服的长度可因不同时期的服装潮流和本土习俗而变化。

（3）大礼服。也称大晚礼服，多用于非常正式、隆重的场合，它是女性的晚间正式礼服。这类礼服大多也是裙服，比较多地显露颈、胸、背和手臂部位，以便最大限度体现女性美。服装色调比较鲜亮、华丽，服饰上饰品比较多。女性晚礼服的设计以露肤为主，是一种袒胸或露背的曳地式长裙。这与午后礼服以不露为主的设计相反。

①传统大礼服。传统大礼服更强调女性窈窕的腰肢，夸张臀部以下裙子的重量感，多采用袒胸、露背、露臂的衣裙式样，以充分展露其身体的肩、胸、臂部分，也为华丽的首饰留下表现的空间。经常采用低领口设计，通过镶嵌、刺绣、领部细褶、华丽花边、蝴蝶结、玫瑰花的装饰手段突出高贵优雅的着装效果，给人以古典、正统的服饰印象。在面料使用上，为迎合夜晚奢华、热烈的气氛，多选用丝光面料、闪光缎、塔夫绸、金银交织绸、雪纺、蕾丝等一些华丽、高贵的材料，并缀以各种刺绣、褶皱、钉珠、镶边、襻扣等装饰。工艺上的精细缝制，更凸显了晚装的精湛不凡和华贵高档之感。

晚礼服的色彩选用对礼服穿着的效果起着十分关键的作用。女性在正式场合应该充分注意到男礼服的黑色基调对女礼服所产生的衬托作用，并有意识地运用这种衬托来选择颜色。

传统晚礼服注重搭配，以考究的发型、精致的化妆、华贵的饰物、手套、鞋等的装扮，表现出沉稳秀丽的古典倾向。饰品可选择珍珠、蓝宝石、祖母绿、钻石等高品质的配饰，但如果脚趾外露，就得与面部、手部的化妆同步加以修饰。穿戴晚礼服还常搭配华丽、浪漫、精巧、雅致的晚礼服包，多采用漆皮、软革、丝绒、金银丝等混纺材料，用镶嵌、绣、编等工艺制作而成。晚礼服不能选用帽子作为搭配，而各种光彩耀眼的发饰、头饰则是绝好的装饰。手套也是晚礼服的饰物，由于礼服手套很长，脱戴均不方便，因此近年来即使在正式场合也很少有人戴了。但是如果出席正式隆重的晚宴，一双长的礼服手套还是必要的。应该强调一点的是，金色和银色应避免同时搭配使用，即使同时搭配使用，也应有所侧重，否则就会主题不突出，扰乱装饰的整体效果。

②现代大礼服。现代风格的晚礼服受到各种现代文化思潮、艺术风格及时尚潮流的影响，不过分拘泥于程式化的限制，注重式样的简洁亮丽和新奇变化，极具时代的特征与生活的气息。而与传统晚礼服相比，现代晚礼服在造型上更加舒适实用、经济美观。如西装套装式、短上衣长裙式、内外两件的组合式甚至长裤的合理搭配也成为晚礼服的穿着。

（4）婚礼服。白色礼服是西方女性宠爱的婚礼服形式，白色是新娘的专用色，由里到外、全身洁白无瑕的装扮象征着爱情、婚姻的纯洁与神圣。

婚礼服的面料多选择细腻精致的绸缎、轻薄透明的纱、绢、蕾丝，或采用有支撑力、易于造型的化纤缎、塔夫绸、山东绸、织锦缎等。工艺装饰采用刺绣、抽纱、雕绣镂空、拼贴、镶嵌等手法，使婚纱生产层次及雕塑效果更好。

婚礼服的款式分为三类。

公主型。公主型婚纱是层层纱＋蓬蓬裙，看起来活泼可爱又不失小女人的乖巧。这种款式适合多种体形的新娘。娇小偏瘦的新娘，可以选择高腰设计，使腿部的线条拉长。胸部丰满的新娘，可以选择深一些的领口或 V 形领，使颈部看起来更修长。

蓬裙型。蓬裙型婚纱的特点是合体的上身，收紧的腰部以及饱满的裙子。腰线可以恰好在腰部，也可以略低一些，甚至可以放到接近臀部的位置。这种款式的婚纱都配有定型用的衬裙。沙漏型或丰满型身材的新娘，选择长袖款式或 V 字形腰线，效果会更佳。

贴身型。贴身型婚纱非常简洁，依身体曲线贴身剪裁，不用衬裙，大多用丝质乔其纱、绉绸等具有极好下垂感的面料制成。贴身型婚纱可以说是所有婚纱款式中最能凸显体态美而且最具现代感的剪裁式样。及膝或略低处放开裙摆的鱼尾式婚纱是此款婚纱中最常见的变形版，适合于身材修长的新娘，能很好地展现迷人的身体曲线，如图 3-14 所示。

图 3-14　公主型、蓬裙型、贴身型婚纱

（5）西式女礼服的选择。在式样选择上，身材娇小玲珑的女士，适合中高腰、纱面、腰部打褶的礼服，以修饰身材比例。应尽量避免下身裙摆过于蓬松，肩袖设计也应避免过于夸张；上身可以多些变化，腰线建议用 V 字形微低腰设计，以增加修长感。身材高挑修长的女士，可选择任何款式。

体态比较丰腴的女士，宜穿着低胸或露背的款式，除可展现身材丰满的优点外，还可拉长颈部的线条。另外，可尝试长袖礼服，或是另加披肩，将略粗的臂膀遮掩起来。

身材比较纤细的女士，上半身要穿包一点的款式，下半身可选择蓬裙样式，由于瘦人双臂骨架较小，最好选择长袖或是蓬蓬袖的设计，如果不喜欢这种类型的礼服，可选择戴长手套作为装饰，使整个人看起来不会太单薄。

脖子比较长的女士，选择较高的领型即可，避免 V 形、U 形或低肩带型的礼服，不要选择细细的一条项链。要保持头发和颈线之间的平衡感，因此适合较低的发型。脖子比较短的女士，V 形领、U 形领、一字领都可选择。圆形领虽然可以展现出部分的颈部线条，但如果是较大的脸形，就可能造成圆上加圆的感觉，应与对付双下巴的诀窍一样，多露少包。

社交礼仪

除了身材之外,脸形也是选择礼服的参考要素。圆脸或颈部较短的人以落肩、低胸或V形领的款式为佳;方形脸的人可试试V形或是桃心领样式,应避免四角领设计;倒三角脸形与桃心领设计不搭配,可选择船形或大圆领款式;鸭蛋脸形没有什么特别限制。

3.4 休闲着装

休闲服装是指在休闲场合所穿的服装。休闲场合就是人们在公务、工作外,置身于闲暇地点进行休闲活动的时间与空间。如居家、健身、娱乐、逛街、旅游等都属于休闲活动。穿着休闲服装,追求的是舒适、方便、自然,给人以无拘无束的感觉。适用于休闲场合穿着的服装款式,一般有家居装、牛仔装、运动装、沙滩装、茄克衫、T恤衫等。男式西装也可以做成休闲装,做男式休闲西装,面料有小格子薄呢、灯芯绒、亚麻、卡丹绒等,式样大多数为不收腰身的宽松式,背后不开叉,有的肘部打补丁,有的采用小木纹纽扣等。正规的西装如果内穿T恤衫、花格衬衫、牛仔布衬衫、半高领羊毛衫或西装上装配牛仔裤、灯芯绒休闲西装配正规西裤,以至不同面料、不同颜色的西装上下装组合也能穿出休闲味来。

3.4.1 休闲装穿着场合

一般在休闲场合或某些特定的情况下才适合穿休闲装。

休闲场合多半是工作之余的个人自由活动时间,比如居家、外出度假、运动、逛街、散步等都是休闲活动,只有在工作之外的活动时间里穿休闲装才是合适的。

在一些特定的情况下,工作人员有时也被允许着休闲装,主要是在工作性质较为特殊,着正装不便时,像一些游泳陪练,在工作时只能身着泳装。有些单位统一将某种休闲装规定为本单位的工作装,比如茄克衫、背带裤等常见的休闲装。如果一个单位没有统一的正装,而又规定上班必须穿正装,上班时就最好不要自作主张穿休闲装。

3.4.2 休闲装搭配技巧

在有关穿着搭配的讲究方面,休闲装要少得多,本着舒适、随意、自由的基本要求,每个人都有很大的发挥空间。牛仔装的奔放,运动装的矫健,乞丐装的出位等,都是自成一体的主要特征,穿着时应力求风格完美一致。同时穿着风格差异较大的休闲装是不协调美观的,例如,上身穿运动衫下配乞丐裤,必然不会产生美好的视觉效果。休闲装的面料选择余地也比较大,像棉麻丝混纺等是常规选择,毛皮各类化纤织物等也都可选用。如果需要提高档次,一定要对面料进行适当的考虑,不仅要对舒适度与美观效果给予重视,还要和所穿的其他休闲装的面料大致统一。

休闲装组合搭配时要注意搭配的惯例，比如，穿牛仔裤时最好配休闲鞋，穿短裤凉鞋时不必穿袜子，女士尤其不要穿长筒袜或连裤袜，穿茄克衫时通常不要配西式短裤，穿短袖 T 恤衫时不要再在里面穿衬衫。

搭配的时候还要注意和自己的身材相协调，努力做到扬长避短，比如，腿形不好看的，就尽量不要穿迷你裙或紧身裤。

3.4.3 男士商务休闲装的穿衣法则

商务休闲装是一种游走于西装与休闲装之间，适合各种场合的男式服装。商务休闲装的兴起，弱化了西装的正统、规矩，多了些自然和舒适，但同时仍保持端正严谨的感觉，显得大气随和。商务休闲装亦庄亦谐，上下班时间均可穿着。

1. 商务休闲装的着装技巧

可以选择棉质格纹、条纹以及印花的扣结领衬衫搭配棉质无褶皱长裤；亚麻或棉质的自由主义西装搭配不同色系的休闲西裤或是以 POLO 衫搭配休闲类时装裤等。此随便只是穿衣感觉上的随便，职场精神是不能随便丢弃的。

（1）对襟开衫做主打。在商务休闲装中，以开衫为主打款式比较容易上手。需要注意的是开衫要选择羊绒的，这样才能减少厚度，提升利落的感觉，内搭的衬衫、休闲衫要反差大，比较容易搭出质感。

（2）衣领变化营造精致感。以针织材质取代传统衣领，而与之相适应的领带也略带针织元素，以细节营造精致感。

（3）条绒西装显轻松。既有职场的规矩又有个性的表达，条绒、法兰绒质地的休闲款西装最为贴切。以高领的绒衫打底，窄版领带或直接敞开领口，都可以表达轻松而不严谨的感觉。

（4）拼接茄克显露刚毅一面。皮棉拼接的茄克，不仅具有极高的保暖作用，更是以材质的撞击体现职场男性果敢刚毅的一面。由于选择了茄克，本身已经缺失了利落的直线感，因此下装尽量选择西裤。

2. 商务休闲装的着装注意事项

穿着商务休闲装，可以相对随意，但也要注意穿着协调，与身份协调、场合协调、年龄协调、季节协调。

（1）不宜穿得太暴露。男生穿着短裤、背心这类较暴露的服装不但无法表现应有的专业、智慧与敬业，反而会让个人形象、单位形象受到负面的影响，不能出现在工作场合。

（2）衣服要有质感，不要起皱褶。休闲不代表随便，一件起皱的衬衫或一条皱巴巴的裤子，会让人怀疑着装者的专业程度与办事能力。

（3）避免穿运动服。工作毕竟不同于运动，虽然时尚界也吹起运动风，但穿着运

社交礼仪

动服写公文、开会、做汇报等活动会有突兀感，与工作环境不协调，所以将运动类服装穿进办公室是职场大忌。

（4）上衣要束起来。上衣随意地松散在外面，给人随便浪荡、不积极工作的印象，有失庄重，不够得体。将上衣束进裤装，才显得端庄大方。另外，男士的无领T恤、花纹图案的短袖衬衫皆不适合商务场合。

（5）避免穿破旧牛仔装。破旧牛仔装给人以过分随意之感，不适合在商务环境穿着。

（6）鞋子要搭配衣服。脏掉的球鞋或无后跟的凉拖鞋，都会让商务休闲装沦为随便装、邋遢装，不适合出现在办公场合和商务场合。

3.5　特殊场合着装

一些特殊场合的着装，也具有不同的要求。

3.5.1　喜庆欢乐的场合

比如，庆祝会、联欢会、生日、婚礼、聚会等，这时的穿着要跟人们高兴、快乐、兴奋的情绪相协调，女士可以穿得色彩鲜艳、丰富一些，款式也可以新颖一些，以烘托活跃欢快气氛。男士可以穿着浅色或亮色西装，打花色醒目的领带，以表现出轻松愉快的心情。

3.5.2　华丽高雅的场合

华丽高雅的场合多半是晚上举办的正式社交活动，如正式宴会、酒会、招待会、舞会、音乐会等。这时女士要把自己打扮得漂亮一点，显示出女士独有的气质和修养。可以穿长裙、套裙，面料要华丽、质地要好，色彩应单纯。可以有花边装饰，或用胸针、项链、耳环加以点缀。式样简洁的裙装更能体现一种超俗的美。但太艳丽、闪烁不定、过于袒胸露背的衣裙会淹没女士的职业身份，不适合穿着。男士可穿着深色西装。

3.5.3　隆重庄严的场合

出席开闭幕式、签字仪式、剪彩仪式，出席重要的或高层次的会议、重要的会见活动、新闻发布会等场合，要特别注意个人的公众形象和媒体形象，衬托隆重庄严的气氛，不能穿着随便。女士可着套装或较为端庄的连衣裙，体现职业女性的风范。男士要西装革履，正规、整齐、洁净、一丝不苟。

3.5.4 悲伤肃穆的场合

悲伤肃穆的场合不常有，但非常重要，体现着个人素质和修养。如吊唁活动、葬礼等。在这种场合，应该带有沉痛的心情、肃穆的情绪。所以，着装上应该避免突出个性，而是将自我的个性揉进这种特殊场合的氛围中。男士可以穿黑色或深色套服（西装或中山两装），西装配白衬衫、黑领带；女士不涂口红、不戴装饰品，穿深色或素色衣服，让外表的肃穆和内心的沉痛协调一致起来。

思考题

1. 结合课堂内容，谈谈走进职场后如何遵循办公室着装礼仪。
2. 想一想，你若受邀参加晚宴，会怎么运用这节课所学到的礼仪。
3. 如果你的朋友要去求职面试，你会建议他（她）如何着装？

第4讲

日常交往礼仪

敬人者，人恒敬之；爱人者，人恒爱之。

——孟子

在日常的人际交往中，礼仪不但是人们行为的规范模式，而且还是人际关系的润滑剂。它是一个人修养和素质的外在表现，体现了一个人的风度和魅力。我国现代日常交往礼仪既是对中华民族传统礼仪的继承、扬弃和创新，又包含着对外来文化的吸收和借鉴。不同地域、不同阶层、不同人群、不同场合，都有着不同的礼仪规范。

4.1 称呼与招呼

称呼是指人们在日常交往应酬中，所采用的彼此之间的称谓语。在称呼时应注意三点：一是要合乎常规，二是要照顾被称呼者的个人习惯，三是要入乡随俗。在日常交往中，要重点把握生活中的称呼、工作中的称呼、外交中的称呼和称呼中的禁忌。

4.1.1 生活中的称呼

生活中的称呼主要是指对亲属的称呼，对朋友、熟人的称呼和对普通人的称呼。

1. 对亲属的称呼

（1）常规的称呼。常规的称呼是指对亲属之间按照辈分和关系所用的称呼，如对长辈可称呼祖父、祖母、外婆、外公、姑妈、姑父、姨妈、姨父、伯伯、舅舅等；对平辈可称呼表兄、表弟、堂兄、堂弟、堂姐、堂妹等；对晚辈可称呼侄子、侄女、外甥等。

（2）对亲属的介绍和称呼。对本人的亲属，在介绍时应采用谦称。称辈分或年龄高于自己的亲属，可在其称呼前加"家"字，如家父、家叔、家母；称辈分或年龄低于自己的亲属，可在其称呼前加"舍"字，如舍弟、舍妹、舍侄；称自己的子女，则可在其称呼前加"小"字，如小儿、小女、小婿。

对他人的亲属，则应采用敬称。对其长辈，宜在称呼前加"尊"字，如尊父、尊兄、尊伯；对其平辈或晚辈，宜在称呼前加"贤"字，如贤弟、贤妹。也可在其亲属的称呼前加"令"字，加"令"字不用区分辈分或长幼，如令尊、令爱等。

对待比自己辈分低、年纪小的亲属，可以直呼其名，或使用其爱称、小名，或是在其名字前加上"小"字。

2. 对朋友、熟人的称呼

对朋友、熟人的称呼可以因其身份的不同而有不同的称呼。

（1）直呼姓名。一般称呼同事、同学时，可以直呼其名。

（2）只呼名不道姓。这种称呼适用于关系较亲密或为了表示亲切，适用于平辈间，或年长者对年少者的称呼，如少南、美丽、一鸣等。

（3）针对年龄称呼。往往根据年龄的大小，在姓前加"老"或"小"字，如老王、小张等。这种称呼在职业人士间常见，不适合在校学生。

（4）称呼"同志"。可以单独称"同志"，也可以在"同志"前面冠以姓、姓名、名、身份等。如张同志、赵文强同志、大利同志、小孙同志、老同志、警察同志、保安同志等。

（5）称呼身份。是指称呼一个人身份，诸如职务、职称、职业等。如经理、教授、服务员、记者等。可以直接称呼，也可以在身份前面冠以姓，如孙主编、张经理、祝科长、王老师、田教授等。

（6）称"老"或"先生"。对德高望重的年长者、资深者，可称为"公"或"老"，即"姓＋老（先生）"，如方老、刘老、余先生、胡先生、高公、王公等。若被尊称者名字为双音，则可将其双名中的头一个字加在"老"之前，如可称沈雁冰先生为"雁老"。

（7）较亲近的亲属的称呼。对于邻居、至交，为表示亲切，可以以亲属的称呼来称呼非亲属成员。如对年老的，称大爷、大娘；对年长的称叔叔、阿姨；对年龄相仿的，称大哥、大姐、大嫂、小弟等。这样的称呼令人感到亲切，也易于拉近感情。

（8）仿欧式称呼。随着改革开放的逐步深化，一些欧式的称呼在人们的日常交往中也常见起来，如用先生、小姐、女士作为称呼。在特定的环境中，对不熟悉的管理人员、服务人员，统统直接用先生、小姐、女士称呼；对熟悉的人士也常常以"姓＋先生（小姐、女士）"称呼，如乔先生、郑小姐、孙女士等。

（9）简称。中国人的语言讲究节奏感和简练，习惯称呼以 2~3 个字为宜，如果超过 3 个字，就有累赘感。因此，有时就自行将称呼简化，如对陈总司令、钱总工程师、王总经理，可简称为"姓＋总"，即陈总、钱总、王总。对工程师简称为"姓＋工"，如"翟工"，等等。需要注意的是，这类简称只能在非正式场合下称呼，在正式场合还是应该使用全称。

3. 对普通人的称呼

对普通人可以叫"同志"，可以叫先生、女士、小姐、夫人、太太，也可以直接称呼其职务或职称。如果是到外地，可以入乡随俗，用地方叫法，如去山东，可以对未出嫁的女子称为"小嫚"等。

4.1.2　工作中的称呼

在工作中一般以职务、职称或学衔进行称呼，在一些特殊行业也可以其职业进行称呼。

1. 职务性称呼

职务性称呼分为三种。

（1）仅称职务。如主任、书记、处长、局长等。

（2）在职务前加姓氏。如刘主任、王书记、段处长、张局长等。

（3）在职务前加姓名，但仅适合在极其正式的场合，如开会、做报告等，可以称呼吴兵厅长、张勇副参谋长等。

2. 职称性称呼

职称性称呼分为三种。
（1）仅称职称。如教授等。
（2）在职称前加姓氏。如傅教授、柳副教授等。
（3）在职称前加姓名，但仅适合在极其正式的场合，如讲课、主持或做报告，可称×××教授等。

3. 学衔性称呼

学衔性称呼主要是为增加被称呼者的权威性，用于在学术现场。可分为四种。
（1）仅称学衔。如博士等。
（2）在学衔前加姓氏。如牛博士、石博士等。
（3）在学衔前加姓名。如×××博士等。
（4）将学衔具体化，说明其学科，如工学博士×××、医学博士×××等。

4. 行业性称呼

行业性称呼根据被称呼人不同行业而有不同，如教师、法官、警官、医生、律师、教练等，一般情况下，在此类称呼前可加上姓氏或姓名。如蒋老师、董律师、高医生等。

4.1.3 外交中的称呼

俗语说："十里不同风，百里不同俗。"在涉外交往中，称呼的问题因为国情、民族、宗教、文化背景的不同，而显得千差万别，十分复杂。在对外交往中，对待称呼的问题，有两点必须掌握：一是要掌握一般性规律，即国际上通行的做法。二是要留心国别差异，加以区别对待。

1. 一般性规律

在对外交往中，称呼方面的一般性规律如下。
（1）对任何成年人，均可以将男子称为先生，将女子称为小姐、夫人或女士。对于女子，已婚者应称"夫人"，戴结婚戒指者也可称为"夫人"。对未婚者及不了解其婚否者，可称为"小姐"。对不了解其婚否者，也可称为"女士"。上述称呼，均可冠以姓名、职务、职称、学衔或军衔。如皮特先生、爱丽斯小姐、州长先生、总统先生、上校先生等。
（2）在商务交往中，一般应以先生、小姐、女士称呼交往对象。在国际商务交往中，一般不称呼交往对象的行政职务，这一点与我国极为不同。同时，"夫人"这一称呼，也较少用于商务活动中。

社交礼仪

（3）在政务交往中，除常见的称呼如除先生、小姐、女士外，还有两种方法，一是称其职务；二是对地位较高者称阁下。在称呼职务或阁下时，还可加上"先生"这一称呼。其组成顺序为：先职务，次先生，最后阁下；或职务在先，先生在后。如总理先生阁下、大使阁下、市长先生等。

在美国、德国、墨西哥等国，没有称阁下的习惯。

（4）对军界人士，可以其军衔相称。称军衔不称职务，是国外对军界人士称呼最通用的做法。在进行称呼时，具体有四种方法：一是只称军衔，如将军、上校、下士等。二是军衔之后加上先生，如少校先生、上尉先生等。三是先姓名后军衔，如巴顿将军、朱可夫元帅等。四是先姓名、次军衔、后先生，如布莱尔上校先生、爱德华上士先生等。

（5）对宗教界人士，一般可称呼其神职。称呼神职时，具体做法有三类：一是仅称神职，如牧师等。二是称姓名加神职。如保尔神父等。三是神职加先生，如传教士先生等。

（6）对君主制国家的王公贵族，称呼上应尊重对方习惯。对国王、皇后，通常应称陛下。对王子、公主、亲王等，应称为殿下。对有封号、爵位者，则应以其封号、爵位相称，如爵士、勋爵、公爵等。有的时候，也可在国王、皇后、王子、公主、亲王等头衔之前加上姓名相称。如伊丽莎白女王、菲利浦亲王、安德烈王子等。

（7）教授、法官、律师、医生、博士，因其社会地位较高，颇受尊重，故可直接以此作为称呼。称呼的具体做法，一是直接称教授、法官、律师、医生。二是在其前加上姓名，如彼德法官。三是在其后加上先生，如法官先生。四是在其前加姓名，在其后加先生，如弗朗西斯博士先生。

（8）对社会主义国家或兄弟党的人士，可称为同志。除此之外，对方若称我方为同志，我方即可对对方以同志相称。不过，对同志这种称呼，在对外交往中切勿乱用。

2. 国别性差异

（1）英、美等西方国家。在英国、美国、加拿大、澳大利亚、新西兰等讲英语的国家，人们的姓名一般由两个部分构成，通常名字在前，姓氏在后。如比尔·盖茨，比尔是名字，盖茨是姓氏。在英、美各国，女子结婚前一般都有自己的姓名，但在结婚之后，通常姓名由本名与夫姓所组成。如玛格丽特·撒切尔这一姓名中，玛格丽特为其本名，撒切尔则为其夫姓。

跟英、美人士交往，一般应称其姓氏，并加上先生、小姐、女士或夫人。如爱德华先生、伍德夫人。在十分正式的场合，则应称呼其姓名全称，并加上先生、小姐、女士或夫人。如彼德·威尔逊先生、凯特·怀特小姐。

对于关系密切的人，可以直接称呼其名，不称其姓，而且可以不论辈分，如乔治、艾威等。在家人与亲友之间，还可称呼爱称，如比尔、路丝，但与人初次交往时，则不可以这样称呼。

（2）俄罗斯。俄罗斯人的姓名由三个部分构成。首为本名，次为父名，末为姓氏。例如，在列宁的原名弗拉基米尔·伊里奇·乌里扬诺夫这一姓名中，弗拉基米尔为本名，伊里奇为父名，乌里扬诺夫为姓氏。俄罗斯妇女的姓名同样也由三个部分构成。本名与父名通常一成不变，但其姓氏结婚前后却有所变化，即婚前使用父姓，婚后则使用夫姓。如姓名为尼娜·伊万诺夫·乌里扬诺娃的女士而言，姓氏乌里扬诺娃与其婚后夫姓关系极大。

在俄罗斯，人们口头称呼中一般只采用姓氏或本名。如对米哈伊尔·戈尔巴乔夫，可以只称戈尔巴乔夫或米哈伊尔。在俄罗斯，先生、小姐、女士、夫人也可与姓名或姓氏连在一起使用。俄罗斯人在与亲友、家人交往时，习惯使用由对方本名化来的爱称。例如，可称伊万为万尼亚。

（3）日本。日本人的姓名均用汉字书写，而且姓名的排列与中国人的做法也一样，即姓氏在前，名字居后。所不同的是，日本人的姓名往往字数较多，且多为四字组成，其读音与汉字也大相径庭。在书写时可以将姓和名隔开一格来书写，如小泽 一郎、二阶堂 进。

日本妇女婚前使用父姓，婚后使用夫姓，本名则一直不变。在日本，人们进行日常交往时，往往只称其姓，只有在正式场合，才使用全称。称呼日本人，先生、小姐、女士、夫人均可采用。

4.1.4 称呼中的禁忌

在日常的人际交往中，正确的称呼会很快拉近双方的距离，给人留下好感。但不良的称呼，则会使人反感，甚至造成不必要的误会。因此，称呼不是随随便便的事情，人际交往中要注意一些称呼中的禁忌。

1. 读错对方的姓名

中国姓氏很多，有许多姓氏不常用，造成读音错误，会给被称呼的人带来不愉快。比如，姓氏里比较容易读错的查、盖、惠等，在没把握的情况下，不要贸然称呼，要不耻下问，避免念错造成大家的尴尬，给对方以不被尊重之感。

2. 用过时的称呼

在人际交往中，对人的称呼也要与时俱进，而不能用过时的称呼。如一般不用大人、老爷等这些称呼。否则会让人觉得滑稽可笑，不伦不类。

3. 不遵从地域习惯

在我国不同地区有不同的称呼习惯，如在南方人们喜欢把陌生人称为老板，如果到北方再这样称呼，就有些不合时宜，让人觉得怪怪的。相反，北方人喜欢把陌生人称为师傅，同样不太适合在南方。所以，在称呼时要考虑地域的特点和差别。

社交礼仪

4. 不遵从行业习惯

不同的行业各有不同的称呼,如在校学生习惯称对方为同学,军人喜欢称战友,公司内习惯称为同事等,不同行业有不同行业的称呼特点,不能跨界使用,否则让人感觉不尊重自己,造成不必要的麻烦。

5. 庸俗低级的称呼

在生活中有些人喜欢用一些不太正式的称呼,如哥们儿、姐们儿等,但这些称呼不能用在正式的场合,否则会显得庸俗低级、档次不高,而且难登大雅之堂。

6. 用取笑人的绰号进行称呼

在人际交往中不能用取笑人的绰号来称呼对方,如对残疾人起绰号。注意也不能拿别人的姓名开玩笑。同时还不能用诸如端盘子的、当兵的、卖肉的等来称呼对方。这些都是不礼貌的表现,也是对人大不敬的表现。

4.2 问候与致意

问候与致意是在人际交往中必不可少的礼节,人们在生活中几乎每天都会有各种问候及不同的致意,正确而礼貌的问候与致意可以为个人形象增色不少,也可以为正常的人际交往增添情分。

4.2.1 问候

问候是社会交际场合中不可缺少的一个重要环节。礼貌而得体的问候,能够增进人们之间的友谊,加强人们之间的情感联络。由于历史、民族、文化、习俗等多种社会因素的影响,在不同的国家、地区或民族中,有不同的问候方式和问候的礼节。

1. 中国人常用的问候语

(1)呼喊。这种招呼往往用在好友之间。当对方离自己有一段距离,或对方正背着、侧着身子在干别的事,想与之打招呼时,一声"喂"或"嗨"的招呼,熟悉的声音会使对方注意到了你的出现而有所回应。

(2)问候。问候多用于日常生活中。通常的问候是互道"你好"。有的时候是随机而问,如正值吃饭时间,可问"吃了吗";见对方提着包,问"上班去";约好的人来到时,说声"来了";见人骑车子往外走,问"出去呀"等。这些问话只不过是一种招呼方式,只要简单作肯定回答或否定回答即可,因为对方并不是真正要关心和追究你干了什么、要干什么。

（3）微笑。熟人相见，没有任何反应是不近人情的。莞尔一笑，一切熟人间应有的礼貌尽在不言中。

（4）点头。点头礼主要用于见面时的礼节，一般伴以微笑的表情和注视对方的目光。由于它是无声的，所以需等对方看见你时才进行。

点头的招呼方式常用于以下几种情形：一是经常见面的，但关系不十分密切的熟人；二是与众多人见面时，不能一一问候，靠点头致意；三是在小型聚会中，与不够熟悉的人打招呼；四是在不方便用语言打招呼的场合，如剧院、会场、宴会、展览大厅等；五是来不及问候的时候，如正在和他人说话，看见熟人进来或经过时，以点头表示招呼即可。

2. 国际社交场合的问候

通用的问候方式是"你好"或"你好，珍妮，见到你很高兴"。在美国，比较陌生的人，在路上遇到时呼喊一声"Hi"比较常见。在青年人之间，介绍过姓名之后，说一声"Hi"，也是一种友好的表示。

在西方发达国家的官员界、工商企业界、金融界等领域，人们在工作场合和日常生活中还习惯于这样的问候："早晨好"；在用餐时则说"祝你胃口好""吃得愉快"等；在晚上相遇的时候，说"晚上好"或"你好"；在与朋友或公务上有来往而私下又认识的人，分手时说"再见"或"晚安"等。

在国际社交场合中，当有人问候"你好，见到你很高兴"时，正确的回答应该是"I am glad to see you"或"Me too"。当有人问候"你好吗"时，正确的回答应该是"很好，谢谢你"。

3. 问候中的礼仪要求

（1）问候时的表情应当和蔼可亲、面带微笑，姿态应当自然大方。

（2）对于出自善意的任何问候，都应礼貌地给予回答，而不应当毫无表示。

（3）在问候时，"你"和"您"两个字的用法，要加以区别，并恰当运用。

4.2.2 致意

致意是一种用非语言方式表示问候的礼节，也是最为常用的礼节，它表示问候、尊敬的意思。通常用于相识的人或只有一面之交的人之间在公共场合或间距较远时表达敬意或问候之情。

1. 致意的方式

（1）微笑致意。微笑致意是比较常见的一种致意方式，适用于与相识者或只有一面之交者在同一地点，彼此距离较近但不适合交谈或无法交谈的场合。微笑致意时可以不做任何其他动作，只是面部表情微微示意，不必出声，即可表达友善的意思。若

社交礼仪

微笑与点头示意结合起来共同使用，效果更佳。

（2）点头致意。点头也是一种常见的致意方式，它适用于在某些公共场合与熟人相遇又不便交谈时，或在同一场合多次见面时，或在路上遇到熟人时等情况。点头时要面带笑容，目视对方，轻轻点一下头即可。切记，在行点头礼时，不宜戴帽子。

（3）举手致意。举手致意的场合与点头致意的场合基本上相同，它是对距离较远的熟人的一种打招呼的方式。正确的举手致意的方法是右臂伸向前方，右手掌心朝向对方，四指并拢，拇指叉开，轻轻向左右摆动一两下即可。

（4）脱帽致意。脱帽致意是当戴着帽子进入他人居室，路遇熟人，与人交谈，进入娱乐场所，升降国旗，演奏国歌等情况下，所进行的一种礼仪。脱帽致意时，应微微颔首欠身，用距离对方稍远的那只手脱帽。注意在脱帽致意时，另一只手不能插在口袋里。一般来讲，坐着时不宜脱帽致意。

（5）抱拳致意。抱拳致意又称抱拳礼，是我国民间传统的重要礼节。主要适用于过年时的团拜，或向亲朋好友表示感谢，向长辈祝寿，向朋友结婚、生子、升迁和晋升等表示祝贺时使用。行抱拳礼时，上身要挺直，左手握空拳，右手包左手，拱手齐眉，上下略摇两三下。

（6）拥抱致意。拥抱致意曾是流行于欧美的一种见面礼，其他国家，特别是现代的上层社会中，也流行这个礼节。当前在一些场合，如迎接宾朋、祝贺致谢时，人们也会拥抱致意，以表示友好和亲密。在拥抱致意时，通常是两人相对而立，各自左臂偏上，右臂偏下，右手环拉于对方的左后腰，左手环拉于对方的右后肩，彼此将胸部各向左倾紧紧拥抱，并头部相贴。然后再向右倾而相抱，接着再做一次左倾拥抱。当前，许多国家的涉外迎送仪式中，多行此礼。

（7）挥手致意。挥手致意是在社交场合比较常用的礼仪，包括挥手致意和挥手道别。

挥手致意时的正确做法是全身竖立，面带微笑，目视对方，略略点头；手臂轻缓地由下而上，向侧上方伸出，手臂可全部伸直，也可稍有弯曲；致意时伸开手掌，掌心向外对着对方，指尖指向上方；手臂不要向左右两侧往返摆动。挥手道别也是人际交往中常规手势，主要适用于送站或离别，采用这一手势的正确做法是身体站直，不要摇摆和走动；目视对方，不要东张西望，眼看别处；挥手道别时，可用右手，也可用双手，不要只用左手挥动；挥手时，手臂应尽力向上前伸，不要伸得太低，过分弯曲，这样给人感觉不够真诚；挥手道别时，掌心应向外，指尖朝上，手臂左右挥动；用双手道别时，两手应同时向外侧、向内侧挥动，不要上下摇动或举而不动。

（8）鞠躬致意。鞠躬礼是我国的传统礼节，来源于我国先秦时期，是一种表示内心谦恭和对别人尊重的礼节。

鞠躬一般可分为三度鞠躬：一度鞠躬为15°左右的鞠躬，意为点头示意。主要适用于工作环境同事之间，或路上遇到熟人或社交场合，当在同一场合碰上多人而无法一一问候时可以采用这种礼仪。二度鞠躬为30°左右的鞠躬，意为郑重的行礼。主要适用于社交环境和工作环境中的接待、服务，如迎宾或在课堂上师生之间行礼。三度鞠躬为45°左右的鞠躬,多为在诚恳的道歉或深深的歉意时。在某些特殊的社交环境中,如"追悼会""婚礼"上,也可以采取90°鞠躬礼。

鞠躬适用的场合:一是适用于庄严肃穆、喜庆欢乐的仪式;二是适用于学生对教师、晚辈对长辈、下级对上级、表演者对观众等;三是适用于领奖人上台领奖时,向授奖者及全体与会者行鞠躬礼;四是演员谢幕时,对观众的掌声常以鞠躬礼致谢,或演讲者用鞠躬礼对听众致谢;五是当有尊贵的客人时可行鞠躬礼。

行鞠躬礼时,动作有一定的要求,一是行鞠躬礼时要面向客人,并拢双脚,视线由对方脸上落至自己的脚前1.5m处(15°礼)或脚前1m处(30°礼)。二是男性双手放在身体两侧,女性双手合起放在身体前面。三是鞠躬时必须伸直腰,脚跟靠拢,双脚脚尖处微微分开,目视对方,然后将伸直的腰背,由腰开始的上身向前弯曲。四是鞠躬时,弯腰速度应该适中,之后抬头、直起腰,动作不可太快,否则令人感觉突然。

行鞠躬礼时,应该注意的事项:一是鞠躬要脱帽。因为戴帽子鞠躬是不礼貌的行为。二是鞠躬时,目光应该向下看,表示谦恭。三是鞠躬礼毕起身时,双目还应该有礼貌地注视对方。四是鞠躬时,嘴里不能吃东西或叼着香烟。五是上台领奖时,要先向授奖者鞠躬,以示谢意,再接奖品,然后转身向全体与会者鞠躬,以示敬意。

2. 致意的顺序及规矩

在致意时要注意先后顺序,通常来讲,应该是年轻人先向年长者致意;学生先向教师致意;男士先向女士致意;下级先向上级致意。向他人致意时,可以同时使用两种形式,如点头和微笑并用,起立与欠身并用等。

致意时应该诚心诚意,表情和蔼可亲,大方优雅。若面无表情或精神萎靡不振,则会给人以敷衍了事的感觉。致意时一般不要向对方高声呼喊。如遇对方先向自己致意时,也应以相同的方式回敬,不能装作没看见。

4.3 介绍与名片使用

4.3.1 介绍

平时在工作与生活中,与别人见面时,离不开介绍与相互介绍,而介绍是需要礼仪的。介绍通常分为自我介绍、他人介绍和集体介绍三类。

1. 自我介绍

在不同场合,遇见对方不认识自己,而自己又有意与其认识,当场没有他人从中介绍,往往需要自我介绍。自我介绍时,主要介绍自己的姓名、工作单位、身份。如

社交礼仪

"×××（称呼），您好！我是×××（单位）的×××（姓名）"。也可以根据具体情况增加一些内容，如"×××（称呼），您好！我是×××（单位）的×××（姓名），久仰大名，很荣幸与您认识"，或"历经理，我是×××（单位）的魏世民。有事想拜访您，不知您什么时间方便"。

自我介绍中还包括他人进行自我介绍。当你想了解对方，可引导对方做自我介绍。如"请问尊姓大名""您贵姓""不知怎样称呼您""您是……"等，在介绍中最忌讳"你叫什么名字"的直接发问。

2. 他人介绍

在为他人做介绍时，先介绍谁，后介绍谁，向来是一个十分敏感的礼仪问题。根据规范，处理这一问题必须遵守"尊者优先了解情况"的规则。具体含义是在为他人做介绍时，先要确定双方地位的尊卑，然后先介绍位卑者，后介绍位尊者。这样做，可以使位尊者优先了解位卑者的情况，以便见机行事，在交际应酬中掌握主动权。根据这些规则，为他人进行介绍时顺序大致有以下几种情况。

一是介绍年长者与年幼者认识时，应先介绍年幼者，后介绍年长者。

二是介绍长辈与晚辈认识时，应先介绍晚辈，后介绍长辈。

三是介绍教师与学生认识时，应先介绍学生，后介绍教师。

四是介绍女士与男士认识时，应先介绍男士，后介绍女士。

五是介绍已婚者与未婚者认识时，应先介绍未婚者，后介绍已婚者。

六是介绍同事、朋友与家人认识时，应先介绍家人，后介绍同事、朋友。

七是介绍来宾与主人认识时，应先介绍主人，后介绍来宾。

八是介绍社交场合的先至者与后来者认识时，应先介绍后来者，后介绍先至者。

九是介绍上级与下级认识时，应先介绍下级，后介绍上级。

十是介绍职位（身份）高者与职位（身份）低者认识时，应先介绍职位（身份）低者，后介绍职位（身份）高者。

介绍时，最好先说："请允许我向您介绍×××"或"让我介绍一下""请允许我自我介绍"。

介绍时的手势：手掌向上，五指并拢，伸向被介绍者，不能用手指指点点，当别人介绍到你时，应微笑或握手点点头，如果你正坐着，应该起立。

3. 集体介绍

集体介绍是他人介绍的一种特殊形式，被介绍者一方或双方都不止一人，大体可分为两种情况：一是为一人和多人做介绍；二是为多人做介绍。

集体介绍常用于三种情况下：第一是在一些大型报告会、演讲会等活动中，通常由主持人向与会者介绍报告人，或介绍主席台就座的人员以及主要来宾、参加会议的单位。第二是在宴会上，通常由主人介绍主要来宾，然后一一介绍其他来宾和己方来宾。也可以按照座位顺序进行介绍。第三是在邀请多人聚会时，邀请人可以把大家招呼在一起，说几句热情洋溢的话后，便介绍大家认识。

介绍时，一是按顺序进行，不要由于主观因素打乱顺序，跳过某人先介绍后面顺序的人，使被跳过的人神情沮丧，心情不舒畅，影响社交气氛。二是可以先介绍贵宾，其他的人按顺序介绍或自我介绍。集体介绍时，被介绍的人一般要起身（欠身）亮相。如果原本是站立的或在会议桌或宴会桌上，可不必一一起身，点头微笑即可。

集体介绍时应注意两点：一是不要使用易生歧义的简称，在首次介绍时要准确地使用全称；二是不要开玩笑，要很正规，介绍时要庄重、亲切。

4.3.2 握手

两人相向，握手为礼，是当今世界最为流行的礼节。不仅熟人、朋友，连陌生人、对手，都可能握手。握手常伴随着寒暄、致意，如你（您）好、欢迎、多谢、保重、再见等。

1. 握手的内涵和演变

握手作为社交的常用礼仪，在人与人之间、团体之间、国家之间的交往中具有丰富的内涵。一般来说，握手表示友好，是一种交流，可以沟通原本有隔阂的情感，可以加深双方的理解、信任。握手礼的含义很多，分别表示相识、相见、告别、友好、祝贺、感谢、鼓励、支持、慰问等不同意义。

据说，握手最早发生在人类"刀耕火种"的年代。那时在狩猎和战争时，人们手上经常拿着石块或棍棒等武器，在遇到陌生人时，如果大家都无恶意，就要放下手中的东西，并伸开手掌，让对方抚摸手掌心，表示手中没有藏武器。这种习惯逐渐演变为今天的握手礼节。还有一种传说，中世纪战争时期，骑士们都穿盔甲，除两只眼睛外，全身都包裹在盔甲里，随时准备打仗。如果表示友好，相互走近时就脱去右手的甲胄，伸出右手，表示没有武器，相互握手言和。后来，这种友好的表示方式流传到民间，逐渐成为如今这种普遍的见面礼节。

2. 握手的顺序

握手的一般顺序：主人、长辈、上司、女士主动伸出手，客人、晚辈、下属、男士再相迎握手。长辈与晚辈之间，长辈伸手后，晚辈才能伸手；上下级之间，上级伸手后，下级才能伸手；男女之间，女方伸出手后，男方才能伸手；主人与客人之间，主人应该主动伸手。如果男性年长，是女性的父辈，一般也应以女性先伸手为宜。

生活中，有些人不了解握手的礼仪，本不应该由他先伸手，但如果已经有所表示，出于礼貌，被握手人不应该不予以回应或拒绝握手。当然，如果手上有水或不干净时，可以谢绝握手，但必须解释并致歉。

社交礼仪

3. 握手的方法

行握手礼时，距离不宜太近也不宜太远，一般距离约一步，上身稍向前倾，伸出右手，四指并齐，拇指分开，双方伸出的手一握即可，不要相互攥着不放，也不要过于用力。若和女士握手时，不要满手掌相触，而是轻握女士手指部位即可。在握手时要热情有力，目视对方，并面带微笑。

握手时身体应稍往前倾，不能昂首挺胸。尤其是年纪轻者对年长者，或职务低者对职务高者都应稍稍欠身相握。有时为了表示特别尊敬，可用双手迎握。男士在握手前，应先脱下手套、摘下帽子。军人与他人握手时不必脱下军帽，应先行军礼然后再握手。女士假如不打算与向自己首先问候的人握手，可欠身致意，不要视而不见，或者扭身而去，这是不礼貌的行为。女士如果同外国人握手时，手指与肩部应自然放松，以备男宾可能要行吻手礼。与他人握手时，手应该是洁净的，否则会给对方不舒服、不愉快的感觉。

4. 握手的时间和力度

握手的姿势、力度与时间的长短往往能够表现握手人对对方的不同礼节与态度，在握手时应该根据不同的场合以及对方的年龄、地位等因素正确进行握手。

握手的时间应恰当，长短要因人而异。握手时间控制的一般原则可根据双方的熟悉程度灵活掌握。初次见面握手时间不宜过长，以 3s 为宜，切忌握住异性的手久久不松开。在与同性握手时，时间也不宜过长，以免对方欲罢不能。同时，在与多人握手时，握手时间应大体相同，不要给人以厚此薄彼的感觉。

握手的力度要适当，可握得稍紧点，以表示热情，但也不可太用力。同样，如果用手指漫不经心地接触对方的手也是不礼貌的表现。男士握女士的手力度应轻一些。在握手时，如果下级或晚辈与你的手紧紧相握，作为上级和长辈一般也应报以相同的力度，这样会使晚辈或下级对自己产生强烈的信任感，也可以使你的威望、感召力在晚辈或下级心目中得到提升。

5. 握手的禁忌

正确的握手方法可以拉近两人之间的距离，但不正确的握手会引起不必要的误会甚至造成严重的后果，在握手时应注意把握的事项包括：①不能用左手握手。尤其是在和阿拉伯人、印度人打交道时要切记不能用左手握手，因为在他们看来左手是不洁的。②在握手时不讲顺序，抢先出手。③在握手时不要戴手套或墨镜。④在握手时，另一只手不要插在口袋或拿着东西。⑤握手时不要掌心向下，目中无人。⑥不要在握手时面无表情，或目光游离，漫不经心。⑦不要点头哈腰，长篇大论，表现得过分客套，过分谦恭。⑧不要在握手时仅仅握住对方的指尖，好像有意与对方保持距离。⑨不要在握手时把对方的手拉过来、推过去，或者上、下、左、右抖动。⑩握手时不要时间过长，让人无所适从。

4.3.3 名片使用

名片在现代社会中的作用举足轻重，它是一个人身份的象征。小小的名片能在初次见面时让对方对自己有初步了解，有助于提升个人形象。作为社交活动的重要工具，名片越来越受到人们的关注。在社交场合，使用名片要注意递送、接收和存放的礼仪，正确使用名片。

1. 名片的递送

在社交场合，名片是自我介绍的简便方式。交换名片的顺序一般是先客后主，先低后高。正确的递送名片的方法：手指并拢，用双手大拇指夹住名片的两端，名片放于手掌上，礼貌地送到对方面前。也可以用食指与大拇指夹住名片双手递上。同时要注意名片正向面对对方，使对方能清楚地看到上面的内容，递送的距离要注意是对方容易接到的。递送名片时，眼睛应注视对方，面带微笑，并大方地说："这是我的名片，请多多关照。"或者说："这是我的名片，请多联系。"名片的递送应在介绍之后，在尚未弄清对方身份时不应急于递送名片，更不要把名片视同传单随便散发。当与多人交换名片时，应依照职位高低的顺序，或是由近及远，依次进行，切勿跳跃式进行，以免对方误认为厚此薄彼。

2. 名片的接收

接收名片时应起身，用双手捧接，并面带微笑注视对方。接收名片时应说："谢谢"，随后有一个微笑阅读名片的过程，阅读时可将对方的姓名职衔念出声来，并抬头看看对方的脸，使对方产生一种受重视的满足感。然后，回敬一张本人的名片，如身上未带名片，应向对方表示歉意。在对方离去之前，或话题尚未结束，不必急于将对方的名片收藏起来。

3. 名片的存放

接过别人的名片切不可随意摆弄或扔在桌上，也不要随便地塞在口袋或名片夹里，以示尊重。对方的名片要保存好，不能随便乱放或不屑一顾。

4. 使用名片的禁忌

名片使用的场合较多，一般在带有商业性质的场合，或在社交场合中的拜访交流，也可以在某些表达感情或表示祝贺的场合中使用。在使用名片时要注意：一是不能用一只手接别人双手捧交的名片；二是不能不看一眼就漫不经心地随便把名片丢在一边；三是不要在名片上面乱放其他物品。

社交礼仪

4.4 邀请与拜访

在日常生活中，免不了要邀请朋友、同学、战友或同事吃饭、聚会，也经常会拜访领导、上级、同事。在邀请拜访中注意礼仪礼节，会使拜访和聚会更加融洽，也更加尽兴。

4.4.1 邀请

1. 邀请的方式

邀请有正式邀请与非正式邀请两种。

（1）正式邀请。正式邀请一般采用书面的形式，包括请柬邀请、书信邀请、传真邀请或便条邀请等形式。在正式邀请中，档次最高、也最为各界人士所常用的属请柬邀请。

比较普遍的请柬是用硬质的卡片纸制作，分封面和内文两部分。请柬的形状大小不等，邀请者可根据内容自行设计。请柬的封面通常采用红色，内文可以是红色，也可以是其他颜色，但不可用黄色与黑色。在请柬上亲笔书写正文时，应采用钢笔或毛笔，并选用黑色或蓝色的墨水。红色、紫色、绿色、黄色以及其他颜色鲜艳的墨水，最好不要使用。

在请柬的行文里，通常包括邀请参加活动的形式、活动内容、活动时间、活动地点、活动要求、联络方式以及邀请人等项内容。请柬信封上被邀请人的姓名、职务要书写准确。请柬一般提前1~2周发出，以便被邀请人及早安排。

（2）非正式邀请。非正式邀请的方式比较自然，通常是以口头形式来表现的，相对而言，它要显得随便些。一般包括当面邀请、托人邀请及打电话邀请等形式，多用于非正式场合或相互比较熟悉的亲朋好友之间。非正式邀请时，要说明邀请的时间、地点和活动内容。

2. 礼貌接待

邀请的客人到达后，邀请方应热情欢迎。如果对方是几个人，应一视同仁，热情相迎，亲切招呼，不应以职位高低而有所偏向。如接待现场有家人、亲朋好友或同事等，也要一一予以介绍，以表现出友好的气氛。

如果邀请客人来家里做客，就应该做好各方面的准备，使来访者感受到欢迎和温暖的气氛。应在客人到来之前，打扫居室的卫生，整理好个人的仪表服饰，准备好招待客人的必备物品，如茶叶、茶杯、烟灰缸等，如有可能的话要备些水果、点心等。如果访客是未经约定突然来访，也要尽快整理一下房间、办公室或书桌，并对客人表示歉意。

（1）礼貌相陪，亲切交谈。客人落座后，主人也应坐下来陪着聊天，不能把客人搁在一边，而只顾自己看电视或做家务；如果的确有事需要客人稍作等待时，可拿出一些报纸杂志给客人浏览，或打开电视请其稍候。在与客人交谈时，应专心致志，不要心不在焉、东张西望，或者频频看表。对于做客时间过长者或不速之客，也应从客人的角度去着想，不要直接下逐客令，应婉转地说明情况，并表示歉意。

（2）茶水招待，文明得体。客人入座后，应及时奉上茶水。装茶叶时，用茶匙向空壶内装入茶叶，通常按照茶叶的品种决定投放量。切忌用手抓茶叶，以免手气或杂味混淆影响茶叶的品质。斟水时，不能倒得过满，以杯七八分满为宜。请客人喝茶，要将茶杯放在托盘上端出，并用双手奉上，右手持杯，左手托底，轻轻放在客人右手的前方。客人多时，端送茶杯不要从客人肩部和头上越过。茶杯放稳后，应把杯把转至位于宾客右手一侧，便于客人端用。续水时，左手的小指和无名指夹住高杯盖上的小圆球，用大拇指、食指和中指握住杯把，从桌上端下茶杯，腿一前一后，侧身把茶水倒入客人杯中，以体现举止的优雅。在续水时也可端起茶杯续水，但要注意壶嘴不能正对向客人，应稍偏一些，以示对客人的礼貌。也不要把热水瓶提得过高，以免开水溅出杯外。茶杯盖不能扣放在桌子上。如果是招待老年人或海外华人，应注意请茶的频率，不要一而再，再而三地劝其饮茶，以免引起误会。因为，我国传统习惯上是以再三请茶来提醒客人应当告辞。

（3）热情周到，宾主尽欢。在会客过程中，如另有客人来访，主人应对后来的客人表示欢迎，并向先来的客人表示歉意。有必要时，可为他们做以介绍。如果客人之间很熟，且谈话的内容可以相互公开，主人可以同时接待，话题应选择所有在场的人都感兴趣的内容。如果客人之间互不相识，可以按照顺序分批接待。如果客人到达时正好是吃饭时间，应该邀请客人一起用餐。

3. 回赠礼物

俗话说"来而不往非礼也"。按照我国的传统文化，大多数被邀请的客人来拜访时都会携带礼物，在接受他人馈赠的礼物后，受礼者一般要作礼节性的回赠。第一，回赠应根据不同情形选择合适时机。对一般走访性的馈赠，可以在客人走时当即回礼，也可借节庆期间拜访时给予回礼，但注意不必次次回礼，否则急于回礼会使对方产生你轻视感情等不愉快的想法。对生辰婚庆等特殊情况下所接受的礼物，应在对方有类似情形或适当的时候给予回礼。第二，回赠礼品的价值，一般以来往相当为宜，也可以根据自己的经济实力适当调节。

4. 热情相送

当客人准备告辞时，主人应婉言相留，主人一定要等客人起身后，自己再起身相送。若客人来时带有礼物的，应再次提及对礼物的感谢或回赠礼物。对年长的客人、上级或初次来客等，主人应主动指路或亲自送行，然后握手道别，并目送客人离去。

如果送至电梯口，则要等客人进入电梯关门后再走。如果送至门口，应待客人转下楼梯，或转过街角后，再返回，轻轻关上房门，切不可用力关门，以免使客人听到后产生误会。切忌跨在门槛上向客人告别或客人前脚一走就立即关门。

5. 邀请的禁忌

在邀请时有两个方面的禁忌：一是切忌不够真诚。在邀请时要坦白告诉对方邀请他来的主要内容，是商务活动，还是小规模的私人聚会。如果是商务邀请，就一定要在电话里沟通好。邀请时要简明扼要，不要拖泥带水，让受邀请方一头雾水。二是如果同时邀请多人参加，就要注意邀请的对象是否相识，如果不相识，就要分开邀请，以免影响聚会的氛围。同时，在邀请时，一般邀请对象不要太多，以免照顾不过来，给受邀请方感觉不被重视或受到冷落。

4.4.2 拜访

拜访是现代社会交往中的一项重要活动，是人们建立广泛的社会联系，了解和沟通各方面信息，联络感情的常见方式。在日常生活中应学习和讲究拜访的礼仪技巧，使自己所到之处受人欢迎。

1. 拜访的一般礼仪

（1）事先应有约定。不论因公还是因私拜访，都要事前与被访者电话联系，以确定具体的拜访时间。同时要守时守约，不能迟到也不能过早。

（2）选择恰当的时间。拜访的时间应该选在对方较为方便的时候，应避开三个时间：一是避开主人的休息时间，特别是午睡的时间切忌去拜访他人；二是避开主人一日三餐的就餐时间；三是避开主人生活中的习惯时间。去家中拜访的最佳时间，如在国内，应选择在节假日的下午或平时的晚饭后；如在国外，则应选择在10时左右，16时左右，也可在21时以前。如果是公务拜访，则在每周二至周四9时以后或16时以前为宜。

（3）注意仪表仪容。拜访时穿着要得体，不能过于夸张，也不要过于严肃，不要戴过于夸张另类的饰品，尤其不宜穿拖鞋和短裤去办公室和较为正式的场合拜访别人。如果拜访的是自己的上级、长辈或行政管理者，着装应庄重讲究一些；如果拜访的是自己的同学、同事、好友或老熟人，着装可以稍随意些。

（4）讲究敲门的艺术。要用食指敲门，力度适中，间隔有序敲三下，等待回应。如无应声，可再稍加力度，再敲三下；如有应声，再侧身隐立于右门框一侧，待门开时再向前迈半步，与主人相对。

（5）带好合适的礼品。中国是传统的礼仪之邦，拜访他人时带上合适的礼品，会增加他人的好感，拉近彼此之间的距离，增近两人的感情。馈赠礼品时应本着"君子之交淡如水""礼轻情义重"的原则进行，而不能一味地讲究贵重或奢华，否则就会使礼品变了味，反而增加了受礼人的心理压力。

在礼品选择上，应把握几点：一要根据自己的经济承受能力选择礼品；二要考虑彼此之间关系的亲疏。如果关系亲密，所送礼品可以贵重一些。如果比较疏远，就不宜送过于贵重的礼物，否则，可能会使对方产生不安的想法。一般来说，送一些生活用品如水果、食品、日用品等比较妥当；三要分清馈赠的场合和用途。如果吃一顿便饭，可以送些水果或鲜花为礼。如果是参加结婚典礼，可以选择富有纪念意义、使用期较长或实用的礼品，如艺术装饰品、日用器皿、货币等；四要考虑对方的兴趣爱好。送礼时最好送一件受礼者想要但又未曾得到的东西。如果对方喜欢读书，送一套装帧精美的书籍则是最好的礼物，如果对方喜欢音乐，可送一套 CD 作为礼物；五要根据自己对受礼者的了解和关系状况，送不同的礼品，体现自己在时间、才智上所倾注的努力；六要注意在挑选好礼物的同时，要注重礼品的包装，体现自己的真诚和礼品的珍贵。

（6）进入室内的礼节。进入室内后不能随便坐下。如果主人是年长者或上级，主人不坐，自己也不能落座。主人让座后，要口称"谢谢"，然后采用规矩的礼仪坐姿坐下，不能四仰八叉。主人献上水果后，要等年长一些的人或其他客人动手后，自己再取用。主人如果递上茶，要双手接过并表示谢意。

（7）适时的告辞与致谢。在和主人谈话时，要客气且礼貌。谈话时间不宜过长，一般为 30min 左右。起身告辞时，要向主人表示打扰的歉意。出门后，应回身与主人主动握手话别。待主人留步后，走几步，再回头挥手致意，并礼貌地讲"请回"。

2. 几种特殊拜访的礼仪

在日常生活中，拜访的情形很多，包括对亲友的拜访、对病人的看望、对丧事的吊唁等内容。这些特殊的拜访既有一般礼仪相同的要求，也有不完全一致的地方。

（1）拜访亲友的礼仪

第一，约好时间，准时拜访。一般拜访前都要与人相约，并准时赴约，这是拜访活动的基本礼节。拜访亲友时可稍稍早到一点，但不能迟到，以免影响对方正常生活。在我国提前 5~10min 比较适宜。

第二，举止文明，礼貌拜访。到亲友家或办公室拜访，应先轻轻敲门或按门铃。即使门开着，也要敲门或以其他方式告知主人有客来访。敲门动作不宜太重或太急，一般轻轻敲两三下即可。等到有人应声允许进入或出来迎接时方可入内，切不可不打招呼擅自闯入。进门后，应将随身带来的外套和雨具等物品搁放到主人指定的地方，不可乱扔、乱放。如拜访对象所在室内有其他人时，应向他们一并微笑致意，以表达对主人的尊重。主人有请坐示意时，应款款落座，不可未经主人同意或提示，擅自做主随意落座。若有人送上茶水，应稍稍欠身，双手接过，并表示感谢。

第三，交谈得体，适时告辞。拜访的交谈时间，应视情况而定。一方面，除了准确、简要地表达出自己的来意外，还要注意对方谈话的内容、情绪与环境的变化，并注意对应。如对方谈兴正浓，交谈时间可适当长些；反之可短些。对方谈话时，应认

社交礼仪

真地听，并适当插话或回应。另一方面，自己不要谈得太多，应注意给对方留出插话或发表意见建议的时间和机会。另外，如果发现对方心不在焉，来访人应寻求简短的话题并告辞。如果另有他人来访，即使对方谈兴正浓，也应在与后来者打过招呼之后，尽快地告辞，以免妨碍他人。

（2）看望病人的礼仪

看望病人既是对病人的关心，又是对病人家属的安慰，是一项重要的社交活动。

第一，遵守规定，适时看望。看望病人要注意有关的规矩和礼仪要求。一是要选择合适的时间。如果是去家中看望病人，应避免在早晨、中午、或21时以后，因为此时病人在吃饭或休息，这个时间前往会影响病人正常安排。如果探望住院的病人，应遵守医院的探病规定，按规定的时间前往，动作要轻，说话声音不宜过大，以免影响其他病人休息。二是谈话时间要适当。为了保证病人的正常休息，谈话时间应控制在半小时以内。三是尽量照顾病人情况。探病时，如病人正在休息，不要打扰，可稍候或留言相告；探望次数不宜太频繁，以免病人频频应酬，休息不好。

第二，着装得体，话题轻松。看望病人时应注意自己着装的得体，尤其是看望老年病人和重病病人时，穿着既不宜太艳丽，也不宜太肃穆，一般应以对人的视觉和情绪无刺激，无喜、丧特征为宜。颜色艳丽的服装，难免有幸灾乐祸之嫌；光亮刺目的服装，会使病人感官不适；全黑或全白等肃穆的服装，不免会使病人有悲观、猜疑的反应。

病人需要与病魔做斗争，因此在看望病人时应注意话题的得体。谈话内容上，一要多一些轻松、宽慰的话，如讲述一些简单的新闻性事件，让病人感到愉悦，淡化病痛带来的苦恼。二要多一些关心、鼓励的话，可了解一下病人治疗的情况及目前身体状况，关心治疗进展和身体康复问题，进行必要的安慰和劝解，以增强病人战胜疾病的勇气和决心。三要带去单位的关怀和慰问，谈一谈单位和同事的近况，转达有关人员的问候，让病人从孤独和愁闷中得到解脱。四要让病人知道亲朋好友都在关心他，并相信他能战胜病魔，以使其感到温暖。切忌将不愉快的事告诉病人，徒增病人的焦虑，影响其康复。

第三，小小礼品，真诚安慰。为了表达探望的诚意，也为了化解、冲淡病人的病痛和孤独，在探望病人时，一般可以带些礼品送给病人。礼品的种类可依病人的病情适当地选择，如一束鲜花、几本杂志、一件小工艺品、一些水果、一瓶营养品等，都会给病人带来慰藉和快乐。

（3）吊唁的礼仪

吊唁是对死者或对遭到丧事的家属、团体给予的祭奠和对其的慰问。在参加吊唁时，适当的礼仪会使亡人亲属感到内心舒适并得到安慰。如今吊唁活动已经大大简化了，主要是遗体告别和开追悼会。具体程序包括默哀、三鞠躬、瞻仰遗容。

第一，及时前往。当得知亲朋好友去世的消息或亲朋好友家有丧事时，应及时前往吊唁。吊唁一般应亲自前往，因病、因事不能前往时，可以用唁电、唁信等书面形式来表达对死者的悼念和对死者家属的慰问。如死者是至亲好友，应考虑带妻子和孩子前往。去吊唁之前应与死者亲属联系，送上花圈、挽联表示对死者的怀念，还可帮助家属做些具体事情或在其他方面给予帮助。

第二，服装礼仪。参加丧葬活动时，应着素服，最好是深色衣服。女士忌大红大紫、花花绿绿、古怪、邋里邋遢，不宜涂胭脂抹口红。在吊唁场地，要保持庄重、肃穆的气氛，动作要稳重、缓慢、简单，切不可出现失态举动，如跌跤、走错路线、掉东西等。对死者亲属的慰问，应简单真挚，虽十分悲痛，也不宜号啕大哭，要有节制。吊唁时表情应严肃认真，举止应庄重沉稳。不可大声喧哗或与人谈笑。

思考题

1. 在人际交往中，对与自己初次见面的人进行称呼时应注意哪些方面的问题？
2. 在拜访上级或领导时，应该注意哪些方面的礼节？
3. 在与初次见面的朋友相互交换名片时，有哪些方面的礼节需要注意？

第 5 讲

商务公务礼仪

国尚礼则国昌，家尚礼则家大，身尚礼则身正，心尚礼则心泰。

——颜元

在古代中国，就有礼仪的规范。在现代社会，人们交往更加频繁，自然更需要礼仪来规范行为，促进沟通交流。商务公务礼仪是人们在商务公务活动中约定俗成的行为规范，是对特定环境下人的仪容仪表和言谈举止的普遍要求，体现着相互尊重的行为准则。通过合理的着装以及礼仪，不仅能提高个人素养，维护个人和企业形象，更能建立良好的人际沟通，促进商务谈判。

5.1 接待礼仪

孔子曰:"有朋自远方来,不亦乐乎?"自古以来,中国人就以热情好客而闻名于世。礼待宾客,在中国向来被视为基本礼仪之一。在现代社会,人们不但讲究礼仪,而且在不同的场合还应遵守各不相同的礼仪规范。

5.1.1 基本礼仪

1. 见面礼仪

见面礼仪是指谈判者见面之际应该遵守的主要礼仪,具体表现为问候、称呼、握手、介绍。在商务活动中,当人们听到恰当的称呼时,便能从心里产生亲近感,使人与人之间的交际变得顺利、愉快。

2. 问候

问候也称作问好或者打招呼,主要表现在向他人问好,表示敬意。最普遍、最常用的招呼词是说一声"您好",在迎送客人时较为多见的问候是招手致意。

(1)问候的内容。人们在问候他人时所使用的问候语具体内容多有不同。一般来讲,问候语的内容有明显的地域性特征。在一般情况下,问候语大致可以分为以下几类。

问好型。在见面时直接问候谈判对方,主要用语为"您好""早上好""下午好""晚上好"或者"大家好"。这些问候语言简意赅,既不失礼貌,又可避免走题。比较适合在一天中首次见面或一次活动中初次遇到的时候使用,也是最为正式,适用范围最广的问候。

寒暄型。是人们在日常生活中问候他人时的一些用语,例如,"吃饭没有""最近忙些什么"等。对于这些问候语,一般可以不做实质性的答复。较适合熟人之间的应用,这些问候语在不同文化背景下的交际时要慎用。

交谈型。谈判者在问候他人时直接从一个话题开始,问候对方的同时希望就此交谈下去,较适用于公务场合。

(2)问候的顺序。一般来讲,问候有一个约定俗成的顺序:年轻的先向年长的打招呼,下级先向上级打招呼,男性先向女性打招呼等。

两人见面:双方均应主动问候对方,没有必要等待对方首先问候。在正常情况下,标准的做法是"位低者先行",也就是职级或地位较低的一方,应首先问候职级或地位较高的一方。

一人与多人见面:当一个人与多人见面时,问候的顺序一定要遵照"先长后幼,

社交礼仪

先女后男，先疏后亲"的原则。

（3）问候的态度。在问候他人时，自己的态度一定要热情而友好，做到话到、眼到、心到。只有这样，才能表现出自己的问候是真心实意的。

（4）问候时注意的事项。他人向自己致意时，必须还礼答谢。在公共场所切忌大声地呼名唤姓。招手时一般把手伸向空中并且左右摆动。与人打招呼时，不要把手插在衣袋里或叼着烟卷。女性应主动微笑点头致意。

3. 握手

握手是人们在日常社会交往中常见的礼节。握手既可以作为见面、告辞、和解时的礼节，也可以作为一种祝贺、感谢或相互鼓励的表示。

4. 鞠躬礼

鞠躬礼源自中国，现在作为日常见面礼节已不多见，但盛行于日本、韩国和朝鲜，是那里的常礼。行鞠躬礼时应立正、脱帽、微笑、目光正视，上身前倾15°~30°（赔礼、请罪时除外）。平辈应还礼，长辈和上级欠身点头即算还礼。

5. 介绍

介绍是商务活动中相互了解的基本方式，常见的有以下几种方式。

（1）自我介绍。是在没有他人介绍的情况下，自己将自己介绍给他人，以便使对方认识自己。

（2）居中介绍。是指由介绍人作为第三者，为彼此不相识的双方相互进行介绍。居中介绍在陌生人之间架起了相互了解的桥梁。居中介绍，首先要了解双方是否有结识的愿望，应经双方同意后再进行介绍。

（3）集体介绍。集体介绍是为他人介绍的一种特殊情况。是指由介绍者为两个集体之间或者个人与集体之间所做的介绍。

6. 名片的使用

名片，中国古代称名刺，当下是标示个人姓名及其所属组织、公司单位和联系方法的纸片。在商务活动中，交换名片是双方人员相互认识、自我介绍的重要交际工具。对方将名片递交给你，是对你的充分信任和尊重，对待名片应像对其主人一样尊重和爱惜。

7. 电话礼仪

接打电话要做到语言文明、态度文明、举止文明。常用电话文明用语有"您好""你好""请""劳驾""麻烦""再见"等。说话时声调要愉悦，语音和音量要适中，咬字要清楚。与商务交往对象电话交流时，应在对方的工作时间内主动联系，尽量不要在节假日、用餐时间和休息时间给他人打工作电话（特别紧急时除外）。打国际电话还要考虑时差。电话礼仪提倡"以短为佳,宁短勿长",通话的时间最好控制在 3min 之内。

8. 引路

(1)引导。接待人员应走在客人的左前方一点的位置,遇到转弯时,应用右手示意,说声"请走这边"。

(2)如果是自己作为主人陪同客人,应让客人位于自己的右侧,以示尊重,注意要并排走,不要落在后面。

(3)如果是陪访或随同人员,一般走在领导的两侧偏后一点或后面。

9. 上下楼梯

上楼梯应让客人、领导、女士先上,接待人员在后;下楼梯时,接待人员应在前,让客人、领导、女士在后。这既是礼节,也是为客人安全着想。

10. 乘电梯

现在一般都是无人操作的自动电梯,所以接待人员要自己先进去,再让客人进去。到达时应让客人先出去,按着电梯"开门"按钮,防止因门突然自动关闭而夹伤客人。

11. 进出门

进门应先把门推开,站在门口,用手示意,请客人、领导进去。同样,出门时也相同。如果自己是主陪,走到门口时,应用手示意,有礼貌地说声"请"。

12. 乘车

上车应让客人和领导先上,接待人员在后;下车接待人员应自己先下,客人和领导后下。乘坐小车,主人在左边,客人在右边,陪同坐在驾驶员后面位置,这是一种习惯,也是为了客人安全。

5.1.2 仪态、仪表和形象

1. 基本仪态

(1)站姿。站姿的基本要求是挺直、舒展、线条优美、精神焕发。

男士:双手相握、右手放在左手上面,叠放于腹前或双手自然下垂。双脚分开的宽度不要超过肩宽。

女士:双手相握、右手放在左手上面,叠放于腹前,或两臂自然下垂,双脚尖可以稍许张开或并拢。

(2)坐姿。女士坐姿基本要求是两膝不分开。男士坐的时候膝部可以分开一点,但不要超过肩宽，更不能两腿叉开过大，半躺在椅子或沙发里面。坐好后，双手可以各自搭在一条大腿上，也可以双手叠放或相握后放在腿上。正规场合要求上身和大腿、大腿和小腿都应当形成直角，小腿垂直于地面，女性双脚可在踝部交叉。

2. 仪表

（1）男士仪容要端庄，头发要整齐不乱，不留胡子、鬓角。

（2）女士以淡妆典雅为主，要给人以高雅、端庄之感。

（3）着装要得体、整洁。男士不应穿着背心、凉鞋、拖鞋走上工作岗位；女士不要穿超短裙、吊带装、露背装及款式过奇、过露的服装。不要穿网格状丝袜、拖鞋、钉金属鞋掌的高跟鞋。

（4）在正式场合，如签约、重大招待、参加发布会、重要会议、拜访重要人士等，要着正装，男士通常着西装或衬衫和西装裤，女士着套裙。

3. 形象

接待人员要做到遵守时间，信守承诺，热情有度，女士优先，尊重来宾隐私，规范谈吐和举止。

5.1.3 座次安排

1. 会见来宾的座次排列

（1）相对式。相对式就座是指宾主双方面对面就座。此方式易使宾主双方保持适当距离，多用于公务性会晤，具体分为下列两种情况。

第一种情况，双方就座后，一方面对正门，另一方则背对正门。此时应"面门为上"，即面对正门之座为上座，应请来宾就座；背对正门之座为下座，宜由主人就座，如图5-1所示。

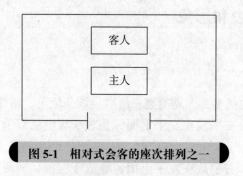

图5-1 相对式会客的座次排列之一

第二种情况，双方就座于室内两侧，并且面对面地就座。此时应动态地"以右为尊"，即进门时以右侧之座为上座，应请来宾就座；左侧之座为下座，宜由主人就座，如图 5-2 所示。若宾主双方不止一人，也大体如图 5-3 所示安排。

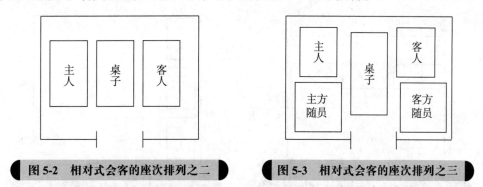

图 5-2 相对式会客的座次排列之二　　图 5-3 相对式会客的座次排列之三

（2）并列式。并列式排座是指宾主双方并排就座，以暗示双方地位相仿，关系密切，多用于礼节性会晤，一般也分为以下两种情况。

第一种情况，双方一同面门而坐。此时应静态地"以右为上"，即主人请来宾就座于自己的右侧，如图 5-4 所示。若双方人员不止一名时，其他人员可各自分别在主人或主宾一侧按其地位、身份的高低，依次就座，如图 5-5 所示。

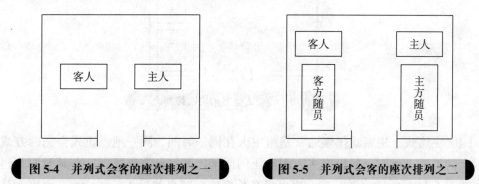

图 5-4 并列式会客的座次排列之一　　图 5-5 并列式会客的座次排列之二

第二种情况，双方一同在室内的右侧或左侧就座。此时应"以远为上"或"内侧高于外侧"，即应以距门较远之座为上座，将其留给来宾；以距门较近之座为下座，而将其留给主人，如图 5-6 和图 5-7 所示。

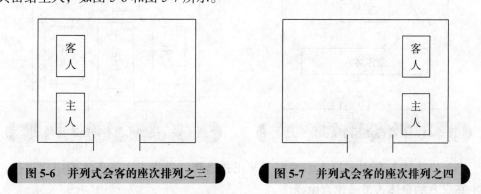

图 5-6 并列式会客的座次排列之三　　图 5-7 并列式会客的座次排列之四

（3）居中式。居中式排座实际上属于并列式排座的一种特例，是指多人一起并排

就座时,应"居中为上",即以中央的位置为上座,由来宾就座,如图5-8~图5-10所示。

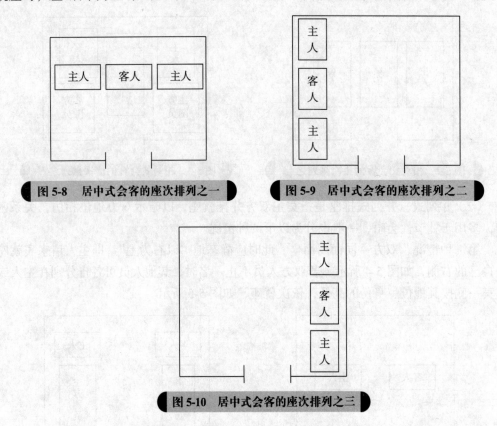

图5-8　居中式会客的座次排列之一

图5-9　居中式会客的座次排列之二

图5-10　居中式会客的座次排列之三

（4）主席式。主席式排座通常是指主人在同一时间、同一地点正式会见两方或两方以上的来宾。此时一般应由主人面对正门而坐,其他各方来宾则应在其对面背门而坐,如图5-11所示。有时,主人也可坐在长桌或椭圆桌的尽头,而请来宾就座于其两侧,如图5-12所示。

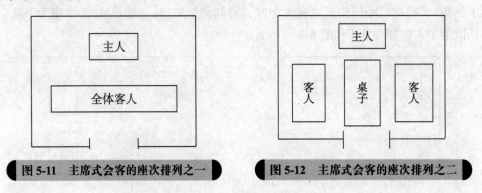

图5-11　主席式会客的座次排列之一

图5-12　主席式会客的座次排列之二

（5）自由式。自由式排座多适用于非正式会晤,是指不进行正式的座次排位,而由主宾双方的全体人员一律自由择座。

2. 合影的排位习惯

在我国，合影时的排位讲究"居前为上""居中为上"和"以左为上"，还有"人数为单"（见图 5-13）和"人数为双"（见图 5-14）的区别。

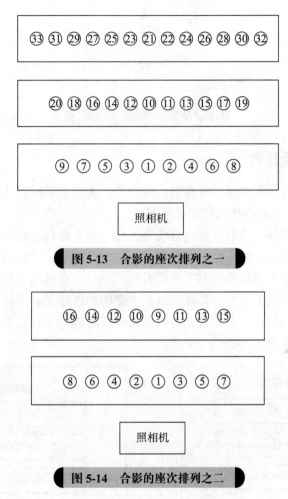

图 5-13　合影的座次排列之一

图 5-14　合影的座次排列之二

3. 小型会议的座次排列

小型会议是指参加者较少、规模不大的会议。小型会议不设立专用的主席台，其排座主要有以下三种形式。

（1）自由择座。基本做法是不排定固定的具体座次，全体与会者自由地选择座位就座。

（2）面门而坐。一般以面对会议室正门之位为会议主席之坐，其他的与会者可在其两侧自左而右地依次就座，如图 5-15 所示。

（3）依景而坐。依景而坐是指会议主席的具体位置不必面对会议室正门，而是应当背依会议室之内的主要景致，如字画、讲台等。其他与会者的排座，略同于面门而坐。

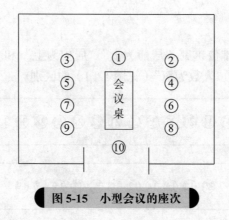

图 5-15　小型会议的座次

4. 大型会议的座次排列

大型会议是指与会者众多、规模较大的会议。大型会议应设主席台与群众席。前者必须认真排座；后者的座次可排，也可不排。

大型会场的主席台，一般应面对会场主入口。在主席台上就座之人，应当与在群众席上就座之人呈面对面的状态。在每一名成员面前的桌上，均应放置双方的桌签。

我国目前排定主席团位次的基本规则有三：第一，前排高于后排；第二，中央高于两侧；第三，左侧高于右侧。具体来讲，主席团的排座又有单数（见图 5-16）与双数（见图 5-17）的区分。一般而言，进行单数排座时遵循上述规则即可；进行双数排座时，"左大右小"的规则应改为"右大左小"。

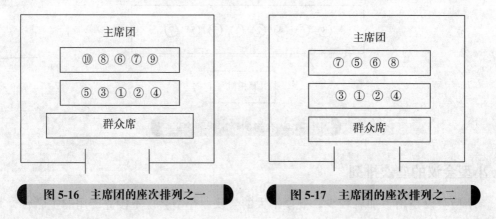

图 5-16　主席团的座次排列之一　　　图 5-17　主席团的座次排列之二

5. 乘车的座次排列

（1）双排五座轿车。当主人驾车时，其座次由尊而卑依次应为副驾驶座、后排右座、后排左座、后排中座。当专职司机驾驶时，则其座次由尊而卑依次应为后排右座、后排左座、后排中座、副驾驶座，如图 5-18 所示。

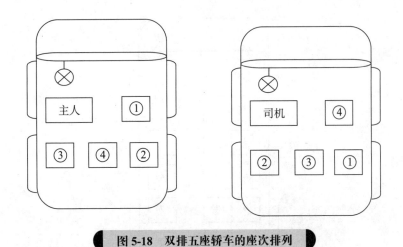

图 5-18　双排五座轿车的座次排列

（2）三排七座轿车（商务车）。当主人驾车时，其座次由尊而卑依次应为副驾驶座、后排右座、后排左座、后排中座、中排右座、中排左座。当专职司机驾驶时，则其座次由尊而卑依次应为后排右座、后排左座、后排中座、中排右座、中排左座、副驾驶座，如图 5-19 所示。

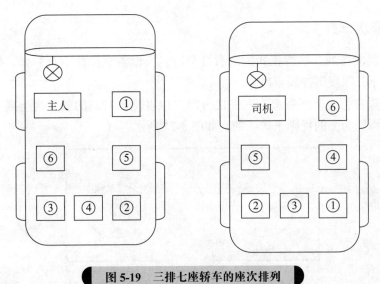

图 5-19　三排七座轿车的座次排列

（3）多排多座轿车。多排多座轿车是指四排或四排以上座位排数的轿车。不论由何人开车，多排多座轿车的具体座次均应由前而后、自右而左，依其距轿车前门的远近而依次排列，如图 5-20 所示。如此排定座次的原因主要是考虑乘车之人上下轿车是否方便。

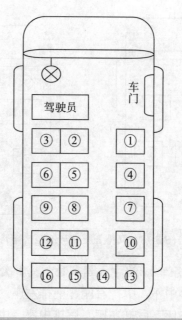

图 5-20 多排多座轿车的座次排列

6. 就餐的座次排列

（1）桌次的排列。举行正式的中餐宴会时，所设餐桌往往不止一张，接待人员主要应遵守以下三项规则排列桌次。

第一，以右为上。当餐桌有左右之分时，应以位于右侧的餐桌为上桌。此刻的左右，是按照面门为上的规则来确认的，如图 5-21 所示。

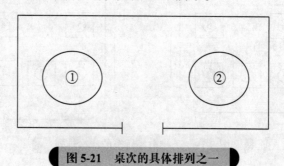

图 5-21 桌次的具体排列之一

第二，内侧为上。当餐桌距离餐厅正门有远近之分时，一般以距门较远的餐桌，即靠内侧的餐桌为上桌，如图 5-22 所示。

第三，居中为上。当多张餐桌并排列开时，一般居中央者为上，如图 5-23 所示。

在大多数情况下，以上三条桌次排列的常规做法往往是交叉使用的，如图 5-24~图 5-27 所示。

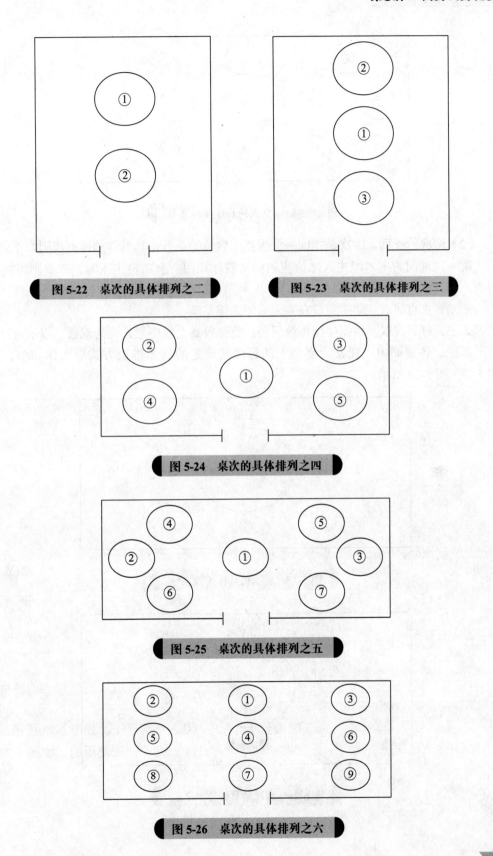

图 5-22 桌次的具体排列之二

图 5-23 桌次的具体排列之三

图 5-24 桌次的具体排列之四

图 5-25 桌次的具体排列之五

图 5-26 桌次的具体排列之六

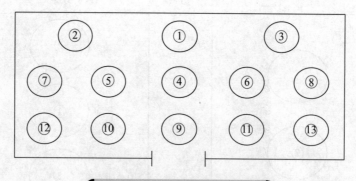

图5-27 桌次的具体排列之七

（2）席次的排列。席次是指同一张餐桌上席位的高低，其具体的排列规则如下。

第一，面门为主。即主人之位应当面对餐厅正门。有两位主人时，二者则可对面而坐，一人面门，一人则背门。

第二，主宾居右。即主宾应在主人右侧之位就座。

第三，好事成双。根据中国传统习俗，每张餐桌上就座之人应为双数，以示吉祥。

第四，各桌同向。通常，宴会上的每张餐桌上的具体排位方式应大体相似，如图5-28~图5-30所示。

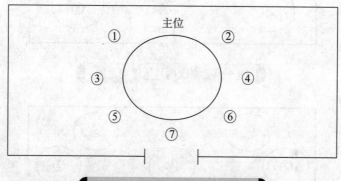

图5-28 席次的具体排列之一

图5-29 席次的具体排列之二

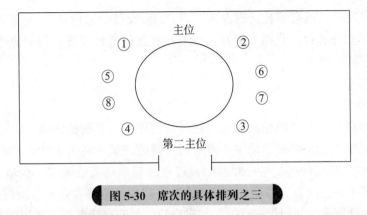

图 5-30　席次的具体排列之三

吃西餐一般使用长桌，同一桌上座位的高低以距离主人座位的远近而定，如图 5-31 所示。

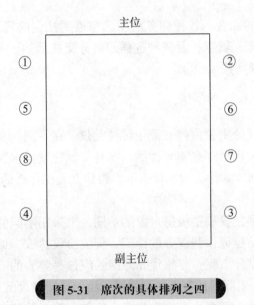

图 5-31　席次的具体排列之四

5.2　商务谈判礼仪

商务谈判礼仪是指商务人员在履行以买卖方式使商品流通或提供某种服务获取报酬职能的过程中所使用的礼仪规范。商业竞争的加剧，行业内部以及相近行业间的产品和服务的趋同性不断增强，使公司与公司之间所提供的产品和服务并无太大差别，这样就使服务态度和商务洽谈礼仪成为影响客户选择产品和服务的至关重要的因素。

5.2.1　商务谈判礼仪的基本特征

在西方，"礼仪"一词，最早见于法语的 Etiquette，原意为"法庭上的通行证"。

社交礼仪

但它一进入英文后,就有了礼仪的含义,即"人际交往的通行证"。商务谈判礼仪不同于一般的人际交往礼仪,是指人们在从事商品流通的各种经济行为中应当遵循的一系列行为规范。具有以下几个特征。

1. 规范性

规范性是指待人接物的标准做法。这种规范性是一个舆论约束,它不同于法律约束,不具有强制性。在商务活动中不遵守行为规范,虽不会失去什么,却有可能会让你被人笑话。比如,我们在吃自助餐时,遵守的基本规范就是多次少取。若不遵守,你就会被贻笑大方。所以,在商务交往场合中,我们一定要遵守商务谈判的行为规范,例如,如何称呼客人、如何打电话、如何做介绍、如何交换名片、如何就餐等。

2. 普遍性

现代社会是商业的社会,各种商务活动已渗透到社会的每一个角落。换句话说,只要有人类生活的地方,就存在着各种各样的商务交往活动。不同的商务活动中,自然离不开相应的商务谈判礼仪规范。

3. 差异性

现代商务谈判礼仪的主要内容来源于传统礼仪。在不同的文化背景下,所产生的礼仪文化也不尽相同,自然存在差异性的基本特征。这就要求我们了解谈判对象的礼仪文化,尽可能地做到"到什么山唱什么歌,跟什么人说什么话"。当然,这不是说欺骗,诚信是第一位的。

在商务交往场合中,我们要根据对象的不同,来采用不同的礼仪规则,其实是对对方的充分尊重,容易拉近谈判双方的距离,促成协议达成。如在宴请客人时,我们优先需要考虑的问题是什么呢?宴席优先考虑的应该是菜肴的安排。要问清对方不吃什么,有什么忌讳的。不同民族有不同的习惯,我们必须尊重民族习惯。

除了民族禁忌之外,还要注意宗教禁忌,比如,穆斯林禁忌动物的血,佛教禁忌荤腥、韭菜等。

4. 技巧性

商务谈判礼仪强调操作的技巧性,这种技巧体现在言行举止中。比如,招待客人喝饮料,就有两种问法:一是"请问您想喝点什么";二是"您喝……还是……"。第一种问法是开放式的,给客人选择的空间很大,这种方式可能会产生一种后果,客人的选择超出你的能力范围时会带来尴尬和不便;第二种问法是封闭式的,就是一种技巧性比较强的方式,可以有效地避免上述情况的出现。

5. 发展性

时代在发展,社会在进步,商务谈判礼仪文化也在不断地发展。从商务谈判所借助的媒介变化来看，20世纪七八十年代，人们一般通过电报、信件等方式传递着各种商务信息。而到今天，人们常用的方式则是电子邮件、电话等这些随着时代进步而产生的新生事物。

5.2.2 商务谈判礼仪的作用和原则

1. 商务谈判礼仪的作用

我国素有"礼仪之邦"的美称，崇尚礼仪是我国人民的传统美德。随着我国现代经济的高速发展，在商务活动中，谈判礼仪发挥着越来越重要的作用。

（1）规范行为。在商务交往中，人们相互影响、相互作用、相互合作，如果不遵循一定的规范，双方就缺乏协作的基础。在众多的商务谈判活动中，礼仪规范可以让人明白应该做什么，不应该做什么，怎么做，不可以怎么做，良好的行为有利于塑造个人形象，得到他人认可，赢得友谊。

（2）传递信息。在商务活动中，合适的礼仪行为给对方传递的是包含着尊敬、友善、真诚等感情的信息，会让对方感受到温暖和热情，获得对方的好感、信任，进而有助于事业的发展。

（3）增进感情。在商务活动中，随着交往的深入，双方可能都会产生一定的情绪体验。它表现为两种情感状态：一种是情感共鸣；另一种是情感排斥。恰当的礼仪会使谈判双方相互吸引，增进感情，建立和发展良好的人际关系；反之，如果不讲礼仪或粗俗不堪，就给对方造成不好的印象，容易产生感情排斥，造成人际关系紧张。

（4）树立形象。现代市场竞争除了产品竞争外，更体现在形象竞争。一个人要在众人面前树立良好的个人形象，就必须讲究礼仪规范。一个组织的成员讲究礼仪，自然为组织树立了良好的形象，赢得了公众的赞扬。而一个具有良好信誉和形象的公司或企业，就容易获得社会各方的信任和支持，就可在激烈的竞争中处于不败之地。所以，商务人员时刻注重礼仪，既是个人和组织良好素质的体现，也是树立和巩固良好形象的需要。

2. 商务谈判礼仪的原则

任何事物都有自己的规则，商务谈判礼仪也不例外。凝结在商务谈判礼仪规范背后的共同理念和宗旨就是商务谈判礼仪的原则，是我们在操作每一项商务谈判时应该遵守的共同法则，同时也是衡量我们在不同场合、不同文化背景下的礼仪正确、得体的标准。同样的礼仪在不同的场合会带来不同的结果；同样的场合却因人的不同而有不同的含义。所以，如何在纷繁复杂、瞬息万变的商业环境中立于不败之地，就需要掌握商务谈判礼仪的基本原则。

（1）"尊敬"原则。"恭敬之心，礼也。"（取自《孟子·告子上》）。尊敬是礼仪的情感基础。在我们的现实社会中，人与人之间是平等的，尊重长辈，关心客户，这不但

社交礼仪

不是自卑下作的行为,反而是一种至高无上的礼仪,说明一个人具有良好的个人素质。"敬人者,人恒敬之;爱人者,人恒爱之""人敬我一尺,我敬人一丈"。"礼"的良性循环就是借助这样的机制而得以生生不息的。当然,礼待他人也是一种自重,不应以伪善取悦于人,更不可以富贵骄人。尊敬人还要做到入乡随俗,尊重他人的喜好与禁忌。总之,对人尊敬和友善,这是处理商务活动中人际关系的一项重要原则。

(2)"真诚"原则。商务人员的礼仪主要是为了树立良好的个人形象和组织形象,所以礼仪对于商务活动的目的来说,不仅仅在于其形式和手段层面上的意义,同时更应注重从事商务、讲求合作的长远效益。只有恪守真诚原则,着眼于将来,通过长期潜移默化的影响,才能获得最终的利益。商务人员与企业爱惜自身形象与声誉,不仅追求礼仪外在形式的完美,更应将其视为自我情感的真诚流露与表现。

(3)"谦和"原则。"谦"就是谦虚;"和"就是和善、随和。谦和不仅是一种美德,更是社交成功的重要条件。《荀子·劝学》中说道:"礼恭而后可与言道之方,辞顺而后可与言道之理,色从而后可言道之致。"这就是说,只有举止、言谈、态度都是谦恭有礼时,才能从别人那里得到教诲。

谦和,在社交场合中表现为平易近人、热情大方、善于与人相处、乐于听取他人的意见,显示出虚怀若谷的胸襟,因而对周围的人具有很强的吸引力,有着较强的调整人际关系的能力。当然,我们此处强调的谦和并不是指过分的谦虚、无原则的妥协和退让,更不是妄自菲薄。应当认识到过分的谦虚其实是社交的障碍,尤其是在和西方人进行商务谈判时,过分谦虚是不自信的表现,会让对方怀疑你的能力。

(4)"宽容"原则。"宽"即宽待;"容"即相容。宽容就是心胸坦荡、豁达大度,能设身处地地为他人着想,谅解他人的过失,不计较个人得失,有很强的容纳意识和自控能力。中国传统文化历来重视并提倡宽容的道德原则,并把宽以待人视为一种为人处世的基本美德。遵循"宽容"原则,凡事想开一点,眼光放远一点,善解人意、体谅别人,才能正确对待和处理好各种关系与纷争,争取到更长远的利益。在商务谈判活动中,出于各自的立场和利益,难免出现误解和冲突。这时要宽以待人,在人际纷争问题上保持豁达大度的品格或态度。不经意间,说不定就获得了对方的认可。

(5)"适度"原则。适度就是要注意情感尺度、谈吐适度、举止适度。只有这样才能真正赢得对方的尊重,达到沟通的目的。人际交往中要注意各种不同情况下的社交距离,也就是要善于把握住沟通时的情感尺度。古语说:"君子之交淡如水,小人之交甘如醴。"此话不无道理。在人际交往中,沟通和理解是建立良好人际关系的重要条件,但如果不善于把握沟通时的感情尺度,即人际交往缺乏适度的距离,结果会适得其反。在商务谈判时,既要彬彬有礼,又不能低三下四;既要热情大方,又不能轻浮谄谀。

总之,在商务谈判时,只有掌握并遵行基本礼仪准则,待人诚恳、彬彬有礼,就会受到他人的尊敬和尊重。

5.2.3 商务谈判礼仪的具体要求

1. 主客座谈判的礼仪

主场谈判、客场谈判在礼仪上习惯称为主座谈判和客座谈判。主座谈判因在我方所在地进行，为确保谈判顺利进行，我方（主方）通常需做一系列准备和接待工作；客座谈判因到对方所在地谈判，我方（客方）则需入乡随俗，入境问禁。在商务谈判过程中，自始至终都贯穿一定的礼仪规范，每一个细节都不能忽略。

（1）主座接待的礼仪。主座谈判，作为东道主一方出面安排各项谈判事宜时，一定要在迎送、款待、场地布置、座次安排等各方面精心周密准备，尽量做到主随客便，主应客求，以获得客方的理解、信赖和尊重。

① 成立接待小组。成员由后勤保障（食宿方面）、交通、通信、医疗等各环节的负责人员组成，涉外谈判还应备有翻译。

② 了解客方基本情况，收集有关信息。可向客方索要谈判代表团成员的名单，了解其性别、职务、级别及一行人数，以做食宿安排的依据。了解客方对谈判的目的要求、食宿标准、参观访问、观光游览的愿望。掌握客方抵离的具体时间、地点、交通方式，以安排迎送的车辆和人员及预订、预购返程车船票或飞机票。

③ 拟订接待方案。根据客方的意图、情况和主方的实际，拟订出接待计划和日程安排表。日程安排还要注意时间上紧凑，日程安排表拟出后，可传真给客方征询意见，待客方无异议确定以后，即可打印。如涉外谈判，则要将日程安排表译成客方文字，日程安排表可在客方抵达后交由客方副领队分发，也可将其放在客方成员住房的桌上。主方应主动到机场、车站、码头迎接，在到达前15min赶到，对于客方身份特殊或尊贵的领导，还可以安排献花。

（2）主座迎送工作。主方人员应准确掌握谈判日程安排的时间，先于客方到达谈判地点，当客方人员到达时，主方人员在大楼门口迎候。也可指定专人在大楼门口接引客人，主方人员只在谈判室门口迎候。迎接的客人较多的时候，主方迎接人员可以按身份职位的高低顺序列队迎接，双方人员相互握手致意，问候寒暄。如果主方主要领导陪同乘车，应该请客方主要领导坐在其右侧。最好客人从右侧门上车，主人从左侧门上车，避免从客人座前穿过。谈判期间，东道主可根据实际情况举行接风、送行、庆祝签约的宴会或招待会，客方谈判代表在谈判期间的费用通常都是由其自理的。

（3）客座谈判的礼仪。一般来说，这种谈判显然会使谈判对象占尽地主之利。"入乡随俗、客随主便"，对一些非原则性问题采取宽容的态度，以保证谈判的顺利进行。要明确告诉主方自己代表团的来意目的、成员人数、成员组成、抵离的具体时间、航班车次、食宿标准等，以方便主方的接待安排。

谈判期间，对主方安排的各项活动要准时参加，通常应在约定时间的5min之前到达约定地点。到主方公司做公务拜访或有私人访问要先预约，对主方的接待，在适当的时间以适当的方式表示感谢。客座谈判有时也可视双方的情况，除谈判的日程外，

社交礼仪

自行安排食宿、交通、访问、游览等活动。

2. 谈判人员个人基本礼仪

仪表是谈判者形象的重要方面，主要是指人的身材、发型、容貌和服饰等方面的装扮。仪表不仅反映其个人的精神面貌和礼仪素养，同时还使人联想到一个人的处世风格。美好、整洁的仪表给人一种做事认真、有条理的感觉，不仅体现出谈判者自身的自尊、自爱，同时还体现出对谈判对方的尊重。因此，良好的仪表对谈判者的交际和工作起到重要的作用。

在商务谈判中，仪表是谈判者洽谈成功的通行证。谈判者的仪表对谈判是否成功有一定的影响，谈判者的仪表不仅能够影响相互间的形象和印象，影响谈判的节奏和效率，同时还能够影响周围人的态度和商务谈判的成败。商务谈判中，特别是初次谈判，最初印象的形成主要是通过谈判对象的外部因素和个人传递出的信息。

（1）仪容的修饰

商务谈判者要对个人的仪表、仪容进行修整妆饰，以使其外部形象达到整洁、大方、美观，形成谈判者个人的良好形象。适当的修饰，可以使谈判者看起来精力充沛和热情活力。一个人所散发出来的修养、气质和追求，会对谈判对手的心理与情绪产生较大的影响。具体来讲，谈判者修饰主要有以下几方面。

① 保持头发的清洁。头发上不能有头皮屑；发型要整齐，散乱的头发给人以精神萎靡不振的感觉。一般来讲，男士的头发不宜留得过长，以两边的头发不超过两耳为准，并且不宜留大鬓角。女士的头发没有长短的要求，只是刘海不要太低，遮住眉毛，因为眉毛既可以传情达意，也可以体现一个人的个性。

② 保持面部的清洁。男士要剃净胡须，女士应该化妆，以示对他人的尊重，同时也可以增强自信。女士漂亮的装束不仅让人赏心悦目，同时还能给自己一个良好的心情。不同场合选择浓淡适宜的妆是比较重要的。总地来讲，白天适宜化淡妆，晚上适宜化浓一点的妆。不同的人也不一样，中年女性的妆应该浓一点，年轻女性的妆应该淡一点。与关系比较熟的客户进行谈判时，可以化淡妆，与初次打交道的人谈判可以适当化浓一点的妆。

③ 保持口腔的干净。除去口腔的食物残渣，最好的办法就是饭后漱口刷牙；除去口腔异味，最好的办法就是喝茶或嚼口香糖。

④ 保持双手的清洁。注意不留长指甲，并清除指甲内的污垢。如果戴有手套，手套也应保持清洁。

（2）服装的修饰

在商务活动中，能够理解并充分利用服饰的功能，对于商务活动的顺利进行是非常重要的，得体的着装不仅反映一个人的修养与气质，同时也表现对他人的尊重。因此每个商务谈判人员都应该注重着装礼仪：第一原则是合身。要求谈判者着装要符合自己的身材、年龄和职业身份。第二原则是合意。要求谈判者的着装不但要使自己满意，而且要考虑到谈判对象的习惯和所在地的风俗习惯。第三原则是合时。要求谈判者的服饰要符合时代的特色、环境、场所和季节的要求。

① 男士服装的选择。男士在选择服装时既要注重款式和色彩，又要注重服装的质地和面料，得体是第一位的。西装是男性谈判者在正式场合着装的优先选择，也是男性谈判者必备的礼服。

② 女士服装的选择多于男士，可谓是多姿多彩。

（3）举止的把握

在商务谈判中，保持规范、得体的姿态是比较重要的。这就要求谈判者具有良好的站姿、坐姿和走姿。

① 正确的站姿。站姿是人体的静态造型动作，是其他人体动态造型的基础和起点。在出席各种商务场合时，谈判者的站姿会首先引起别人的注意，优美挺拔的站姿能显示出个人的自信、气质和风度，给他人留下美好的印象。正确站姿的要点是挺拔、直立。具体要求头正，双目平视，嘴唇微闭，下颌微收，双肩放松、稍向下沉，身体有向上的感觉，呼吸自然、躯干挺直，收腹，挺胸，立腰，双臂自然下垂于两侧，手指并拢并自然弯曲，双腿并拢立直，膝、两脚跟靠紧，脚尖分开呈45°，身体重心放在两脚中间。男性的双腿可以分开，但两脚之间的距离最多与肩齐平。站立忌身体东倒西歪，重心不稳；双腿交叉站立，随意抖动或晃动，双脚叉开过大或随意乱动；倚墙靠壁，耸肩；双手叉在腰间或环抱在胸前，盛气凌人，如图5-32所示。

图5-32　正确的站姿

② 正确的坐姿。端庄典雅的坐姿可以展现商务谈判人员的良好气质和教养。入座时要轻而稳，走到座位前，转身后轻轻地坐下，双肩平正放松，两臂自然弯曲放在腿上，也可放在椅子或是沙发扶手上，以自然得体为宜。女士双膝并拢，男士两膝间可分开一定的距离，但不要超过肩宽，入座后，应至少坐满椅子的2/3，谈话时应根据交谈者方位，上身可以略倾向对方，但上身仍保持挺直。女子入座时，若是裙装，应用手将裙子稍稍拢一下，再慢慢坐下，避免坐下后再拽拉衣裙。正式场合一般从椅子的左边入座，离座时也要从椅子的左边离开。各种坐姿的要求如下：

社交礼仪

正坐。两腿并拢，上身坐正，小腿应与地面垂直。女士应双手叠放，置于腿上；男士应将双手放在膝上，双腿微分，两膝之间的距离保持在一拳到一拳半之间。

侧坐。首先坐正。男士小腿与地面垂直，上身倾斜，向左或向右，左肘或右肘支撑在扶手上；女士应双膝靠紧，上身挺直，两脚脚尖同时向左或向右，双手叠放在左腿或者右腿上。

交叉式坐姿。两腿向前伸，一腿置于另一腿上，在踝关节处交叉成前交叉坐式。也可以小腿后屈，前脚掌着地，在踝关节处交叉成后交叉式，如图5-33所示。

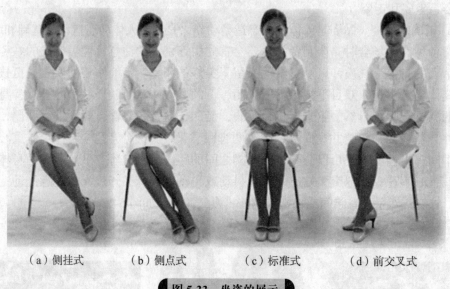

（a）侧挂式　　　（b）侧点式　　　（c）标准式　　　（d）前交叉式

图5-33　坐姿的展示

③正确的走姿。正确的走姿能体现一个人的风度和韵味。从一个人的走姿可以了解到其精神状态、基本素质和生活节奏。走路时的要点：右脚完全着地，左脚脚跟抬起一半左右，身体重心完全移到右脚上，左脚脚跟抬起，左脚脚尖完全离地，重心往前移，左脚脚跟着地。然后再回到第一步的姿势。

走路时应当身体直立、收腹直腰、两眼平视前方，双臂自然下垂，在身体两侧自然摆动，脚尖微向外或向正前方伸出，跨步均匀，两脚之间相距约一只脚到一只半脚长，步伐稳健，步履自然，要有节奏感。起步时，身体微向前倾，身体重心落于前脚掌，行走中身体的重心要随着移动的脚步不断向前过渡，而不要让重心停留在后脚，并注意在前脚着地和后脚离地时伸直膝部。男步稍大，步伐应矫健、有力、潇洒、豪迈，展示阳刚之美。女步略小，步伐应轻捷、娴雅、飘逸，体现阴柔之美，如图5-34所示。

（4）谈判者的表情

表情是指谈判者的面部情态，主要是通过面部的眼、嘴、眉、鼻动作和脸色的变化来表达谈判者的内在意识。表情在商务活动中起着十分重要的作用。

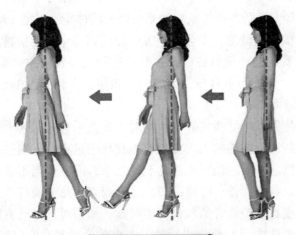

图 5-34 走姿的分解

① 目光。眼睛是心灵的窗户，是人深层心理情感的一种自然表现。目光的表现形式是多种多样的：炯炯有神的目光，体现出对事情的坚定和执着；呆滞的目光，体现出对生活的厌倦；明澈坦荡的目光，体现出为人正直、心胸开阔。在商务活动中，恰到好处的目光是友善坦荡、真诚热情、炯炯有神。

当商务谈判人员初次与别人相识或者不很熟悉时，特别是面对异性，应使自己的目光完全在许可的范围之内，否则会很失礼。目光的最大许可范围是以额头为上限，以对方上衣的第二颗纽扣为下限，左右以两肩为限，表示对对方的关注。

双方在交谈中，应注视对方的眼睛或脸部，以示尊重他人，但是，当双方缄默无语时，不要长时间注视对方的脸，以免造成对方的尴尬。

在与多人进行交谈时，要经常用目光与听众进行沟通，不要只与一个人交谈，冷落了其他人。在公共场合，注视的位置是以两眼为上限，以唇部为底线，构成一个倒三角，这种目光带有一定的情感色彩，亲切友好。不要总是回避对方的目光，这样会使对方误认为你心里有鬼或者在说谎。

② 微笑是最富有吸引力的面部表情。充满自信的人，才能在各种不同的场合对不同关系的人保持微笑。微笑可以消除冷漠，温暖人心，使人际关系变得友善、和谐、融洽。在商务活动中，亲切、温馨的微笑能使不同文化、不同国度的人快速缩短彼此之间的心理距离，创造一个良好的沟通氛围。要力戒憨笑、傻笑等不成熟的笑容；要力戒奸笑、冷笑、皮笑肉不笑等不诚恳的笑容；要力戒大笑、狂笑等不稳重的笑容。

（5）谈判者的风度

风度是人们在一定程度上的思想修养和文化涵养的外在表现，它的美是通过人的外在行为显现出来的。风度美是一种综合的美、完善的美，这种美是身体各部分器官相互协调的整体表现，也是一个人内在素质与仪态的和谐。风度是模仿不来的，风度往往是一个人的独有的个性化标志。风度因为具有一定的实力才显现出来的。因此，在商务谈判活动中，谈判者要拥有翩翩的风度，应该做到"五要"。

一要有饱满的精神状态。一个人精力充沛，自信而富有活力，就能在商务活动中

社交礼仪

激发对方的交往欲望，活跃现场气氛。如果一个人精神萎靡不振，给人以敷衍的感觉，即使对方有交往的欲望或诚意，也会因一方的原因而终止。性格是表现人对现实的态度和行为方面比较稳定的心理特征，往往会通过行为表现出来。要加强性格的修养，做到大方而不失理，自重而不自傲，豪放而不粗俗，自强而不偏执，谦虚而不虚伪，直爽活泼而不幼稚轻佻。

二要有诚恳的待人态度。谈判者与谈判对手坐在一起的时候，要让对方感觉到你是一位亲切、温和的人，诚恳的人。在与对方交往的过程中，端庄而不矜持冷漠，谦逊而不矫揉造作，诚恳待人。谈判往往是利益之争，商务谈判不是以"你死我活"为目标，而是应当兼顾各方利益，各有所得，实现双赢。商务谈判中，参加谈判的都希望在谈判中最大限度地维护或者争取自身的利益。如果对方对己方所提出的合理要求不予接受，不要因此失去耐心而变得烦躁。在事关己方利益的问题上，应据理力争，不能轻言放弃。最终从本质上来讲，真正成功的谈判，应当以各方的妥协即双赢或多赢来结束。在商务谈判中，如果只顾己方目标的实现而忽略对方利益的存在，是没有风度的，最终也不会真正赢得谈判的胜利。

三要有健康的处世方式。商务谈判既是双方组织实力的较量，也是双方谈判人员心理的较量。谁在谈判中更沉着、冷静，谁就可能在谈判中获得更多的胜利。在商务谈判中要将人和事分开，明确双方之间的利益关系，正确地处理己方谈判人员与谈判对手之间的关系。在谈判之外，对手可以成为朋友；在谈判之中，朋友也会成为对手，二者要区别对待，不要混为一谈。在谈判过程中，谈判者要时刻表现出自信、沉着和冷静，不论身处何种环境，都不可意气用事、言谈举止粗鲁放肆、不懂得尊重谈判对手，也是没有风度的表现。

四要有幽默文雅的谈吐。幽默不但能显示人的智慧，而且在紧张的谈判环境中能够创造轻松、风趣、和谐的氛围。但幽默并不代表庸俗，庸俗是没有修养的表现，在商务谈判中要避免庸俗。面对对方向我方提出不合理的要求，不要觉得对方缺乏合作的诚意而生怒气。在谈判中始终保持心平气和，是一位高明的谈判者所应保持的风度。

五要有得体的仪态和表情。谈判者的仪态表情，是沟通当事人情感的交流手段，是风度的具体表现。需要谈判者刻意追求，但要自然地显示出来，没有生硬的矫揉造作，没有刻意的模仿，仿佛是漫不经心，但都是精心追求的结果。优美的风度令人向往和羡慕，美好的风度来自优秀的品格。

3. 落座礼仪

落座是指谈判双方进入谈判会场后就座的姿态和形态。如何落座，可以在一定程度上反映出谈判者的地位和信心，反映出一个谈判集体的团结力和控制力。

（1）落座的方式。一般来讲，谈判是在双方当事人之间进行的，因此落座主要有以下方式。

① 横向式座席，如图5-35所示。

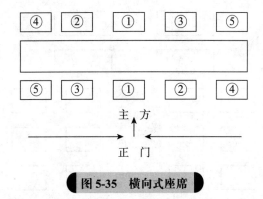

图 5-35 横向式座席

② 纵向式座席，如图 5-36 所示。
③ 并行式座席，如图 5-37 所示。

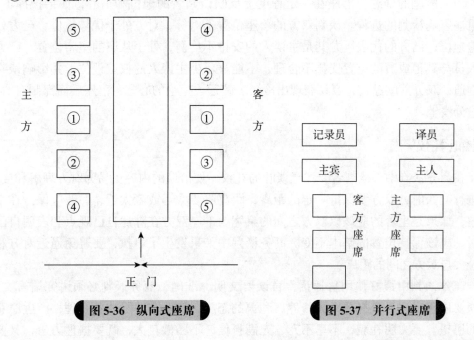

图 5-36 纵向式座席　　图 5-37 并行式座席

　　正式谈判，落座的形式比较正规。落座的基本要求是强调参加谈判双方或各方的平衡，双方出席谈判的代表身份或者是职位要对等，代表的数量也要基本对等。落座的一般要求是前后排关系中，前排落座的为尊、为高、为强，第二排次之，第三排更次；在同一排中，中间者为尊、为大，两侧次之；两侧同位者，右者为大、为长、为尊，左者为小、为次、为偏。双方在谈判时，主方应位于背门一侧，或门的左侧，客方应位于面门的一侧，或门的右侧；如果需要翻译和记录人员，应将他们安排在主人或主宾的侧后边。落座后应浅坐并且面部应正对对方，以表示对谈判对方的尊重、认真、严谨。同时也表示谈判可以较快地展开。若为小范围的谈判，则可以像会见一样，只设沙发，不设长条桌，可以相对或曲角的形式落座，以轻松的气氛进入谈判。

④ 侧翼式座席，如图 5-38 所示。

社交礼仪

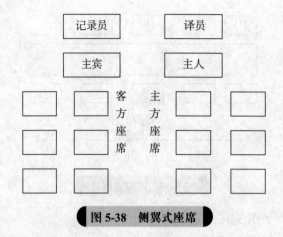

图 5-38　侧翼式座席

（2）落座的禁忌。落座在一定程度上反映谈判者的地位和信心，如果把握不好，有可能影响谈判的进程。谈判双方的落座位置不对等，对方处于优势地位，己方处于劣势地位；己方的代表，尤其是主谈人的安排不均衡，处于从属的座席位置，己方主谈人员与其他成员的位置安排不合理，不能显示出主谈人的权威地位，并影响谈判中的沟通；双方落座过远，容易表现出冷淡、疏远、拒绝的心态；落座后面部侧对对方，或过分浅坐。

4. 谈吐礼仪

在商务谈判中，谈判者要注意谈吐的礼仪，使洽谈的内容更易为对方理解和接受，在进行交谈时，双方要保持一定的距离，距离不要太远或者太近，一般应保持在半米左右，如果是坐着的应该以双方之间的桌宽为准，双方在陈述自己观点和表明自己态度时，应该保持位置的基本不变。商务谈判中如果发生了争执，要避免逼近对方和有意拉大与对方之间的距离。

商务谈判中最好使用普通话，言谈要文明、准确，商务谈判必须讲究语言文明，言谈要体现出自身良好的个人修养、和蔼的态度，使对方解除戒备心理，产生愿意接近的愿望。要文明礼貌，不卑不亢、充满自信，不骄傲自大，既要据理力争，又要适可而止，最终达到双方满意的结果。

在商务谈判中，要善于准确把握谈判的语气和语速，这既是商务谈判成功的需要，也是谈判中应该遵循的礼仪，不能用威胁性语气与语言讲话，最好是用询问性语气讲话，谈判中说话的速度要平稳，语速以中速为宜，在控制语速时，应该是快而不失节奏，慢而不乏流畅，并且注意观察对方的反应，以便及时做出调整。

在商务谈判开始前寒暄时，可以选择一些能够引起对方共鸣或者中性的话题进行，如天气、体育运动等，切忌打探对方的隐私，这样可以起到营造良好谈判气氛的作用。选择以下话题可以拉近双方之间距离。

（1）选择有品位的话题。这类话题的内容涉及文学、艺术、历史或者其他专业方向的知识。

（2）轻松愉快的话题。就是那些让人觉得身心放松、很有意思、易于应对、易于参与、可以发挥、不感觉疲劳、感到轻松愉快的话题。例如，最近流行的电视剧、旅游、体育比赛、音乐歌曲等。

（3）大家喜闻乐见的话题。这类话题在一般的场合中都适用。在选择轻松愉快的话题时，应该顺其自然，把握分寸，不要东拉西扯、低级趣味、庸俗无聊，这样有失体面。

5. 签字礼仪

商务谈判中，双方达成一致意见后，接下来的就是签字确认双方达成的协议，应认真组织，给予充分准备。

（1）准备待签文本。为了做到事情的万无一失，在商务谈判进行过程中或商务谈判结束后，双方应指定专门的人员按照达成的协议做好待签文本的定稿、翻译、校对、印刷、装订等工作。双方一旦在文本上签字就具有法律效力，双方就要执行具有法律约束力的合同。因此，对待文本的准备工作应当郑重严肃。在准备文本的过程中要保证翻译准确，构成合同的文件都要逐一进行核对，应按照合同当事人的数量打印协议文本，要保证每个当事人一份。如果有必要，还要按照当事人的多少为每个当事人准备副本。国际商务活动中，在与外商签订相应协议或合同时，应按照国际惯例，待签文本应同时使用主宾双方的母语。

通常，等待签署的文本应装订成册，并以仿真皮或其他高档质地的材料做封面，以示郑重。待签文本的规格一般为大八开，务必使用高档纸张，务必印刷精美。主方应为协议文本的准备工作提供准确、周到、快速的服务。

（2）签字场地布置。通常签字场地有以下几种情况：常设专用的、临时以会议厅、会客室来代替等。在布置签字场所时总的原则：庄重、典雅、整洁、大方。陈设上除了必要的签字用桌椅外，其他一切陈设皆不需要，比较正规的签字桌应为长桌，铺设的台面最好为深绿色。

按照仪式礼仪的规范要求，签字桌应当横放。在签字桌后，可摆放适量的座椅。签署双边性协议时，可放置两把座椅，供签字人同时就座。如果签署多边性协议时，可以只放一把座椅，供各方签字人轮流就座签字。也可为每位签字人准备一把座椅，供他们同时就座签字。

签字桌上，应事先放置好待签协议文本、签字笔、吸墨器等签字时所用的文具。商务活动中，如果是与外商签订国际商务合同，必须在签字桌上插放有关各方国家的国旗。国旗的插放顺序和位置，必须依照礼宾序列进行。例如，签署双边性协议时，有关各方的国旗必须插放在该方签字人座椅的正前方。如签署多边性协议时，有关各方的国旗应按照一定的礼宾顺序插在各方签字人的身后。

（3）签字人员。在举行正式签字仪式之前，各方应将确定好的参加签字仪式的人员，向其有关方面通报。尤其是客方一定要将自己一方出席签字仪式的人数提前通报主方，以方便主方安排。签字人可以是最高负责人，但要注意，不论是谁出席，双签字人的身份应该对等。参加签字的有关各方，事先还要安排一名熟悉签字仪式程序的人，并商定好签字的有关细节程序。出席签字仪式的陪同人员，基本上是各方参加谈判的全体人员。各方人数最好基本相等。为了突出对各方的重视，各方也可对等邀请更高一层的领导人出席签字仪式。

签字仪式的礼仪性极强，出席签字仪式人员的穿着也有具体要求。按照规定，签字人、助签人以及随员，在出席签字仪式时，应当穿着具有礼服性质的深色西装套装、西装套裙，要求配白色衬衫与深色皮鞋。

签字仪式上的礼仪、接待人员，可以穿自己的工作制服，或者是旗袍一类的礼仪性服装。

签字人员应注重仪表仪态、举止要落落大方，自然得体。

签字结束后，可以举行庆祝仪式。

5.3 庆典礼仪

庆典是各种庆祝仪式的统称，具有热烈、欢快、隆重的特色。庆典大致分为节日或纪念日庆典、企业荣获某项荣誉的庆典、企业取得重大业绩的庆典，以及企业建立集团、确定新的合作伙伴、兼并其他单位等取得显著发展的庆典。通过举办庆典活动要向社会各界宣布该单位成立，扩大知名度，提高美誉度，树立良好的企业形象，为今后的生存发展创造一个良好的外部环境。庆典礼仪是指在组织庆典和参加庆典时要遵守的礼仪规范。

5.3.1 庆典礼仪基本规范

1. 依据庆典主题，确定活动方案

庆典都有一个明确的主题，即可庆之事。主办方应根据庆典主题制订一套活动方案，方案设计要遵循热烈、节俭与缜密的原则。安排好庆典的具体内容，包括典礼的名称、规格规模、邀请范围、时间地点、场地布置、典礼形式、基本程序、主持人、筹备工作、庆典文艺演出和经费安排等。

（1）确定邀请对象。在力所能及的条件下，庆典活动要多邀请一些来宾参加开业仪式，如有关领导、社会名流、合作伙伴、业界同人、社会团体等负责人。庆典人员的具体名单一旦确定，就应发出邀请或通知，并准确掌握来宾是否能出席的情况。用于来宾的请柬应认真书写，并应装入精美的信封，由专人提前送达被邀请来宾手中，以便对方早做安排。特别要邀请媒体人士在开业仪式举行之时到场进行采访、报告，加大单位的正面宣传力度和效果。

（2）选择宣传媒介。主办方要选择有效的大众传媒进行集中性的广告宣传。其内容包括庆典举行的时间、地点、庆典前后对顾客的优惠、单位的特色、企业文化等。广告媒体的选择要综合考虑庆典的规模、媒体的特点和自身的经费等因素，如报纸、杂志等视觉媒介物传播，具有信息发布迅速、接收面广、持续阅读时间长的特点；自制广告散页传播，可以向公众介绍本单位的商品、服务内容或宣布本单位的服务宗旨等，所需费用较低；电台、电视台等大众媒体传播方式效率最高，但成本也最高；在企业建筑物周围设置醒目的条幅、广告、宣传画等也是常见的庆典宣传方式。

（3）合理选择庆典时间。庆典时间主要考虑以下几个因素：主要来宾能够参加的时间，大多数目标公众能够参加的时间，大众消费心理和习惯。如果外宾为庆典活动主要参与者，则应注意各国不同节日的风俗习惯、民族审美趋向，切不可在外宾忌讳的日子里举办庆典活动。另外，还要考虑周围居民生活习惯，避免因过早或过晚而扰民，庆典一般安排在9：00—10：00。另外，确定庆典时间还要充分考虑当地交通、气候及工作习惯等因素。一旦庆典时间确定，一般就不要更改，尽量按原定时间举行。

（4）确定庆典地点。应结合庆典的规模、内容、影响力以及本单位的实际情况来决定。本单位的礼堂、会议厅，本单位内部或门前的广场，以及外借的大厅等都可以作为庆典的地点。庆典场地大小不但要与来宾人数相适应，而且场内空间与场外空间的比例要合适，还要注意交通便利，有充足的停车位等。

（5）合理分配人、财、物。明确现场工作人员的分工，落实现场指挥、礼仪人员、安保人员和服务人员等。为了烘托气氛，可在庆典现场布置横幅、标语、彩旗、鲜花、气球等，并在醒目之处摆放来宾赠送的花篮（若来宾所赠送的祝贺性花篮较多，可依照约定俗成的顺序，如"时间先后""不排名次"等，将其呈一列摆放在主席台正前方，或是分成两行摆放在现场入口处门外的两侧，也可以在两处同时摆放。不过，若是来宾所赠的花篮甚少，则不必将其公开陈列在外），牌匾，还可以请一些乐队、舞龙舞狮队等到庆典现场表演。另外，服务人员要提前准备好来宾的签到簿（庆典一般是用簿式签到）、胸花、本单位的宣传材料、待客的饮料和点心，认真检查、调试音响、照明设备以及庆典仪式举行之时所需使用的用具、设备，还要准备充足的接送重要来宾、运送物品的交通工具。庆典之后，主办方一般都要邀请来宾参观并宴请来宾、为来宾准备礼品，此时要注意礼品的独特性、宣传性和荣誉性。我国企业一般多选用本单位的产品，或在礼品及其包装上印有本单位的企业标志、广告用语、产品图案、开业日期等。但如果是送外宾的礼品，一定要注意对方的禁忌。

2. 精心安排来宾接待工作

首先，与一般商务交往中来宾的接待相比，对出席庆祝仪式来宾的接待更应突出礼仪的特点。例如，停车场要提前安排专人负责指挥引导车辆排放、为来宾开关车门以及为来宾引路；签到处要有醒目的标志并安排服务人员接待引导来宾步入休息室；重要来宾的接待要由有关负责人亲自完成。庆典仪式之前，要考虑重要来宾的座席和排位，在有座席的情况下，重要来宾必须有席卡。对于重要来宾，庆典主办方要事先确定好名单并及时与之进行多方面的沟通，将活动的相关信息准确告知，并派专人自

社交礼仪

始至终提供一对一的接待服务。对于特别重要的贵宾，还要制订详尽、周到、谨慎的接待计划。

其次，庆典仪式现场要做好媒体接待工作。具体来说，可以预先确定媒体接待服务小组在现场负责与媒体协调，并能与之形成良好的合作。可以预先确定媒体受访者及要提供给媒体的新闻资料，尤其是要认真准备好新闻通稿，注意突出活动及主办单位的宣传，这是各媒体报道活动的基调，有助于其形象和社会影响的提升。要预先准备好必要的硬件服务，如电源、灯光等。根据具体的要求和条件，可在场地设立"新闻中心"，并配备相关的物品和设备，以供媒体记者直播或采访时用，这样对于活动的宣传会有更好的促进作用。

最后，庆典期间，服务人员要做好庆典活动的后勤保障和安全保卫工作，包括茶水供应、纪念品发放、现场秩序维护和安全保卫工作。在庆典上，确保安全，谨防突发事件是最重要的。

3. 齐心协力，认真完成庆典的每一项程序

如果庆典的起止时间已有规定，则应当准时开始，准时结束。具体的庆典程序宜少不宜多，应当在一小时内完成。依照常规，庆典大致上包括下述几项程序。

第一项，请来宾就座，出席者保持安静，宣布庆典正式开始，介绍主要来宾。庆典宣布的出席活动的领导人名不宜过多。一般情况下各主办单位的领导应排在宾客的后面，主办单位领导是国家领导人的则应先报。

第二项，全体起立，奏国歌。

第三项，本单位主要负责人致辞。其内容是对来宾表示感谢，介绍此次庆典的缘由等。

第四项，邀请嘉宾讲话。如果现场需要翻译时，应尽量使讲话人与译员相配合，在翻译完后中外双方共同鼓掌。开幕式不同于报告会，主办者或领导人不宜长篇发言。讲话要尽量简明具体，不必多说客套话。

第五项，安排文艺演出（这项可有可无）。

第六项，宣布庆典结束。如有可能，可以安排来宾参观本单位的有关展览或车间等。

4. 参加庆典礼仪

首先，本单位庆典的出席人员都必须提前到场，不能无故缺席或中途退场。在举行庆典的整个过程中，都要表情庄重、全神贯注、聚精会神。遇到来宾，要主动热情地问好，对来宾提出的问题，要立即予以友善的答复。当来宾在庆典上发表贺词，或是随后进行参观时，要主动鼓掌表示欢迎或感谢。按照仪式礼仪的规范，主办方人员在出席庆典时，仪容要整洁，服饰要规范。本单位出席者的服饰最好统一起来，有统一式样制服的单位，应要求以制服作为本单位人士的庆典着装。无制服的单位，应规

定届时出席庆典的本单位人员必须穿着礼仪性服装。

其次，在庆典中，主持人应以适当方式说明自己的身份，并且一般以站立姿势主持。站立主持时，要双腿并拢，腰背挺直，右手持稿底部中间。有风的天气，要双手持稿，与胸等高，与身体呈45°。脱稿主持人应两手五指平伸，自然下垂，身体不能晃动，腰背挺直，目视前方。两腿不能叉开，不能抖动，两手不能上抬、晃动、抓握话筒等。若是坐姿主持，应当身体挺直，双臂前伸，双手轻按于桌沿。

最后，对于来宾而言，在应邀出席庆典仪式时，也应遵守相应的礼仪规范。第一，接到正式邀请后，被邀请者应尽早以单位或个人名义发出贺电或贺信，向主办方表示热烈祝贺。被邀请者也可以在出席庆典仪式时将贺电或贺信交给主办方。不仅如此，被邀请者在参加仪式时，还须郑重其事地与主办方的主要负责人一一握手，再次口头道贺。第二，为表示祝贺，来宾可向主办方赠送一些贺礼，如花篮、牌匾等。第三，若不能出席，应尽早通知主办方；若无特殊原因，应正点到达。若来宾与主办方关系密切，或者是被邀请在庆典时讲话还须提前预备好一份贺词，其内容应当简明扼要，主要是向主办方道喜、祝贺。第四，如果被邀请者在庆典上发言，发言人上下场时要沉着冷静，在发言开始时，要说"大家好"或"各位好"，对于大家的鼓掌，则应以自己的掌声来回礼。在讲话末了，应当说一声"谢谢大家"。发言一定要在规定的时间内结束，宁短勿长，在发言时坚决不用含义不明的手势。

5.3.2 剪彩仪式礼仪

剪彩是指在仪式上剪断彩带，表示建筑物落成、新造车船出厂或展览会开幕等。剪彩仪式礼仪是指在剪彩仪式筹备与进行的过程中应当遵守的礼仪规范。剪彩仪式礼仪常常不单独使用，往往是穿插在重大工程竣工、开业以及其他庆典中所采用的仪式。

在剪彩准备阶段，剪彩主办方除了需要安排场地、灯光与音响之外，还需要准备剪彩仪式上所需的特殊用具，包括红色缎带、新剪刀、白色薄纱手套、托盘以及红色地毯。红色缎带应当由一整匹未曾使用过的红色缎带在中间结成数朵花团而成。缎带上所结的花团，不但要生动、硕大、醒目，而且其具体数目往往比剪彩者人数多上或少上一个。前者比较正式，可使每位剪彩者总是处于两朵花团之间，后者虽不常用，但也有新意。剪刀必须是崭新、锋利而顺手的，要求每位现场剪彩嘉宾人手一把。在剪彩仪式结束后，主办方可将每位剪彩者使用的剪刀经过包装后，送给剪彩者作为纪念。白色薄纱手套不但在数量上保证每位剪彩嘉宾人手一副，而且大小适度、崭新平整、洁白无瑕。托盘最好是崭新的、洁净的，它在剪彩仪式上是托在礼仪小姐手中，用作盛放红色缎带、新剪刀、白色薄纱手套的，它通常是银色的不锈钢制品，在使用时一般要铺上红色绒布或绸布。红色地毯主要用于铺设在剪彩者正式剪彩时的站立之处，其宽度应在1m以上，长度可视剪彩人数的多寡而定。

另外，剪彩要事先确定好主持人、剪彩人员、致辞来宾代表、代表本单位讲话的人以及助剪者和礼仪小姐，最好事先进行必要的演练。根据惯例，剪彩者可以是一个人，也可以是几个人，但是一般不多于五人。通常，剪彩者多由上级领导、合作伙伴、社会名流、员工代表或客户代表担任。名单一经确定，即应早告知对方，使其有所准备。需要由数人同时担任剪彩者时，应分别告知每位剪彩者届时他将与何人同担此任。按照常规，剪彩者应着西装、套裙或制服，头发梳理整齐，不允许戴帽子或墨镜。若剪彩者仅为一人，则剪彩时居中而立即可。若剪彩者不止一人时，则其同时上场剪彩时顺序是中间高于两侧，右侧高于左侧，距离中间站立者越远越低，即主剪者应居于中央的位置。助剪者是指剪彩者剪彩的一系列过程中从旁为其提供帮助的人员。礼仪小姐可以分为迎宾者、引导者、服务者、拉彩者、捧花者、托盘者等。有时，一位礼仪小姐可身兼数职。在剪彩仪式上，通常只为剪彩者、重要来宾和本单位的负责人安排座席。在剪彩仪式开始时，即应请大家在已排好顺序的座位上就座。在一般情况下，剪彩者应就座于前排。若其不止一人时，则应使之按照剪彩时的具体顺序就座。剪彩仪式一般包括主持人宣布仪式开始、剪彩、致贺词、致谢词等仪程。仪式后，可安排一些其他活动，如文艺晚会、音乐会、酒会、茶会、招待会、宴会、舞会、参观活动等。

5.3.3 开幕式与闭幕式礼仪

开幕式与闭幕式是各种会展活动正式开始前和结束时的礼仪与庆祝活动。时间较长或规模较大的开幕式、闭幕式，可设主席台并摆设座位；时间较短或规模较小的，一般站立举行，但事先应划分好场地以便维持现场秩序。主持人、致辞人和主要贵宾应面向观众。如场面较大，应安置扩音设备。涉外的重要开幕式、闭幕式，还应悬挂相关国家的国旗。

1. 开幕式礼仪

开幕式礼仪是指盛大会展开始时所举行的仪式。开幕式的形式多种多样，但基本上与庆典程序相似。为使仪式内容更为丰富，开幕式一般都会安排剪彩、相关文艺体育表演，或根据实际需要安排参观等活动。隆重的场合还可以安排放礼炮、邀请领导来宾留言或题词等项目。

在室外举行的开幕式，现场布置要有舞台背板，背板上的内容主要是活动名称、时间、举办单位等，舞台主持、发言台的布置要简洁大方，在场地四周可挂横幅、标语、气球和彩带等。来宾赠送的花篮和牌匾要摆放到醒目位置。此外，要将赞助单位的广告牌、彩色气球等宣传用具布置在场地合适的位置。在室内举行的开幕式，一般要布置好下列内容：舞台背板或横幅、舞台发言布置、鲜花、绿色植物的装点等。此外，室内仪式还应在舞台四周布置活动简介牌、现场剖面图、活动宣传推广报道牌、相关活动告示牌等。开幕式的舞台如果是临时搭建的，布置时要注意稳固美观。舞台与观众之间要留出足够的空间。现场的扩音视频设备、照明设备和空调设备等要安排专人控制，以保证仪式的效果。

2. 闭幕式礼仪

闭幕式礼仪是指盛大会展结束时所举行的仪式。闭幕式礼仪与开幕式礼仪大致相同，只是闭幕式相对开幕式简单而且形式灵活些。闭幕式后也可以举行文艺和体育表演，以示庆祝。

5.3.4 开业仪式与交接仪式礼仪

1. 开业仪式礼仪

开业仪式礼仪也称为开业典礼，是商业性组织选择特殊的日期，为庆祝开业而举办的一种商业活动。开业仪式礼仪是指在开业仪式筹备与进行的具体过程中所应当遵守的礼仪规范。

开业仪式在开业现场举行，其场地可以是正门之外的广场，也可以是正门之内的大厅。按惯例，举行开业仪式时宾主一律站立，一般不布置主席台的座椅。但要在来宾尤其是重要来宾站立之处铺设红地毯。开业仪式与庆典仪式礼仪大体相同。为使开业仪式顺利进行，在筹备时，必须认真草拟具体的程序，并选定仪式主持人。在举行开业仪式的现场，一定要有专人负责来宾的接待服务工作。除了要求本单位的全体员工在来宾的面前都要以主人翁的身份热情待客，有求必应，主动相助之外，更重要的是分工负责，各尽其职。在接待重要来宾时，需由本单位主要负责人亲自出面。在接待其他来宾时，则可由本单位的礼仪小姐负责此事。一般要为来宾准备好专用的停车场、休息室，并应为其安排饮食。

2. 交接仪式礼仪

交接仪式是施工单位依照合同将已经建成的工程项目或安装完成的大型设备，如厂房、商厦或飞机、机械等，经验收合格后正式移交给使用单位时所专门举行的庆祝典礼。

从原则上讲，出席交接仪式的人员应当包括除上级主管部门的有关人员，当地政府的有关人员，行业组织、社会团体有关人员，各界知名人士，新闻界人士，以及协作单位的有关人员等，还有施工单位、安装单位、接收单位的有关人员。来宾的邀请信，一般应由交接仪式的东道主——施工单位、安装单位负责。

根据常规，一般可将举行交接仪式的地点安排在已经建设、安装完成并已验收合格的工程项目或大型设备所在地现场。有时，也可将其酌情安排在主办方内部的会议厅或者由施工单位、安装单位与接收单位双方共同认可的其他场所。会场正中应悬挂"××工程交接仪式"或"热烈庆祝××工程正式交付使用"的横幅。

在交接仪式前，主办方除了要准备一般庆典的物品之外，还要准备作为交接象征的有关物品，主要包括验收文件、一览表、钥匙等。验收文件，此处是指已经公证的由交接双方正式签署的接收证明文件。一览表是指交付给接收单位的全部物资设备或其他物品的名称、数量明细表；钥匙是指用来开启被交接的建筑物或机械设备的钥匙。

5.3.5 开工与竣工仪式礼仪

1. 开工仪式礼仪

开工仪式礼仪是指在工厂开始生产或工程开始进行时举行的庆典仪式应遵守的礼仪规范。

开工仪式应当在施工现场举行，事先搭好临时性的主席台、设讲台或落地话筒，一般不放桌椅，全体人员均为站立参加。主持人应着礼仪性服装，主办方的全体员工应穿着干净而整洁的工作服出席仪式。现场周围可布置彩旗、气球和标语。

工厂开工仪式相对较为简单，工程的开工主要是进行奠基仪式或破土仪式，下面分别介绍。

（1）工厂开工仪式。工厂开工仪式的一般程序：第一项，主持人宣布仪式开始。第二项，主办单位领导致辞，对前来参加的上级领导以及来宾表示感谢，同时介绍工厂情况。第三项，上级机关的领导或代表致辞。第四项，员工代表致辞或宣誓。第五项，由身份最高的领导人宣布正式开工并举行生产流水线点火或启动，员工可以提前各就各位，启动仪式后马上进行操作。这时可燃放鞭炮，以示庆贺。第六项，主持人宣布开工仪式结束，在工厂领导带领下，来宾参观生产车间。

（2）奠基仪式。通常是一些重要的建筑物，如大厦、场馆、亭台、楼阁、园林、纪念碑等，在动工修建之初，所正式举行的庆贺性活动。

奠基仪式现场的选择与布置和一般的庆典有所不同。首先，奠基仪式举行的地点一般选择在动工修筑建筑物的施工现场，按常规应选择在建筑物正门右侧。奠基仪式在工地上要预埋好奠基石，在一般情况下，用于奠基的奠基石应为一块完整无损、外观精美的长方形石料，奠基石用布扎好大红花。奠基石上的文字通常应当竖写，在其正中央、右上方、左下方分别刻有"奠基"二字、建筑物的正式名称、奠基单位的全称和举行奠基仪式的具体年、月、日。

奠基仪式的一般程序：第一项，主持人宣布（多为开发商）领导致辞，对前来参加仪式的上级领导以及来宾表示感谢，同时对该建筑物的功能以及规划设计进行简单介绍。第二项，上级机关的领导或代表致辞。第三项，建设单位和东道主代表致辞。第四项，员工代表致辞或宣誓。第五项，正式进行奠基。由领导人和嘉宾双手持握系有红绸的新铁锹面向奠基石培土，参加者一起鼓掌祝贺。打桩机开始打桩，工程正式启动。第六项，主持人宣布奠基仪式结束。

奠基时注意事项：奠基基床四周用细土砂整齐堆成一圈30cm高的四方土墙（通常可派遣工地工人完成），基床上平稳放置基石（系红绸球），一旁备有6~10把崭新的铁锹（系红绸球），6~10位领导奠基时用铁锹将土墙推入基床，奠定基石。常规奠基仪式是在奠基石（通常是大理石材质）上雕刻项目的纪念时间、相关单位，将基石放置在事先准备好的基床中央，音乐声中，嘉宾应邀培土，礼花齐放助兴。仪程流程通常是迎宾签到、领导讲话、致答谢词、嘉宾致辞、嘉宾培土、演艺节目助兴。

（3）破土仪式。又称破土动工，是指在道路、河道、水库、桥梁、电站、厂房、码头、车站等正式开工之际，专门举行的动工仪式。破土仪式举行的地点大多应当选择在工地的中央或其某一侧。举行仪式的现场，务必要事先进行认真地清扫、平整、装饰，防止出现道路坎坷、泥泞、飞沙走石、蚊蝇扑面的状况。

如果来宾较多，尤其是当高龄来宾较多时，最好在现场附近临时搭建某些供休息的帐篷或活动房屋，使来宾免受风吹、日晒、雨淋，并稍事休息。

破土仪式的一般程序：第一项，宣布仪式开始，介绍来宾。第二项，奏国歌。第三项，主人致辞。以介绍和感谢为其发言的重点。第四项，来宾致辞祝贺。第五项，正式破土动工。其常规做法：首先由众人环绕于破土之处的周围肃立，并且目视破土者，以示尊重。接下来，破土者双手执系有红绸的新铁锹垦土三次，以示良好的开端，全体在场者鼓掌，并演奏喜庆音乐，或燃放鞭炮。第六项，主持人宣布破土仪式结束。

2. 竣工仪式礼仪

竣工仪式又称落成仪式或建成仪式，是指本单位所属的某一建筑物或某项设施建设、安装工作完成之后，或者是某一纪念性、标志性建筑物诸如纪念碑、纪念塔、纪念堂、纪念像、纪念雕塑等建成之后，以及某种意义特别重大的产品生产成功之后，所专门举行的庆贺性活动。

举行竣工仪式的地点，一般应以现场为第一选择。例如，新建成的厂区内、新落成的建筑物外，以及刚刚建成的纪念碑、纪念塔、纪念堂、纪念像、纪念雕塑建成处。

5.3.6 颁授仪式礼仪

颁授仪式是指各种颁奖、授勋的仪式。世界上各种颁授仪式名目繁多，形式多样，既可以单独举行，也可以作为会议活动中的一项程序出现，或在会见、宴会或有群众参加的演讲会等场合进行。颁授仪式一般是对有突出贡献的人或业绩优秀的人士进行表彰或认可，通过树立正面典型，弘扬时代精神，鼓舞人们积极向上，不断进取。颁授仪式礼仪是指在各种颁奖、授勋的仪式上所应遵守的礼仪规范。

首先，颁授仪式多选择在较大的礼堂、高星级酒店会场、档次较高的剧院或者宽

社交礼仪

敞的室外场地举行，场地大小要与参加人数的多少成正比。颁授仪式具体的地点选择应当根据颁授的性质来确定，如举行学术性颁授仪式，为达到宣传教育的目的，应选择较大的会场，以便容纳较多的人，仪式一定要办得庄严、隆重；艺术类的颁授活动可安排在演播大厅、剧院等地点举行，以便会后举行文艺演出，借助绚丽多彩的晚会形式，营造轻松、欢快的气氛。

其次，选择颁授仪式的出席对象要比选择一般的庆典活动嘉宾慎重，一般根据颁授仪式的性质、级别和目的来确定。勋章、奖章、荣誉称号和奖励基金的等级与社会影响是确定授勋人、颁授人身份的主要依据，如果颁授的对象及等级较多，要考虑各等级的授勋人或颁授人的身份。有时请身份较高和知名度较大的人士授勋或颁奖，以提高颁授仪式的社会影响力。颁授仪式的主持人一般由主办方担任，也要有一定的身份。社会性评选活动的颁授仪式，可以聘请一些明星担任主持嘉宾。颁授仪式的出席对象一旦确定，就要以书面形式向主要对象发出邀请或通知。其中重点要做好领受人的邀请或通知。邀请信或通知中明确说明领受人是否必须亲自参加，如领受人本人因故不能亲自前来领奖，是否可派他人代领。给领受人的邀请信或通知应当附上回执，以便掌握领受人的出席情况，便于做好接待工作。

再次，不同形式的颁授仪式礼仪程序也有差别。重要的颁授仪式现场要升挂国旗。简单的颁授仪式，主席台上可以不设桌椅，由颁授人和领受人相对站立进行。大型颁授仪式，颁授人和领受人在主席台就座，也可安排领受人在主席台下的前排就座。领受人的座位应根据颁授次序安排，并事先设计好上台领奖路线，以保证上台领奖时秩序井然。讲台一般设在主席台的右侧，并配备话筒。晚会类的颁授仪式要设计好舞台，不设主席台，领导人、观礼嘉宾、领受人均坐在观众席的前排，舞台上设一讲台，供主持仪式和讲话、致辞时使用。在颁授仪式上，无论是群众代表、观礼嘉宾还是颁授人、领受人都应提前到场。颁授之前将上台领奖者统一组织到观众席右侧，听从会场主持人的安排从右侧依次走上领奖台领奖。颁授对象较多时，可以依次分批颁授，一般从低等级奖项开始，最后颁授最高等级的奖项。在分批颁授时，引领员要细心引导，使每个颁奖对象上台后与各自的颁授人的位置准确对应，以免出现发错奖的情况。

最后，要事先准备好颁奖仪式上所需的物品。除了一般庆典仪式所需要的物品外，颁授仪式事先要根据颁授的内容准备好勋章、奖章、奖杯、奖牌、奖状、奖金支票以及鲜花、托盘（盛放奖章和奖励品等）、音乐伴奏带等物品。奖状的书写一定要规范，具体写明领受人的姓名、奖励的项目名称、等级、发证机关的名称、发证日期，并加盖发证机关的印章。颁授对象较多时，勋章、奖杯等物品可以放在主席台的桌上，并与每个颁授人的座位相对应。颁授对象较少时，可以由礼仪人员在颁授仪式开始时，用托盘将奖励品端上，由颁授人一一颁发。在发放时，要注意颁授嘉宾与领受人数量一致。

思考题

1. 职业场合着装的禁忌有哪些？
2. 欣赏演出时应如何表现自己良好的修养？
3. 你认为上司对下属最应该注意的礼仪是什么？
4. 礼仪的规范是不能以个人的意愿随便改变的。但是礼仪的地域性和差别性的特征，礼仪的"入乡随俗"的原则又决定了它的随机应变、灵活性，对此你如何理解？

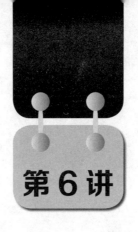

第6讲

婚寿丧礼仪

礼，天之经也，民之行也。

——《左传》

古今中外都认为婚寿丧是人生中最大的礼仪。中国作为礼仪之邦，婚寿丧都要举办盛大隆重的仪式。和其他习俗相比，婚寿丧礼仪随世情而多变。从一定程度上反映了人类文明的进步。

6.1 婚庆礼俗

婚姻是男女缔结夫妻关系的一种文化现象，那么婚礼究竟始于何时呢？现在已很难考证。许多古籍记载，传说伏羲氏创造了嫁娶仪式，婚礼自出现就带有祝贺性质。氏族社会实行氏族外婚或部落外婚，所以男子成婚一定要去其他氏族或部落找配偶来进行婚配，那时出现抢婚现象再正常不过了。特别是在女性比较少的情况下，男子一旦得到配偶，那么全氏族或部落的人都要为此而庆贺，这就是婚礼的雏形。这种原始的婚礼除庆贺之外还有一个功能，就是向族人和社会宣告婚姻的成立，以便得到社会的认可。

无论古代还是现代，婚礼都是婚姻和仪礼相结合的产物。人类社会发展的初期，虽然有两性的结合，但目的是为了人种的自然繁衍，纯属一种自然现象。所以，这种两性之间的结合严格来讲不能称为"婚姻"。后来随着社会的发展，男女之间的结合不但形成了一定的规范，而且逐步产生相应的婚姻制度和某些特定的婚俗，这时的男女结合，是以得到社会的许可为特征的。再往后颁布了有关婚姻的法律，法律将男女之间构成婚姻的原则用条文的形式固定下来，使婚姻不但得到社会的认可，而且受到法律的承认和保护。正所谓"婚姻之道，谓嫁娶之礼"。

在中国，几乎婚礼中的每一项礼仪都有着丰富的内涵。"三书六礼"是古代中国的传统婚姻习俗礼仪，源于中国几千年的文化积累，形成了以吉祥、祝福、喜庆为主旨的仪式。"三书"是指在"六礼"过程中所用的文书，即聘书（定亲之文书，在"纳征"（男女订立婚约）时男家交予女家之书简）、礼书（在过大礼时所用的文书，列明聘礼的物品和数量）、迎书（迎娶新娘之文书，是亲迎新娘时，男方送给女方的文书）。"六礼"是指由求婚至完婚的整个结婚过程。传统的婚姻礼仪包括议婚、订婚和结婚等全部过程的礼仪程式，即纳采、问名、纳吉、纳征、请期和亲迎。中华民族认为红是吉祥的象征，所以提到传统婚礼给人印象最深的就是中国红。

6.1.1 古代的婚聘"六礼"

婚姻是人生大事，理所当然是隆重的。中国传统的婚姻，男女双方在婚前多半是从未谋面的，全凭父母之命、媒妁之言。父母多考虑宗族的延续和门当户对，很少考虑当事人的情感。传统的婚聘礼仪有"六礼"，即纳采、问名、纳吉、纳征、请期和亲迎。

1. 纳采

纳采是婚聘"六礼"的第一礼。男方家长向女方家长表达联姻的意愿，并托媒人带礼品前去提亲，即俗称的"说媒"和"求婚"。纳采也叫"奠雁"，是因为在先秦时

社交礼仪

雁是当时婚聘礼仪中最重要的礼品。后世除了用雁之外，还有用羊、鹿、阿胶、干漆盒、蒲苇等作为礼品的。这些礼品也都是取其吉祥的寓意：羊者祥也，鹿者禄也；阿胶、干漆寓如胶似漆之意，喻夫妻和谐；蒲苇则以其柔顺喻妇女之温柔。

2. 问名

女方如果收下了男方的雁，就表示允婚了，于是就有了男方第二次用雁上门的问名。问名即常说的"请八字"和"请庚"，彼此初步了解对方的姓名、年龄、生辰、籍贯和三代（曾、祖、父）等情况。问名一般是口头的，也有写成帖子给对方的。后来还增加了家长相看的内容，弥补了对对方一无所知的缺陷。隋唐以后，"六礼"的步骤有所简化，纳采和问名就合成一步同时进行了。

3. 纳吉

纳吉在婚聘"六礼"中是最关键的，因为这时已进入了实质性的订婚阶段。我国古代的婚姻，除了父母之命、媒妁之言外，还需要有一个"天神之兆"作依据。男方在问得女方的生辰八字后，需"归卜于庙"，如果得到一个吉兆，婚姻之事就算定了。

4. 纳征

纳征也叫"纳成"，在婚聘"六礼"中是最重要也是最具特色的。"征"就是"成"，意思是男家只有先纳聘礼才能成婚，所以也叫"纳币""纳财""过礼"和"大聘"等。先秦时纳征所送的礼品主要是布帛和毛皮衣物等，汉以后就多用金银了，而且数目还相当可观，大有愈演愈烈之势。

5. 请期

女方一旦接受了彩礼，婚约就算正式缔结，接下来的工作就是请期。由男方选定了合婚的良辰吉日去征求女方的意见。但征求时为示谦让，要请女方确定日期，所以叫请期。期间女方也要有一番谦让。最终还是男方把选定的日期告诉女方，所以又叫告期。请期时也要送礼，古礼用雁，后世则用各色礼物。女方则于迎娶之前要"过嫁妆"。男方在收到嫁妆之后，新女婿要由媒人陪同去女方家"谢妆"。过嫁妆其实就是亲迎的准备。

6. 亲迎

亲迎是婚聘"六礼"的最后一礼，礼仪既隆重又烦琐，在古代要分三天才能完成。第一天是亲迎的准备。女家要为女儿"开脸""上头"。开脸就是用细线绞去脸上的绒毛，并修齐鬓角和额发，如图6-1所示。如今在浙江、广东一带还盛行婚前开脸。开脸是区别已婚与未婚的象征，旧时为人妻者也被叫作"开了脸"的。"上头"就是笄礼，这也是区别女子是否已婚的标志。女方还要去男方家整理新房和婚床，叫铺房。这一方面意味着是娘家对女儿的最后一次照顾；另一方面又代表女儿对女婿所做的一次礼仪性的侍奉，所以铺房也叫暖房。男方在这一天还要送最后一次礼：催妆礼。催妆礼除了一般礼品外，主要是供女方妆饰用的物品。新郎还要去亲戚朋友家行礼，表示自己已成年要成婚了，这叫"告冠"。第二天是新郎亲自去迎接新娘，然后是拜堂入洞房。第三天则有新娘拜见公婆等礼仪。

图 6-1　古代女子出嫁前开脸

6.1.2　中国现代结婚礼仪风俗

1. 讨喜

新郎上新娘家接亲，与女方家人见面后，手持捧花准备交给待嫁新娘。此时，新娘的伴娘们会故意拦住新郎，提出一些苛刻条件要求新郎答应。通常新郎多以红包礼来收买伴娘，得以允许放行。

2. 拜别

新娘离家时应叩别父母，而新郎则鞠躬行礼。当所有人离开女方家门时，绝不可向女方家人说再见。

3. 出门

新娘出门由一位福分高的女性长辈持竹匾或黑伞护送至礼车，或是由新郎公主抱抱上礼车，预示着新娘将过上幸福美满的生活（注：准备竹匾，上面贴上喜字，置于礼车后盖）。

4. 敬扇

新娘上礼车前，由一名吉祥的小男孩持扇给新娘（置于茶盘上），新娘则回赠红包

社交礼仪

答谢（注：准备一把扎有两个小红包的扇子）。

5. 掷扇

礼车启动后，新娘应将扇子掷到窗外，意谓不将坏性子带到婆家，小男孩将扇子捡起后交给女方家人，女方家人回赠红包答谢。

6. 燃炮

礼车来到或离开女方家都要燃放鞭炮，以示众人正在办喜事。

7. 摸橘子

礼车至男方家，由一位拿着两个橘子的小孩来迎接新人，新娘要轻摸一下橘子，然后回赠红包答谢。

8. 牵新娘

新娘下车时，应由男方一位有福气之长辈持竹匾顶在新娘头上，并扶持新娘进入大厅。注意过门槛时一定要跨入，不可踩门槛。

9. 进洞房

新人一起坐在预先垫有新郎长裤的长椅上，谓两人从此一心并求日后生男。不准其他男人进入洞房（进洞房要选定时辰）。

10. 忌坐新床

婚礼当天，任何人皆不可坐新床，新娘更不能躺下，以免一年到头病倒在床上。另外，安床后到新婚前夜，要找个未成年的男童和新郎一起睡在床上。

11. 至酒店

新娘脚不沾地，让新郎背到车里，等到了酒店再穿鞋。新郎、新娘以及伴郎、伴娘坐头车，二车是岳父、岳母，三车是女方的爷爷、奶奶。新郎的父母已经等在酒店门口。等新娘下车，递红盆，给公公、婆婆戴花。然后候在酒店门口迎宾。

12. 送礼

按照习俗，参加婚宴需要准备一份贺礼，或实物或红包。红包应用红纸或专门印制的双喜字封包，放进适当的贺礼金，一般取双数，六寓意为"禄"，八为"发"，百为"白头偕老"的意思。礼金数目视客人的经济情况及与新郎、新娘关系的远近亲疏而定。

13. 入席

参加婚礼时由主人或主人指定的人引导入座。如果没有人引导,可以和熟悉的亲朋好友坐在一起,但应注意不要坐到"新人桌"或"父母桌"上。席间取菜、吃食要讲究礼貌。不要大喊大叫,要节制饮酒,以免醉后胡言乱语失礼。

14. 撒纸屑

结婚典礼上,人们开心地把五彩的纸屑撒向天空,撒向新郎、新娘,也撒向前来道贺的客人们,祝福新人过上甜蜜的生活。这种风俗起源于中古时代的意大利。当时意大利凡参加婚礼的人,要向新人撒一把五彩缤纷而细小的糖果,到了19世纪,人们把撒糖果改为撒彩色纸屑,如图6-2所示。

图6-2 撒彩色纸屑

15. 改口

婚礼进程中,新郎、新娘改口叫对方的父母为"爸爸""妈妈"。公公、婆婆应答后会给媳妇送个改口费红包,数量不同寓意不同,比如,1001元人民币:意思千里挑一的好媳妇。岳父、岳母应答后给女婿送个包有999元的红包:预示着小两口婚姻天长地久。

16. 敬酒

新郎、新娘到各席敬酒致谢时,应起立举杯,和新人先轻轻碰杯,再道声"恭喜"。席间不要将新郎、新娘灌醉,也不要东拉西扯,让新人在每桌敬酒的时间控制在3min

社交礼仪

内，以便他们圆满结束婚宴，早入洞房，如图6-3所示。

图6-3 婚礼敬酒

6.1.3 婚俗分类

1. 赠送的礼品不同

在一些地方，男女相互有了爱情之后，女方往往送给男方一双自己做的鞋子，表示爱慕、信任以及对未来生活的向往。在现代城市，男女恋人会相互赠送礼品。20世纪二三十年代受基督教影响，在北京、上海等地举办婚礼，男女要相互交换戒指。现如今，男女结婚，在喜宴上有互戴戒指的风俗，不过双方戒指一般由男方购买。

2. 迎亲方式不同

（1）用花轿迎亲。在中国汉族传统婚俗中，迎接新娘是用花轿的。像一般普通人娶亲用的是二人抬的花轿，家境好一点的就会用四人抬的大花轿，还有就是八人抬的大花轿。结婚前一晚，将红蜡烛放在花轿里点燃，这叫作"亮轿"。迎亲当天，轿夫要将花轿抬到女方客厅里，这时女方就会请一位年纪较大的妇女拿着镜子朝花轿里照一照，这叫作"照轿"。新娘的花轿抬往新郎家时，无论路有多难走，花轿都不能着地，新媳妇的脚也不能沾地。来到新郎的家门口，新娘经过跨火盆、颠轿子等礼节后才能进入新郎家，然后举办婚礼仪式，如图6-4所示。现在，结婚多使用轿车来迎亲，礼俗多体现在车辆档次、数目和乘坐次序。旧式婚礼讲究"三书六礼"，新式婚礼则

138

从简。

图 6-4　汉族迎亲

（2）用骡驮轿迎亲。在内蒙古、山西、陕西交界的黄土高原山区，迎娶接亲用骡驮轿的形式。骡驮轿去女方家时戴着离娘锁，轿的四角挂着盛满白酒的金盏银壶、上乘羊肉，以示男方家酒肉俱全，生活丰足。新娘穿着红装，背系铜镜，面蒙红纱入轿。当娶新娘的轿快到男方家时，早有人提前去报信，一旦轿子驾临，便喜炮顿燃，响声不断，喜气盈门，娃娃们欢呼雀跃，大人们指点谈笑。新娘下轿后，由两少女挽扶，脚踩红毡直至院内。而后，新郎出门与新娘并肩叩拜天地。第二天，新人要与送亲队伍一起去女方家，同坐一轿，俗称"回门轿"，如图 6-5 所示。

图 6-5　用骡驮轿迎亲

（3）用船迎亲。广东中山市民众镇位于珠江出海口横门水道与轰奇沥水道之间，是个岭南水乡。这里接新娘往往是用一艘张灯结彩的船。新郎身穿西装，在众人的建

社交礼仪

议下与新娘进行对歌,否则不让新娘上船。新郎唱道:"哥与阿妹隔条河,哥放鸭仔妹放鹅。哥的鸭仔叫情妹,妹的鹅仔叫情哥。"新娘唱道:"哥爱妹来妹爱哥,互敬互爱情意多。今日同哥偕连理,白头到老乐呵呵。"对歌既罢,新娘的舅父便抱起新娘向新郎船上抛去,对方要稳当地把新娘接住,如图6-6所示。

图6-6 用船迎亲

(4)用人迎亲。每年中秋一过便是中国台湾排湾人结婚的旺季。迎亲队伍个个佩带刀剑,威武神勇,丰厚的聘礼放满一地;头插羽毛的新郎官蹲在队伍前,等待良辰吉日的到来。由酋长、家长带领,从自家石板屋前出发去女方家迎娶。按照婚礼习俗,在男方迎新队伍到达之前,新娘必须躲到附近礼堂的秋千上去荡秋千,等新郎来到,抱下新娘,表示新娘开始迈入人生的另一阶段。这时,女方家长就地收下聘礼,就算正式结亲了,新人也就完成了终身大事,如图6-7所示。

图6-7 中国台湾排湾人迎亲

6.2 寿诞礼俗

我国古代有所谓"五福"之说，即福、禄、寿、喜、财。《尚书·洪苑》说："五福，一曰寿，二曰福，三曰康宁，四曰修好德，五曰考终命。"更是把寿摆在第一位，并且阐述了寿与其他四福的密切联系，比如，古人解释考终命为"皆生姣好以至老也"，说明考终命与寿有一定的关系。可见人的一生，寿是至关重要的。基于上述原因，我国自古便对延寿和寿诞庆祝十分重视。

6.2.1 祝寿的礼仪

传统做寿是一件重要而慎重的事情，按照旧俗，每个人并不是生下来就有资格做寿的，所以第一次做寿都十分慎重。一般传统的做寿礼仪如下。

1. 花甲寿

中国古代以天干、地支的排列组合来计算日期或年份，从甲子、乙丑依次排满60为一周，古人称为六十甲子，后来就以"甲子"或"花甲"代称60岁。人们认为，活满一个甲子，就相当于过完了天地宇宙人生的一个完整周期，民间都很重视庆贺花甲寿诞，礼仪比较隆重。

六六寿。一些地方流行一种专为66岁老人做寿的寿诞习俗。当父亲或母亲年满66岁时，儿女要为父亲或母亲做寿，祝福老人多福多寿。

2. 古稀寿

古稀寿特指70岁老人的寿诞仪式。因杜甫《曲江》诗里有："酒债寻常行处有，人生七十古来稀"的诗句，人们把70岁叫作古稀之年，把70岁的生日做的寿诞仪式叫古稀寿。

3. 过大寿

从60岁生日开始，凡逢整十如60岁、70岁、80岁生日时举行的寿礼，都叫"过大寿"。同时特指80岁老人生日时举行的寿礼庆典，所以又叫"庆八十"。人活到80岁，便被人们誉为老寿星，80岁过生日是大庆，届时子女亲友都要贺寿，共享寿宴，如图6-8所示。

图6-8 给老人祝寿

4. 过九

在一些地方，流行一种"做九不做十"的寿俗，

社交礼仪

民间认为："十"意味着"满"，"满"则"溢"，"满"又意味着完结，所以有的地方不在整十周岁时做寿，而是提前到头一年，即虚岁满十岁时做寿大庆，叫作"过九"。也有的认为逢九之年是厄年，老人生日逢九之年，提前做寿。有的地方对"暗九"也忌，即九的倍数的年份，如63岁、72岁、81岁等，这些年份做寿都提前一点。

在不同的地方，有不同的寿俗习惯，一些地方有"男做上，女做满"的习俗。男做上就是做九不做十，即整十的生日放在前一年做。如60岁的寿放在59岁生日过，以此类推。女的则相反，要做"满"，只有满了50岁、60岁，才过50岁、60岁生日，这种寿俗叫"男不做十，女不做九"。因过去的人把单数视为阳，双数视为阴，男为阳，九为阳数之极，故逢九庆祝。女为阴，所以女性放在双数的逢整十之年庆贺。也有的地方视八为阴数之极，女性庆寿放在逢八之年。

过去，民间对成人诞辰的庆祝一般比较简朴。只有一些大户人家的尊长，其子女以示敬意为其生日操办寿诞仪式较为隆重外，多不邀请亲友参加，只是家人团聚一下而已。

6.2.2 寿诞礼俗的演变

1. 春秋战国时期

春秋战国时期，统治集团内部已经出现"献酒上寿"的原始形态的祝寿活动。如《诗经·豳风·七月》记载："九月肃霜，十月涤场。朋酒斯飨，曰杀羔羊。跻彼公堂，称彼兕觥，万寿无疆。"再有《诗经·小雅·天保》记载："如月之恒，如日之升，如南山之寿，不骞不崩，如松柏之茂，无不尔或承。"上述诗句无不表明，当时在一些欢乐、喜庆的场合中，出现了地位较低的人举起酒杯祈祝地位较高的人"寿运永继、长生不老"的祝寿行为。但是，这种"献酒上寿"并不是在诞生的纪念日里举行，或为了娱乐，或带有政治目的，算是寿诞礼俗的雏形。

2. 南北朝时期

中国真正意义上的寿诞礼俗是从南北朝时期开始的，当时主要是给小孩子过生日，至于成人，若父母在世也可以过生日，但是若父母去世就不能过了。

3. 唐代

唐明皇将自己的生日作为"圣寿节"，开了全国为皇帝庆寿的先例，自他之后的历朝历代皇帝都有了自己的"圣寿节"。

4. 明清时期

明清时期，不管是做寿的范围（以前只局限于王公贵族、富人做寿，到了清代，贫民也能做寿）还是规模，都相较之前有了空前的扩大。

6.2.3 寿诞礼俗的讲究

寿诞礼是每当生日时举行的人生礼仪，人的一生要重复好多次，故又根据年龄和性别的不同而有所差异。孩子10岁生日叫作"长尾巴"，由外公、外婆或舅父、舅母送米粉和衣物鞋帽以示庆贺。中青年生日，一般都不请客庆贺。俗谚"不三不四"，讲的就是20岁、30岁、40岁不庆寿，逢这样的年庚，吃饭时只增加一些荤菜而已。40岁不做寿，还因"四"与"死"谐音，做寿不吉利。只有到了一定年龄，一般是到了50岁，才能称为"做寿"。但如果父母在世，即使年过半百也不能"做寿"，因为"尊亲在不敢言老"。男女寿诞也有不同的称呼，如男称椿寿，女称萱寿。此外，"悬弧之辰"也指男子生日，"悬帨之辰"则指女子生日。

寿庆通常是从50岁开始，50岁为"大庆"，60岁以上为"上寿"，两老同寿为"双寿"。在寿辰日儿女要给父母做寿。所以谚云："三十、四十无人得知，五十、六十打锣通知。"又有"做七不做八"之说，因此，80岁寿辰多延至下年补办，俗称"补寿""添寿"，也有一些地方提前一年庆寿；旧俗还因百岁嫌满，满易招损，故不贺百岁寿。过去，凡大办寿庆，多是富庶且有社会地位之家，贫穷人家一般不做寿。

诞辰日（一般是50岁以上）的庆祝活动，逢十称大寿，如"五十大寿""六十大寿""七十大寿"等。但这种大寿并非真正逢十，而多是指49岁、59岁、69岁等逢九的岁数。因为九在十个数字中数值最大，人们为讨个吉利，故形成了这种"庆九不庆十"的寿俗。做大寿前一般要向至亲好友发寿柬。寿柬是专门用来邀请亲友前来参加自己长辈寿辰的请帖，通常都是由子孙或亲友具名，寿星自己不具名。寿柬的格式与写法除了遵循请帖的要求外，还有一些固定的用语，如父亲称"家严"，母亲称"家慈"。一般是在做寿的前三日发送请柬，否则就被视为失礼。故民谚曰："三日为请，二日为叫，当天为提来。"亲友接到请柬，便准备寿礼，届时前往拜寿。主人则要大摆寿宴，款待宾客。

传统寿礼要设寿堂，摆寿烛，挂寿幛，铺排陈设，张灯结彩，布置一新。庆寿之家，先期为寿星蒸制米粉或面粉做的"寿桃"（寿越高，桃越大），分送亲朋好友，并告知为家中老人几十寿庆之喜，祝寿一般以女儿、女婿为主，儿子、媳妇是陪衬。与此同时布置寿堂。寿堂一般设在堂屋，堂前正中挂金色"寿"字，或"百寿图"，两边挂贺联，诸如"福如东海，寿比南山"等。八仙桌上摆有香炉、寿蜡、"本命延年寿星君"，以及黄钱、纸元宝、千张，并使之下垂于供案两旁。条案上则摆放寿桃、寿面等寓意长寿的食品，如图6-9所示。

图6-9 寿堂

社交礼仪

生日那天，寿堂正中设寿星老人之位，司仪主持仪式，亲友、晚辈要来上寿。辈分不同，礼数有别。平辈往往只是一揖，子侄辈则为四拜，如图6-10所示。有的不设寿翁，客人到寿堂礼拜，由儿孙辈齐聚堂前还礼。不过一般穷苦人家只摆设家宴，来者向寿星说些祝福的话。

图6-10　向寿星行叩拜礼

寿宴上，先招待来宾以鸡蛋、茶点、长寿面。有不少地方，请全村、全族吃寿面，未到的还送上门。吃寿酒时，寿星本人一般不在正堂入座，而是在里屋另开一席，几个年龄相仿的老者作陪。菜肴多多益善，取多福多寿之兆，如图6-11所示。寿宴过后，寿星本人或由儿孙代表，登门向年高辈长的亲族贺客致谢，俗称"回拜"。富有人家还于晚上请戏班坐棚清唱，坐棚清唱即不化妆、不表演、不登台，但有鼓乐伴奏。大多唱的都是喜庆戏文，如《打金枝》《九锡宫》等。

图6-11　传统寿宴

过生日对儿童、少年及年轻人来说，是高兴和值得祝贺的事情，父母或家人一般都以某种形式给予祝福、庆贺。这种形式虽不像其他礼仪那样隆重，但也明晰记录着青少年成长的脚步。现在的家庭大多是独生子女，家长十分重视子女，逢生日给孩子照相，长辈给孩子红包、买蛋糕，以示祝贺。一些学生也逢生日互赠礼品，或聚会庆祝，如图 6-12 所示。现在，人们平时都为工作、生活忙碌奔波，很少相聚，往往会借"做生"、过生日，约上亲朋好友相聚。

图 6-12　儿童生日聚会

在我国南方，如为老年人祝寿，还有向邻居送寿面的习俗，一般是一碗用大猪排做盖浇的面条。而邻居对此不应客气或拒绝，相反，要向主人口头表示生日的祝贺。其次是在生日那天准备一些较丰盛的酒菜，鸡、鸭、鱼、肉俱全，白酒、啤酒、饮料均有，鞭炮礼花齐放，全家人聚餐，或邀请一些关系比较亲密的亲友相聚，欢声笑语一片，如图 6-13 所示。如果祝寿人和"寿星"分居在两地，家人照样可以进行庆祝活动，但事前要寄给"寿星"一封生日祝贺信，信要写得热烈和诚挚，而且最好要让"寿星"能在生日当天收到。最后是近年来不少家庭在祝贺诞辰的活动中，增添了吃生日蛋糕的活动中。糕乃"高"的谐音，意为"寿高"。

图 6-13　现代寿宴

6.3　丧葬礼俗

人死了，虽是生命的终止符号，但不等于是一种文化现象的终止。从某种意义上

社交礼仪

来说，丧葬又是人的生命的延续，是一种新的文化现象。

1. 停尸

人之生死是自然规律，"福寿康宁固人所同欲，死亡、疾病亦人所不能无"。中国民间习俗认为凡50岁以上者因老、病而亡为寿终正寝。这种正常死亡的老人称"老喜丧"，其丧事多被当作喜事来办，只是色调为白。对于正常死亡，家人已有准备，寿材寿衣早就预备妥当。弥留之际，亲属要为死者沐浴、穿衣。

在传统殡葬中，人临终前还有另一个习俗——"挺丧"，也就是在病人咽下最后一口气前，亲属们一般要把他移到正屋明间的灵床上，守护他度过生命的最后时刻。

2. 初死

在亲属刚把临终之人移到灵床后，在其初死之时，首先有"属纩"这一古代礼仪，就是用新蚕丝、棉花试死者有无鼻息。经属纩验证死者真正气绝之后，亡者门首竖柳枝白纸幡旗，子女家属成员围尸哭泣尽哀，然后进行招魂仪式。进行这个仪式的目的是在封建迷信影响之下的人们想通过这一仪式把死者的灵魂引到灵床上来，以期死者复活，其实也是亲属对死者表达眷恋之情的一种体现。

3. 报丧

一般来讲，在停柩一段时间后，诸事准备完成，就要选日子报丧。报丧可以说是人死后的第一种仪式，早在周代就已经形成。报丧就是用特定的方式把有人逝世的消息告诉亲友和村邻。至于采用什么方式因地而异，有的是亲属手执白色或黄色报表帖告诸亲友，有的是亲属通过发讣告把消息告诉给亲友。

4. 吊唁

吊唁仪式是指亲友接到讣告后来吊丧，携带赠送死者家属的衣被、布匹等，慰问死者家属，死者家属要哭尸于室，对前来吊唁的人跪拜答谢，并在收到的衣被、布匹上挂"某某致"字样的纸条。

不过，现在城市吊唁仪式已经大大简化了，主要是遗体告别和开追悼会。前来吊唁的人身着素服，佩戴白花和黑纱，在忧戚的哀乐声中一一向遗体鞠躬致哀，而后再绕遗体一周瞻仰遗容。吊唁的人可以向死者的主要亲属说些简短的劝慰的话，如"请多保重""望您节哀""要注意身体"等，劝慰丧家节哀顺变、保重身体。

5. 入殓

吊唁举行完毕后，就要对死者进行入殓仪式。入殓有"大殓"和"小殓"之分。小殓是指为死者穿衣服，根据史籍的记载，古代小殓是在死亡的第二天早晨的卧室里进行。

"大殓"在汉族民间俗称为"归大屋",其实是指收尸入棺。这就意味着死者与世隔绝,与亲人最后一别,所以举行大殓仪式非常隆重。

6. 丧服

在传统礼仪中是根据丧服的质地和穿丧服的时间长短来体现血缘关系的尊与卑、亲与疏的差异的,这就是古代的"遵礼成服"的习俗。几千年来,汉族的孝服虽然有变异,但仍然保持了原有的定制,基本上分为五等,即斩缞、齐缞、大功、小功、缌麻。

7. 择日

停尸祭祀活动后就可以出丧安葬,依传统习俗尸体收殓之后就要把灵柩送到埋葬的地方下葬,叫作"出丧",又叫"出殡",俗称为"送葬"。按照古代的丧俗,灵柩最少要停三天以上。据说是希望死者还能复生。三天还不能复活,希望就彻底破灭了,就要择日安葬。

在我国北方的一些农村出丧择日仪式比较简单,有时只需翻翻黄历或问问"阴阳先生"即可。然而,从古至今,因为此仪式所涉及的内容广泛,稍有不慎便可能犯忌,所以当事人都会慎重地进行择日。

8. 哭丧

自古以来,丧葬礼俗中一大特色就是哭丧,其中以出殡时的哭丧仪式最受世人的重视。为了表达对死者的孝顺和怀念之情,出殡的时候按旧俗全体后代特别是男人们要"唱哭"。

9. 做七

按照古代的丧俗,灵柩最少要停三天以上。实际上停柩的时间长,是由于当时丧礼繁缛复杂,尤其是天子诸侯需要浩大的陵墓和大量随葬品,需要耗费大量的人力和时间。另外,父母死后应该合葬,父死不知母墓、母死不知父墓,都要把死者暂时殡起来,等找到父墓或母墓时再进行合葬,这样灵柩停放的时间就很难说了。近代以后,灵柩一般都在"终七"以后入葬。

10. 下葬

经过了报丧、哭丧、做七等仪式之后,最后的环节就是下葬了,一般都非常郑重严肃。由于各个民族所处的生存环境不同,形成了很多不同的下葬风俗仪式。汉族原来主要实行土葬,墓地是死者的最终归宿,所以墓地的选择是埋葬死者的头等大事。随着社会的发展,土葬以及抬柩这些仪式已经退出了历史的舞台,取而代之的是现代殡仪馆的灵车。

社交礼仪

思考题

1. 请参照本文婚庆礼俗部分，以现代婚礼的多样性和各种婚姻关系的现象，对照传统婚仪的内涵和象征，分析婚姻礼节在文化意义方面古今之异同。

2. 材料分析

"事死如事生"的思想从古至今一直左右着人们的丧事行为，从丧葬礼仪中体现孝道思想的观念自古有之。

位于大别山北麓的安徽霍山县，地貌特征为"七分山水二分田，一分道路和庄园"，可见是一个典型的山区，交通相对落后，尤其是那些地处深山的农村地区，受自然条件的限制，在社会发展过程中受新事物、新理念的影响较小，旧风俗很容易被保留，体现孝道思想的诸多丧葬礼仪就是其中一个重要的方面。如守灵三天、二次葬、满五七、新七月半、坟墓的维修等葬俗。

试析：（1）孝道观的作用是如何体现在丧葬礼仪中的？
（2）丧葬礼仪在当今农村思想文化建设中有什么作用？

第 7 讲

餐会礼仪

在宴席上最让人开胃的就是主人的礼节。

——莎士比亚

在当今的社会交往中,聚餐会客成为最常见的交际活动。餐会礼仪,顾名思义,就是指参加聚餐会客时需要注意到的礼仪规范。餐会礼仪的历史可谓是源远流长,它在整个社交礼仪中占有非常重要的地位。放眼古今中外,食之有"礼"已经成为体现一个人文化修养、社会地位和家庭教育的重要方式,所以餐会礼仪切记不容小觑。掌握规范的餐会礼仪有助于在社交活动中沟通感情、增进友谊、达成合作。

7.1 中餐礼节

中国自古为礼仪之邦,据《周礼》《仪礼》《礼记》等文献史料记载,中餐的饮食礼仪起源于周代并在当时已经形成了一套相当完善的礼仪制度。而现代较为流行的中餐礼仪则是在继承传统与参考国外的基础上发展而来的。

7.1.1 餐前工作

中餐礼仪中,首先要考虑的就是宴请的时间和地点。

1. 时间的把握

根据用餐时间不同,分为早餐、午餐、晚餐。宴请他人时,绝大多数情况选择午餐或者晚餐,有特殊情况或者民俗习惯的视具体情况而定。

用餐时间要讲究以客为主,具体时间要与宾客提前沟通,听取对方的意见,再结合自己的实际情况,挑选一个双方都允许的时间,尽量避开重要的活动日、纪念日、节假日,力求主客双方都方便空闲。

用餐时间要适当控制。既不可急急忙忙,也不能拖拖拉拉。宴请的用餐时间控制在 1.5h 左右,便餐的用餐时间控制在 1h 以内。

2. 地点的选择

中餐的地点选择首先要考虑客人的特点和喜好。中餐有粤菜、川菜、鲁菜、淮扬菜、浙菜、闽菜、湘菜、徽菜这八大菜系,主人应提前询问宾客的口味与喜好,并了解宾客的饮食禁忌和宗教信仰,从而确定一个大概的场所范围。

具体的地点敲定主要从四个方面考虑。一是优雅的环境,宴请不仅要吃食材,还要吃环境。一个清静、雅致的环境能够使人心情愉悦。二是干净的卫生,卫生状况不佳的地点,难免让宾客担心卫生、破坏食欲,也有宴请档次过低,不够重视之嫌。三是方便的交通,要充分考虑到聚餐者的交通情况,比如,地点是否隐蔽难找,周围是否有停车场所,附近是否有便利的公共交通工具。四是预算的多少,根据宾客的地位、身份和主人的目的意愿,选择适合的规格档次,不摆阔、不装穷。

总之,选择了一个恰当的地点,就相当于宴请有了一个良好的开端,成功了一半。

3. 菜单的确定

在宴请前,主人需要事先对菜单进行再三斟酌。主要从宾客的口味、禁忌、年龄、健康和预算标准等因素出发,搭配菜品,确定菜单。其中还应当考虑以下几点。

一是特色的菜品。宴请外地客人时,可以选择本地的特色小吃和特色食材请宾客尝鲜。宴请外国友人时，可以选择具有中餐特色的代表性菜品和餐食来品尝，如火锅、饺子等。

二是招牌的菜品。但凡名声在外的餐厅，自然都少不了几个拿手的招牌主打菜品，点一份餐馆的招牌菜品，也能说明宴请者对餐厅的用心挑选，对宾客的重视程度。

三是家乡的菜品。菜单上选取几个宾客的家乡菜，以备宾客吃不习惯所点菜品之需。

4. 菜单的禁忌

在确定菜单时，还必须考虑来宾的饮食禁忌，特别是要高度重视主宾的饮食禁忌。

一是宗教的饮食禁忌。宗教关乎于信仰，一定要慎之又慎，请客吃饭的目的本是增进感情、结交朋友，倘若触犯宗教的饮食禁忌，结果适得其反，甚至会带来麻烦。例如，穆斯林不吃猪肉，佛教徒不吃荤腥食品等。

二是个人的饮食禁忌。有一些人会因为个人经历或者身体原因，忌食某种食材，这也需要特别注意。例如，爱狗人士忌吃狗肉，消化系统疾病的人不适合吃辛辣刺激性食品，高血压、高血糖和高血脂患者不适合吃胆固醇高、油腻、糖分偏高的食品等。

三是职业的饮食禁忌。有些职业对于饮食的要求也有严格规定，忽略了职业禁忌，有可能使宾客惹出麻烦。例如，驾驶员不得吃含有酒精类的菜品，文艺工作者避免吃酸辣的食品以免刺激嗓子和皮肤等。

四是地区的饮食禁忌。不同的地区，不同的生活习惯，对于饮食的要求也各不同。例如，贵州、湖南地区的人喜欢吃辛辣食物，不喜食无味素淡的菜品。

7.1.2 用餐礼仪

1. 席位安排

正式宴请与非正式宴请的席位安排有所差别，正式宴请对席位安排的礼仪讲究更为严谨，非正式宴请稍显随意一些。席位安排的顺序是先安排桌次，再安排座次。

中餐宴会一般采用圆桌，视参加人数多少设为一桌或多桌。在桌次排列上，所用餐桌的大小、形状应大体相仿。除主桌可略大之外，其他餐桌不宜过大或过小。桌次的排序主要对两桌及多桌情况加以说明。

第一，两桌横排排列时，面向正门，桌次以右为尊，以左为卑。两桌竖排排列时，面向正门，桌次以距离门远的位置为尊，以距离门近的位置为卑，如图7-1所示。

（代表尊位）

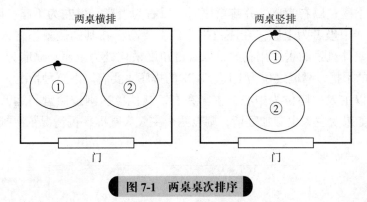

图 7-1　两桌桌次排序

第二，三桌及三桌以上称为多桌宴会。多桌排列时，其排列方法除了要注意遵守两桌排列的规则外，还应考虑与主桌的距离这个因素，同等距离下，右尊左卑，同一方向上，近尊远卑，如图 7-2 和图 7-3 所示。

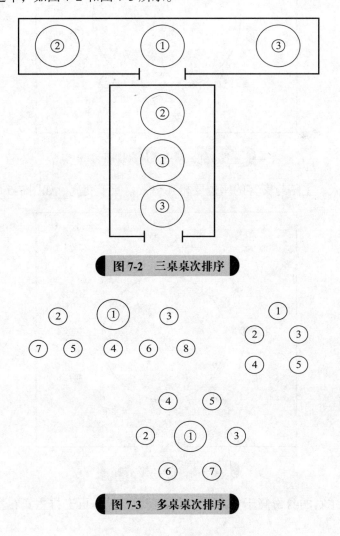

图 7-2　三桌桌次排序

图 7-3　多桌桌次排序

社交礼仪

座次的排序也有讲究，排序的原则是面门为尊，面对正门而坐者为上座，背对正门而坐者为下座；以右为尊，并排就座时，以右为上座，以左为下座；以中为尊，三人就座时，居中坐者为上座，在座位排序位上要高于在其两侧就座之人；观景为尊，在能看得见室外风景的餐厅用餐时，以观赏角度最佳处为上座；靠墙为尊，为了防止侍者和食客的干扰，靠墙之位为上座。座次的排序主要有以下三种情况。

第一，以主人的座位为中心，主宾在右，其他位次则按照近高远低，右上左下，依次排列。如果女主人也参加宴请，则以两个主人为基准，视情况依次排序，如图7-4所示。

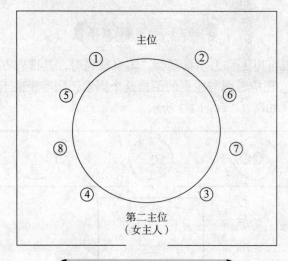

图7-4　双主人位次排序

第二，主人、主陪与宾客的座位要相互交叉，便于交流，如图7-5所示。

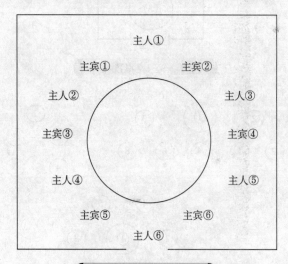

图7-5　主宾位次排序

第三，当主宾的身份高于主人时，为了表示尊重，可安排主宾在主人的位次上就座而主人则坐在主宾的位置上，如图 7-6 所示。

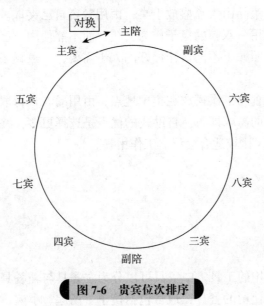

图 7-6　贵宾位次排序

2. 菜序合理

正规的中餐在礼仪上比较讲究菜序的合理布局，无论是点菜还是上菜先后都要按照分类和顺序进行，尤其是严格要求上菜的顺序。

地域的不同对于上菜次序的先后稍有调整，但大体相同。点菜的顺序一般按照凉碟—热炒—大菜—汤品—甜点—主食—水果进行，上菜顺序原则上按照先凉后热、先清淡后重味、先咸后甜、先干后汤、先名贵后普通、先主食后点心来进行。其中需要说明的是热炒和大菜的区别，热炒多数以煎、炒、爆为主，汤汁也比较少，要求色艳、味美、鲜香爽口，量不宜多，一般要比大菜的盘略小一些。大菜是宴席中较贵的菜品，热炒要穿插在大菜中入席。

中国人认为偶数是吉祥的寓意，所以菜品的道数上通常都是偶数，也就是凉菜和热菜的道数通常是二、四、六、八等偶数。为了避免浪费，具体点多少道菜要根据人数和菜量决定，通常菜品道数与在座人数相同，有时为了表达诚意也会多点几道。普通的宴请主菜（包括凉碟、热炒和大菜）是六道至十二道，大型宴会上主菜的道数更多。

一般在宾客到齐之前应上齐所有冷盘，冷盘齐全后才能开席。当冷盘已经吃了 2/3 左右时，开始上热菜。若是大型宴会桌数较多时，各桌的每一道菜品应同时上菜，将新上的菜肴放至主宾面前先用。

3. 就餐形式

按照常规，中餐的就餐形式可以分为三类：分餐式、混餐式、自助式。

分餐式就是在用餐过程中，每道菜品、点心、主食、水果、酒水都已经由服务人员分别盛放，用餐者只食用自己盘中的食物，并根据自己的食量示意服务员加减食物。

社交礼仪

分餐式的优点是干净卫生，比较适合大型宴会采用。

混餐式就是所点菜品由大盘盛放上桌，由用餐者自己夹取。可以相互夹菜，但是要注意卫生，重新取用一双新的筷子作为公筷，而不能使用自己原有的筷子。混餐式的优点是各取所需，照顾了不同口味偏好的人士需要，又兼顾了卫生，是我们通常采取的用餐形式。

自助式就是所有食物依次摆放在集中地点，由用餐者自行取用。一般不替别人取用菜品，只取用自己的需求即可。自助式的优点是选择更多，并且可以根据自己的食量反复多次取用食物，比较适合会议、工作用餐。

7.1.3　餐具使用

1. 餐具摆放

餐具即用餐时使用的工具。中餐具可以分为主餐具与辅餐具两类。主餐具是指用餐中必不可少、主要使用的餐具，通常包括筷子、汤匙、小碗、餐盘。辅餐具是指用餐中可有可无、辅助使用的餐具，通常包括杯子、餐布、湿巾、牙签等。

摆放时，餐盘离身体较近，餐布压放于餐盘底部，小碗置于餐盘左前侧，汤匙放于碗内。餐盘左侧放湿巾，右侧放筷子，右前侧放置杯子，如图7-7所示。

图7-7　中餐具摆放示意图

2. 餐具功能

筷子是最主要的餐具，它的主要功能是用餐时夹取食物。使用筷子的姿势应规范，正确的方法是以右手持筷，以拇指、食指、中指三指前部，共同捏住筷子的上部约 1/3

处。通常筷子必须成双使用，而不可只用单根。

汤匙的主要作用是舀取流质食物，有时为防止食物滴落桌面，在用筷子取食时，也可以用汤匙加以辅助。正确使用汤匙的姿势为右手或者左手持汤匙，食指在上正好按住柄部上端的凹槽，拇指和中指在下支撑，另一种姿势为将拇指横向按在柄部的上端，而食指和中指在下支撑。一般情况下，尽量不要单用汤匙取菜，如需用时，尽量舀取汤匙的八分满，免得溢出来弄脏餐桌或者衣服。

小碗的主要作用是盛放食物。拿碗时，用四根手指支撑碗的底部，拇指放在碗端。用餐时，用手轻扶碗边，下巴与碗边保持一致。

餐盘有菜碟与骨碟之分，餐桌上的餐盘最多叠放不得超过两个，一般小的餐盘当作菜碟使用，菜碟的作用与小碗大体相同，大的餐盘当作骨碟使用，主要作用是盛放食物的残渣。如只有一个餐盘，应默认为骨碟。

杯子包括水杯、白酒杯和红酒杯，顾名思义主要用于盛放茶水、饮料、白酒和红酒的。

餐布主要作用是遮盖和隔离油污。餐布可以平铺在大腿上，也可以压放于餐盘下方，不能把它围在脖子上。用餐时可以用于轻擦嘴部和手部，但不能擦汗或者擦拭餐具。

湿巾用来在餐前擦手，保持用手卫生的辅餐具。它只能擦手，不能另做他用。

牙签主要用途是在用餐中扎取水果或者用餐后清理牙缝当中的残渣，清理时用另一只手稍作遮挡，尽量避免当众剔牙。

3. 餐具礼仪

（1）主餐具的使用礼仪

使用筷子时：第一，不要用筷子做其他与夹取食物无关的事情，例如，挠痒、剔牙等。第二，不要边交谈边使用、挥舞筷子，那是失礼的表现。第三，不要舔遗留在筷子上的食物残渣，注意公众卫生。第四，不要把筷子竖着插放在碗中央，这是习俗禁忌。第五，不要用筷子敲击碗碟、杯子等物品，这是传统禁忌。第六，不要把筷子放在嘴里来回去嘬并发出响声，这是缺乏教养的表现。第七，不要用筷子挑拣菜品，上下翻菜，这是自私无礼。第八，不要把筷子两端颠倒使用，这是粗心大意。

使用汤匙时：第一，不要把汤匙含在口中或者不断吮吸，用完应当立即归位，放于碗中或者倒扣于盘边。第二，不要将沾碰自己唾液的汤匙再触碰公共菜品。第三，轻拿轻放汤匙，不要与其他餐具发生碰撞声响。第四，不能让汤匙在食物中间直立插放，舀取食物时的方向应由外侧向怀中，这是风俗习惯。第五，不要拿着汤匙左右挥舞，这是失礼。第六，不要用力着急吹气吹凉汤匙中的食物，显得急不可待。第七，食用汤匙盛取的食物时，在盘或者碗的上方食用，谨防滴漏在餐桌或者衣物上。第八，不要用汤匙搅拌食物。

使用小碗时：第一，不要端起碗进食，更不要双手端起碗进食。第二，碗不可倒扣于桌面。第三，碗内的食物不能往嘴里倒、用舌头舔，要借助餐具取用。第四，不要多种菜肴堆放在一起，随吃随取。

使用餐盘时：第一，注意区分菜碟和骨碟，切忌不可混淆，骨碟是暂放食物残渣的，不要用于储存食物。第二，食物的残渣、骨、刺不要直接吐出，而应用筷子夹放到骨碟中。第三，掉落在盘中的食物不要再重新放入口中，注意卫生。第四，残渣垃圾不能堆放过多，应及时示意服务员更换骨碟。

（2）辅餐具的使用礼仪

使用杯子时：第一，水杯、酒杯的功能明确，不要混用。例如，不要用水杯来盛酒，也不要用酒杯来喝茶。第二，不要倒扣水杯。第三，喝进去的饮品不能再吐回水杯，这样做非常不雅。

使用餐布时：第一，餐布在用餐过程中不要随时变换位置，尽量固定放于某处。第二，不要用餐布擦汗、擦手。第三，用餐途中需要暂时离席的，把餐布放于椅子上，用餐完毕退席时，把餐布随意放于桌面上盘子的左侧。第四，有餐布时，尽量减少餐巾纸的使用。第五，餐布一般放置于盘子中间位置或者盘子左侧位置，谨防拿错。第六，餐布应铺放在并拢的大腿上，不能围在脖子上、衣领上、腰带上。

使用湿巾时：第一，一般情况下，餐前的湿巾用于擦手消毒，餐后的湿巾用于擦嘴清洁，湿巾用完后归位。第二，不要用湿巾擦脸、擦汗。

使用牙签时：第一，扎取水果时，不要挑拣，即扎即拿。第二，剔牙时，剔出来的食物，不要当众"观赏"或再次入口，更不要随手乱弹、随口乱吐。第三，剔牙后，不要叼着牙签，更不要用其来扎取食物。第四，无聊时不要折断、摆弄牙签。

7.1.4 用餐礼仪与禁忌

中餐的礼仪，一定要尊重传统习俗，切莫触犯禁忌，因为中国人通常认为饮食与人的命运息息相关，如果在用餐时犯了禁忌会带来霉运。

1. 用餐礼仪

俗话说"站有站相，坐有坐相，吃有吃相"，用餐礼仪就是指要吃相文雅，举止得体。

第一，应注重吃相。不可摇头晃脑，不可大声喧哗，不可挑三拣四。要注意端正坐姿、轻声交谈，取食菜肴要稳、准、快。

第二，应懂得礼让。用餐时要先请宾客、长者动筷，夹菜时注意避让他人，尽量夹取离自己较近的菜肴，对于不方便夹取或离自己较远的菜肴可以少吃或不吃，也可以请人帮助，但不要起身或离座取用。

第三，应遵守公德。用餐不要多贪多占，每次少取一些，不够再添。不要在公用的菜盘内挑挑拣拣，更不能夹起来又放回去。

第四，应注意举止。进餐过程中不要制造声响，不要打饱嗝，不要抖腿、不要吧吧嘴。如果出现打喷嚏、咳嗽、肠鸣、放屁等不由自主的声音时，应及时回避并向同桌客人表示歉意。

第五，应知道克制。用餐时不要眼睛盯着盘中菜肴，旁若无人地低头吃饭，要适时地与其他宾客交流学习。若遇到不能吃或不爱吃的菜肴时，不要显出难堪的表情，也不可打手势，更不可拒绝，可少吃或者不吃。

第六，要学会尊重。新菜上桌时，应让长辈、贵客和其他宾客先动筷子，以示尊敬和重视。如果条件允许，用公筷给他们夹菜，把离他人较远的菜肴转送到他们面前。

2. 用餐禁忌

中餐的用餐禁忌较多，常见约定俗成的有以下几种。

一是不违禁忌，包括宗教禁忌、地方禁忌、职业禁忌和个人禁忌。要尊重各种禁忌，避免触碰各种禁忌，宴请聚餐原本是为了增强感情，切莫好心办坏事。例如，伊斯兰教不吃猪肉、佛教吃素等。

二是不违习俗，一个地区社会文化中长期形成的风尚、礼节、习惯我们要注意遵守。不要执拗于习俗是否合理，也不要追究是官方的还是民间的习俗，切记遵守就好。例如，上海办婚宴是晚上办，西安办婚宴是中午办。

三是不违传统，中国人的饮食礼仪是比较发达的，也是比较完备的，上下五千年的文明传承历史悠久，古代的一些进食礼仪与禁忌也一并传承下来，尽可能地遵照"老人言"，避免触犯传承下来的忌讳。例如，需要服务员上饭不得说"要饭"。

四是不违公序良俗。基本的礼仪礼貌要做到，避免引起他人的反感。例如，用餐时不乱挑菜、不争抢菜、不吃独食，做到谦和有礼。

五是忌讳三心二意。吃饭的时候就专心致志地吃饭，不要忙于其他事情。例如，把弄餐具、把玩手机，随时抽烟，让人感觉赴宴是为了应付差事，心思不在这里，会令其他宾客感觉不适，也让宴请者感到尴尬和不快。

7.2 西餐礼节

通常所说的西餐是对欧美地区餐饮的统称，主要包括西欧国家、东欧各国、地中海沿岸等国和一些拉丁美洲如墨西哥等国的菜肴。按国家或地区可划分为俄式菜、法式菜、英式菜、美式菜、意式菜等。随着饮食的多元化和国际交往的活跃，吃西餐的人越来越多，西餐礼节也成了餐饮礼节中必不可少的学习内容。

西餐和中餐有着本质的区别，西方人对于个人礼仪更为看重和讲究，如果在吃西餐的餐厅里，你没有遵守吃西餐应该遵守的礼仪，那么在别人眼里你就是一个没有礼貌的人。

社交礼仪

7.2.1 着装礼仪

大部分西餐厅，特别是高级的西餐厅，对于就餐者都有着较为严格的着装要求。穿着得体对西方人来说是尊重他人、尊重自己、表达敬意的表现。根据不同季节、场合、身份，要养成着装恰当的习惯，选择着装类型，一般以 TPP 为基本原则，TPP 三个字母分别代表 Time（时间）、Place（地点）、Purpose（目的），TPP 是这三个英文单词的缩写。

1. 女士着装礼仪

女士在出席餐会活动时，着装可选择的范围比较大，通常可根据餐厅的要求及自身的特点、喜好选择合适的服装，可以选择正式套装（裤、裙皆可）、小礼服、旗袍等。在穿着时需要注意以下几个方面。

第一，裙子长度应当控制在膝盖上下，穿裙子要搭配长筒丝袜；第二，上身的衣领、袖口、肩头需要注意细节，不能过于暴露；第三，皮鞋的选择上，不可穿拖鞋类样式的鞋子，鞋跟的高度以不影响走路时身体的稳定性为前提，如图 7-8 所示。

图 7-8　女士着装

2. 男士着装礼仪

男士的服装相比较女士而言就显得简单许多，西装是固定且唯一的搭配。西装的整体配套主要包括外套、马甲、衬衫、领带、西裤、袜子等。在穿着时需要注意以下几个方面。

第一,选择西装时应注意西装的长度,包括衣长、袖长及裤长等,还应注意西装的大小,尽可能选择一套合身的西装。第二,西装的口袋一般起装饰作用,不能随意放置物品,否则会影响穿着效果。第三,一般情况下,搭配西装的衬衫颜色应选择单色,最好是白色衬衫,比较百搭。系领带时须将领子最高处扣子扣好,不系领带时最高处扣子可解开,袖扣无论何种情况下都必须扣好。西装和衬衫的袖子不可以随意卷起来,衬衫的下摆要塞在西裤里,衬衫的衣领应稍高于西装的衣领,衬衫的袖长应稍长于西装的袖长,这样显得有层次感。第四,领带的选择要取决于身高,要长度和宽度都比较适中,打好领带时,其尖端正好垂到皮带扣处为宜。领带花色的选择要与西装的颜色相互搭配,领带夹夹在衬衫的第四颗纽扣处的位置,不要暴露在西装外。第五,袜子颜色的选择要与鞋子以及裤子的颜色近似,不会显得特别突兀,一般不要穿浅色袜子,特别是白色袜子。第六,皮鞋的选择也比较简单,样式不要花哨,颜色以黑色、棕色、咖啡色这些基本保守色为主,不可以穿凉皮鞋或者运动鞋,如图7-9所示。

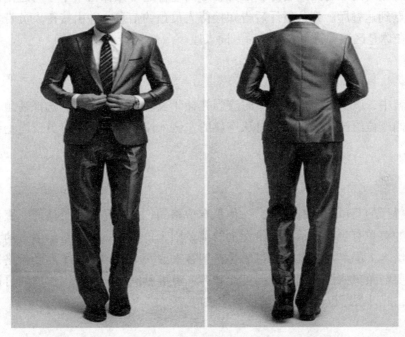

图 7-9 男士着装

3. 饰物搭配

优雅得体的穿着,再搭配简洁大方的饰品,将使你更加光彩照人。饰品的种类较多,主要包括项链、耳环、胸针、手链、戒指等,它们的搭配不是随心所欲的,也需要注意以下几个方面。

首先,不要佩戴浮夸、仿真的饰品。其次,佩戴的件数一般以三件以内为宜。再次,应考虑性别差异,通常男士饰品的佩戴要少于、简单于女士饰品的佩戴。最后,搭配饰品要注意扬长避短,应与穿着、身材等相协调。

社交礼仪

7.2.2 餐前准备

餐前的准备、交流、沟通是展现个人素质的舞台,无论哪一个环节都需要提前计划和考虑,是比较考验个人能力的。

1. 预约订餐

西餐厅一般需要提前预约,特别是高级西餐厅,座位数较少,如不提前预约,怕临时无位情况尴尬。预约时应清楚告知用餐日期、时间、人数、特殊点餐需要等详细内容。如预约因故需要取消,也应打电话告知餐厅人员。

2. 到达餐厅

按照约定时间准时到达餐厅,因为餐厅的座位通常只保留半个小时之内,最好可以提前一点到达餐厅。到达餐厅后告知接待人员预约信息,并由接待人员带领先行入座,或者在休息区域等待友人来齐后一同入座。

3. 入座

西餐席中,以女性为贵。入座时应当礼让年长者和女性宾客,选择视角佳、较安静、偏里侧座位给这些人。就座时从座位的左侧入座,通常由接待员或男士帮女士拉椅子入座。

4. 点单

高级餐厅的菜单通常有两种,一种是有价格的;一种是没有价格的。服务人员通常给男士的菜单有价目标示,而给女士的菜单则无价目标示,或是给主人的菜单有价目标示,给客人的菜单则没有,目的是希望客人或女士点菜尽量不要受价格影响。点酒水时,要与菜单搭配,如不懂,可让服务人员推荐酒水,不习惯饮酒的可以点果汁或矿泉水,此外餐厅也会有免费的柠檬水供应。

7.2.3 餐具摆放与使用

1. 餐具摆放

摆在中央的称为摆饰盘或展示盘,餐巾置于装饰盘的上面或左侧。

摆饰盘右侧摆放刀、汤匙,左边摆叉子。依照用餐顺序,刀叉的摆放顺序也是由外侧至内侧摆放,刀尖向上,刀口向内。

玻璃杯摆放在右上角,通常摆放有高脚杯、红葡萄酒杯、白葡萄酒杯,视情况也会摆上香槟或其他酒所用的玻璃杯。酒杯的数量与酒的种类相等,摆放的顺序是从左到右，依次摆放香槟杯、葡萄酒杯、烈性酒杯和啤酒杯。

面包盘和奶油刀置于左手边，如图7-10所示。

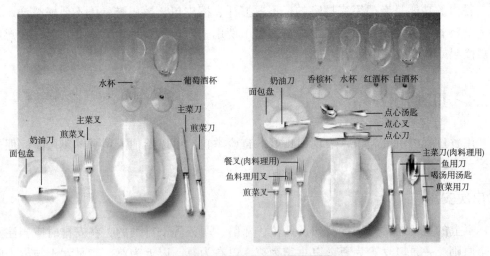

图7-10　西餐具摆放示意图

2. 餐具使用

使用刀叉时，从外侧往内侧取用刀叉，要左手持叉，右手持刀。切东西时左手拿叉按住食物，右手拿刀切成小块，用叉子往嘴里送。用刀的时候，刀刃不可以朝外。进餐中途暂停饮食时，放下刀叉摆成"八"字形状放在盘子中央，表示没吃完，服务生不要收拾餐具，还要继续吃。每吃完一道菜，将刀叉并排放在盘中，表示已经吃完了，服务生可以收走餐具。讲话时，刀叉可以拿在手中，但不可以挥舞。不可以一只手拿餐具，而另一只手拿餐巾或者酒杯。还有任何时候，都不要将刀叉的一端放在盘子上，另一端搭放在桌面上。其中，法式、英式的餐具摆放稍有差别，如图7-11所示。

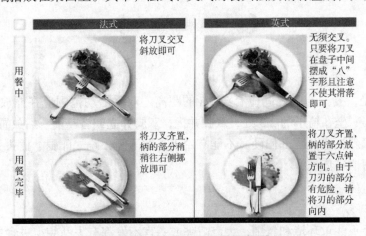

图7-11　英、法餐具使用差别

使用餐巾时，将餐巾展开，平铺在腿上。若餐巾较大可对折成长方形或三角形，

163

社交礼仪

开口朝外平铺于腿上,也可略塞一角在腿下,总之不要使餐巾拖在地上,通常服务人员会主动帮助,也可以自己完成。不要用餐巾布擦拭餐具,以免让其他人感觉餐具不洁,餐巾的功能是专门用来擦嘴的,不要擦汗、擦皮包、擦皮鞋,更不要擤鼻涕,用餐完毕将餐巾折叠整齐放在桌上即可。餐巾使用中途掉落在地上,不要自己,授意服务员捡起或者更换一块新的。

7.2.4 用餐礼仪

用餐过程中讲究礼仪,表现出良好的言谈举止,可以给他人留下深刻印象,促进友谊,增进感情。

1. 座次安排

桌上的座位通常是根据身份、地位、年龄、职务等来排列的,在安排时应当注意几个原则:一是以女士为尊、以主宾为尊、以右为尊、以近为尊。二是女士与男士间隔交叉落座,用意是男士可以随时照顾、服务身边的女士,如图 7-12 所示。

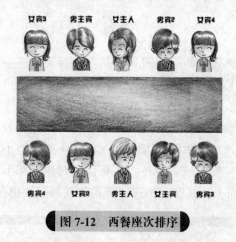

图 7-12 西餐座次排序

2. 规范坐姿

挺直而坐,餐桌与胸之间应有 20cm 的距离,双手活动范围应在摆放餐具的宽度内。调整坐姿,坐在椅子的 2/3 处,双膝并拢,双脚并立或者一前一后放置,双腿可以稍微向旁边倾斜,避免腿部僵硬。不能有用手支撑下颌、跷二郎腿、摇头晃脑、抖腿、抖脚等不良习惯姿势。

3. 餐时交谈

西餐聚会更注重环境和氛围,大声喧哗或一言不发都有失礼貌。进食中不要说话,如果恰好有人发问,先别急着回复,用手势让他人稍等一下,然后赶紧嚼食,把食物吞咽再回应。进食中闭紧嘴巴,不要发出难听、奇怪的声音。

4. 暂时离席

用餐中需要暂时离席时，应先向身旁左右人致歉，再将餐巾脏污面朝内，折叠好放在餐桌上、椅背上或把手上。切忌将餐巾弄得皱巴巴、脏兮兮，使人感到凌乱不舒服。

5. 随身物品

贵重物品应随身携带，不要寄放在衣帽间，放在身后椅子上便可。到高级餐厅用餐，应把手机铃声关小或改为振动，以免影响餐厅安静氛围。用餐中需要接打电话，请持手机到餐厅外说话，如果必须在餐厅内通话，尽量把音量降到最低，不要影响别人用餐。

6. 吸烟

大部分西餐厅都是禁烟的，如有需要，可问询服务生吸烟的地点。用餐期间最好不要离席吸烟，可在用餐后到指定地点吸烟。

7. 召唤服务生

对服务生要有礼貌，召唤服务生时，用眼神和手势召唤，不要以吹口哨、勾手指、敲打餐具等方式召唤服务生，更不要大声喧哗、蛮不讲理、耍派头，要记得说谢谢。

7.2.5　菜单构成

很多人一进西餐厅就紧张，主要原因还是对西餐的菜品不熟悉，因此认识西餐首先要从认识菜单开始。西式菜单的排列原则通常是依据上菜先后的顺序，无论是哪个国家的菜系，都大体可分为开胃菜（Cold Appetizer）、汤类（Soup）、主菜（Main Course）、沙拉（Salad）、甜品（Dessert）、饮品（Beverage）等。

1. 开胃菜

开胃菜有冷热之分，冷开胃菜也称为头盘或者前菜。开胃菜常见的品种有鱼子酱、鹅肝酱、熏鲑鱼、鸡尾杯、奶油鸡酥盒、焗蜗牛等。开胃菜是为了引起对主菜的食欲而制作的小吃，因为是要开胃，所以开胃菜一般都有特色风味，往往使用刺激性较强的调味香料，味道以咸和酸为主，通常数量较少，质量较高。

2. 汤类

西餐的第二道菜就是汤，汤类在西餐中占有重要的地位。西餐的汤大致可分为清汤、奶油汤和冷汤三个种类。西餐汤类大都有丰富的鲜味物质和有机酸等，具有刺激胃液分泌、增加食欲的作用。清汤就是用牛肉、鸡肉或鱼及蔬菜等煮制出来的除去脂肪的汤，浓汤就是加入面粉、黄油、奶油、蛋黄等制作出来的汤，冷汤适合夏季饮用。常见的品种有牛尾清汤、各式奶油汤、海鲜汤、酥皮汤、蔬菜汤等。

西餐中食用汤类菜品时要一口一口慢慢地品尝。每一口汤舀 2/3 匙，不舀满，这样汤汁就不会滴出来。舀汤时，汤匙要避免与汤盘发生碰撞，汤喝完后，汤匙应放在汤盘的底盘外边缘就可以了。

如果是酥皮汤，需要先用刀子或汤匙将覆盖在汤碗上的酥皮横切成两半，将靠近自己的一半放进汤里食用完后，再放进另一半酥皮食用。

3. 主菜

肉、禽类菜品是西餐的主菜，开胃菜的选取要根据主菜来决定。肉类原料的选取来自牛、羊、猪等各个部位的肉，其烹调方法常用烤、煎、铁扒等形式，配用的调味汁主要有黑椒汁、蘑菇汁等。

禽类原料选取来自鸡、鸭、鹅等家禽，有时也会将兔肉和鹿肉等野味归入禽类菜品。鸡是禽类菜品中选择最多的，可煮、炸、烤、焖，配用的调味汁主要有黄肉汁、咖喱汁、奶油汁等。

4. 沙拉

沙拉安排在主菜之后，有蔬菜、水果和肉类三种选择。蔬菜沙拉一般用生菜、西红柿、黄瓜、芦笋等制作。水果沙拉一般用当季水果制作。肉类沙拉一般用鱼、肉、蛋等制作。沙拉的主要调味汁有醋油汁、法式汁、千岛汁、奶酪汁等。

由于蔬菜的大小、形状、软硬都会有不同，所以食用时把各种蔬菜切成或折叠成比自己的嘴巴小的状态，就可优雅地食用。

5. 甜品

正餐食用完毕，一般都要食用甜品，在整个西餐过程中是最后登场的，对菜品起到画龙点睛的作用。甜品的种类有布丁、蛋糕、冰激凌、奶酪、水果等，一般配合着红茶或者咖啡，享受西餐带来的满足感与浪漫情怀，通常喝咖啡一般要加糖和淡奶，喝茶一般要加糖和香桃片。

6. 饮品

西餐用餐前、中、后，根据菜品的变化会搭配饮用酒水，使得菜品的口感更好。

7.2.6 各国菜品的区别

西餐根据地域大致可分为意式、法式、俄式、英式、美式等不同种类，因为不同国家有着不同的饮食习惯，在用餐时菜肴的上桌程序都有着各自的程序。

1. 意大利餐

意大利餐包括开胃冷盘、汤、面食、披萨、主菜以及甜品。其上菜顺序依次为头盘、第一道菜、第二道菜、沙拉、甜品或奶酪、咖啡或餐后酒,每一种类型的菜只需挑选一道即可。

2. 法国餐

法国餐在上菜前会先有一道面包上桌,如经典的法棍面包,外壳酥脆,口感很有嚼劲。法国餐的上菜顺序与意大利餐是不同的。法国餐上菜顺序依次是头盘、二道、主菜、甜品,可以点四道也可以点两道,其中头盘和二道是可以互点的。

3. 俄罗斯餐

俄罗斯餐以俄式小吃较为著名,俄式小吃是指各种冷菜,其特点是生鲜、味酸,如鱼子酱、酸黄瓜、冷酸鱼等。其上菜顺序依次为肉、菜、俄罗斯菜汤、炖炒牛肉、甜食和水果。

4. 英国餐

英国餐的正餐非常普通的,午餐一般为一汤一菜,晚餐除一汤一菜外,还要加上沙拉和甜食,英国的早餐是非常丰富的,一般有咸肉、烩水果、麦片粥、煎鸡蛋、果酱、面包、黄油、牛奶、咖啡等。

5. 美国餐

相对于传统西餐的烦琐,美国餐简化了很多。一般餐台上只放着最基本的刀、叉、勺各一把,只有在非常正式的宴会场合,才会有较多的规矩和程序。美国人的正餐比较讲究,常常包括3~4道菜肴,有冷开胃菜或沙拉、汤、主菜和甜点、面包和黄油、咖啡等。

7.2.7 餐桌注意事项

1. 餐桌禁忌

不要在餐桌上做与用餐无关的事情,比如,化妆、玩手机等。

取食时,拿不到的食物可以请别人传递,但不要站起来。

注意吃相,每次送进嘴里的食物要适量,别狼吞虎咽,咀嚼时不要说话。用餐时不要发出奇怪的声响,比如,打嗝、吧唧嘴等,刀叉也不要来回挥舞,如图7-13所示。

社交礼仪

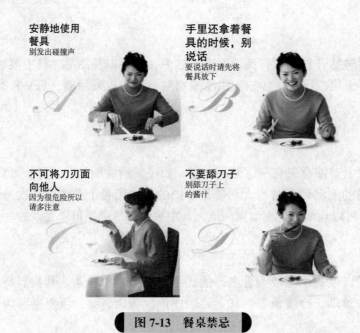

图7-13 餐桌禁忌

入座后西装纽扣的最下一颗或者两颗要解开,是为了入座舒适,但无论冷热,均不可卷起西装或衬衫袖子。

最好不要中途退席,如确实有急事,应向主人及左右宾客小声打招呼。

不要随意给他人夹取食物,有人给自己夹取食物时,应当道谢。如有人斟酒时,如果不需要,可以简单地说一声"不,谢谢"。

随身物品可以放在椅子后部,衣服可以脱下搭在椅背上或是交由服务生收放,不要把任何私人物品放置于餐台上。

2. 特殊情况

有的主人会在进餐前感恩祷告,来宾应当学习主人的样子,或坐或立地进行祷告。感恩祷告前,不要动桌面上的任何菜品,直到祷告结束,再把餐巾放在膝盖上,开始用餐。

当塞牙或异物入口时,不要在餐桌上用牙签当着宾客面剔除,可以去洗手间处理解决。

遇到不好吃的食物时,搁置一边。如果不慎入口,一定要小心翼翼地用餐巾盖住嘴,吐到餐巾上,让服务员换块新的餐巾,不要引起同桌吃饭人的不快。在餐桌上泼洒了东西,不要自己清理,请召唤服务生前来处理。万一无法清理干净,可以铺上一块新的餐巾,把脏东西盖住,然后再继续用餐,并且向同桌宾客致歉。

用餐的时候餐具如果不慎掉落,不要弯腰去捨,因为不仅姿势不雅观,还会影响身边人用餐,可以示意服务生来处理并更换新的餐具。

饭间吃了蒜或葱,交谈中要注意遮挡,不要让口气干扰交流。饭后立即漱口,还可以自备口香糖或口气清新剂。

7.3 宴请礼节

宴会是为了表示欢迎、祝贺、答谢等意愿而举行的一种较为隆重、正式并且伴随着一定目的的餐饮活动。因此，遵循规范的宴请礼仪，无论对于宴请者还是被宴请者来说都有益于提高社交能力。

7.3.1 宴会类型

宴会的类型复杂，名目繁多。从规格上分类：有国宴、正式宴会、非正式宴会。从形式上分类：有宴会、招待会、茶会、工作餐。从餐别上分类：有中餐宴会、西餐宴会等。从主题上分类：有婚宴、寿宴、接风宴、饯别宴等。从时间上分类：有午宴、晚宴、夜宴等。种类不同，宴会的作用也不同，一般会根据活动目的、对象、经费等综合因素来决定需要举办何种类型的宴会。

1. 宴会

（1）国宴

国宴是以国家的名义举行，是国家元首或政府为招待国宾、其他贵宾或在重要节日为招待各界人士而举行的正式宴会。特点是出席者的身份地位高，接待规格高，标准要求高，场面隆重，政治性强，礼仪严格，程序规范。宴会厅内悬挂国旗，菜单和席位卡均印有国徽，席间演奏国歌及乐曲，是规格最高的宴请。

（2）正式宴会

正式宴会规格仅次于国宴，对于到场人数、穿着打扮、席位排列、菜肴数目、宾主致辞、演奏音乐、环境摆设等，往往都有十分严格的要求和讲究。

（3）非正式宴会

常见的非正式宴会有便宴、家宴和工作餐三种形式。严格意义上讲，家宴也可以归属于便宴，它是在家中以私人名义招待客人而举行的一种便宴形式。便宴简便、灵活，形式也从简、随意，并不注重于规模和档次。而家宴在礼仪上一般也没有特殊要求，最重要的是制造亲切、友好、愉快的氛围，使宾主双方轻松、自然，从而彼此加深了解、增进信任。

工作餐是在会议或工作之中所提供的餐饮，是现代生活中经常采用的一种非正式宴请形式，时间地点可以根据实际情况临时选择、随时变更。

2. 招待会

招待会是指各种不配备正餐、较为灵活的宴请方式。通常备有食品和酒水饮料，无固定座位，可自由活动，常见的有冷餐会和酒会两种形式。

3. 茶会

茶会是一种更为简便的宴会形式，主要请客人品茶交谈，时间一般在16时左右（也有10时左右举行的），席间只摆茶点、水果和风味小吃，也可以安排一些短小的文艺节目助兴，场地大小不限，时间长短不拘，气氛轻松活泼。入座时，主人要有意识地和主宾坐在一起，其他出席者可相对随意一些。

7.3.2 宴请准备

要使宴请活动井然有序地进行，妥帖圆满地完成，就必须经过事先的充分准备。

1. 确定主题、规格

宴请活动可以有明确的主题，比如，庆祝、纪念、欢迎、告别或者是答谢等，也可以无明确的主题，比如，联络关系、结识新人或者是交流信息等。宴请宾客首先要根据宴请的目的明确宴请的主题，进而确定宴请的规格，不同的规格对于宴请的礼仪要求也有不同。宴请的规格在很大程度上取决于主宾的身份、地位和当地的风俗习惯。

根据宴请主题和规格来制定符合需求的宴会形式，一般规格高、人数少的以中式或者西式等正式宴会形式为宜，人数多的则偏向于冷餐会、酒会、自助餐等形式。

2. 确定对象、范围

列出客人的名单，主客双方的身份要对等，宾客如携带家眷，主人也应当携带家眷同行。在确定邀请对象时应考虑到宾客之间的关系，避免发生冲突和尴尬的场面。范围应掌握在自己可控的能力范围之内，范围过大、招待不周会显得失礼，范围过小、规格过高也无必要。

3. 确定时间、场所

选择一个最佳的时间和场所，可以收到最佳的宴请效果。

宴请时间的安排一般会事先征求宾客的意见，以主宾意见为主，也要协调好其他宾客的情况，确定一个主宾双方都较为合适的时间和地点为宜，晚宴通常会安排在18时开始，夜宴通常会安排在20时开始。

宴请的时间安排上需要注意以下几点：第一，要尽量避开对方的禁忌日。例如，欧美人禁忌13和"黑色星期五"，日本人禁忌数字4和9，伊斯兰教在斋月内白天禁食。第二，要尽量避开重要节假日。例如，中秋节、除夕夜是中国人全家团聚的日子，感恩节、圣诞夜是西方阖家欢聚的日子。第三，要尽量避免用餐时间匆忙或者拖拉。例如，正式宴会的用餐时间为1.5~2h，非正式宴会的用餐时间为1~1.5h，便餐的用餐时间为0.5~1h。

宴请场所的安排应遵循以下几条原则：第一，宴请身份地位较高的宾客，一般应在相对高档次的饭店、宾馆中举行，否则有不重视、欠尊敬之嫌。第二，尊重宾客的饮食禁忌和民族习惯。例如，对伊斯兰民族客人的宴请最好可以选择在清真饭店进行，有宗教信仰的人应选择在素食馆进行。第三，场所挑选应考虑交通便利、环境优雅、服务周到等因素，确保宴请能够按时开始、愉快进行。

4. 发送邀请函

正式宴会，一般均发送请柬，这既是礼貌通知，也是提醒备忘，更是赴宴入门的通行证，请柬应提前1~2周发出，以便给被邀请者留有时间余地。为了周到起见，不妨在宴请活动前夕，再次联系确认被邀请者是否收到请柬，能否出席宴会活动。对方如果能够出席，应表示感谢；对方如果不能出席，应表示理解，并且尽早考虑候补之宾。

非正式宴会，可以不发送请柬，口头邀约得到对方明确首肯后进行，确定好宴请的时间、地点后，最好可以编辑详细信息告知宾客，等同于请柬、备忘的效果。

5. 拟定菜谱

拟定宴会菜谱主要应考虑宾客的口味、禁忌、年龄、健康和预算标准等因素，其中要特别考虑饮食禁忌。例如，满族人忌食狗肉，蒙古族忌食海味，穆斯林不吃猪肉等。菜品的选择上也要注意凉热与荤素科学搭配，切忌讲排场、装门面地铺张乱点。

6. 席位安排

正式宴会均排桌次和座位，也可以只排部分主要宾客的桌次和座位，其他人员自由入座。席位安排主要考虑的是礼宾的顺序，其他还应考虑到宾客的身份、沟通、关系等因素。

按照惯例，有以下几个原则：第一，桌次安排上以主桌为准，主宾安排在主桌就座，离主桌位置越近的桌次等级越高。拿婚宴的桌次安排来举例，如图7-14所示。第

图7-14 婚宴桌席排序

二，座位安排上以右为尊，宴请者右边落座的是第一主宾，宴请者左边落座的是第二主宾，其他宾客依据距离主宾位置由近及远的顺序依次安排。第三，桌数较多时，要摆放桌次牌和宾客姓名牌，避免宾客坐错而产生不快。

7.3.3 宴请程序

宴请人的礼仪主要表现在宴请的程序方面，正式宴会包括迎宾、就座、致辞、祝酒、进餐、送客等程序环节，非正式宴会的程序环节相对可以简化一些。

1. 迎宾

宴会开始前，主人应提前到达宴会地点，在门口迎候来宾，有时还可以有少数其他陪同人员一起迎宾。宾客到达时，应热情相迎并握手问候，随即由相关人员引领入席。

2. 就座

相关接待人员引领来宾到事先安排的位置入座，并以茶水待客让宾客稍作等待、休息。一般是先引主宾、贵宾就座，后引普通来宾就座。如果宴会规模较大，也可以先将普通来宾引导入座，再由宴请人、主陪人员引导主宾、贵宾入座。

3. 致辞

宴会一般都有致辞、祝酒，但时间不尽相同。中式宴会习惯在主持人或者宴请人宣布宴会正式开始后，由宴请人致祝酒词，接着全体干杯，然后由主宾致答谢词（非正式宴会也可省略）。西式宴会习惯在进餐过程中，热菜之后，甜食之前致祝酒词。至于冷餐会、酒会的致辞时间就更加灵活了。

当宴请人致祝酒词时，全场人员要停止一切活动，聆听致辞并适当回应。

4. 进餐

宾客落座后便可上菜，大型宴会上通常采用分餐制，每道菜上菜的位置一般从宾客的左侧。小型宴会上菜的位置一般从下座宾客的左侧，新上的菜品要先挪转至主宾面前并报出菜品名称，出现全鱼、全鸡等菜品时，应将其头部对准主宾。

进餐交流中，要注意礼貌用语，要注意讲话分寸。尽量避免谈论工作、政治、健康、年龄、婚姻、财产等私人敏感问题，切记夸夸其谈，可以交流轻松、高雅、愉快、有趣的话题。

5. 送客

宴会结束一般先由宴请人向主宾、贵宾示意，询问其宴会结束意见并请其做好离席准备，然后再从座位上起立，全体宾客随之站起。

离席时应注意以下几个方面：第一，应让主宾、贵宾先起身离席，宴请人陪同送行，其他人员随后依次离席。第二，年轻者应主动帮助照顾年长者，护送年长者先行离席。第三，明确退席示意后，应尽快离席，不要长时间滞留席间。第四，离开前应向宴请人道谢，向其他宾客告别，切记拉扯宴请人长时间交谈。第五，若退席人数较多，宴请人和主陪人员应当在宴会厅门口与宾客握手话别。

7.3.4 赴宴礼仪

1. 应邀

接到邀请后，不论能否赴约，都应该尽早做出答复。特别是请柬上注有"敬请赐复""期待回复"字样的，均应迅速答复。接受邀请后，不要随意变动，要按时出席。不能出席的，可说明情况，并致以歉意。

2. 时间

出席宴会，抵达时间的迟早，逗留时间的长短，在一定程度上反映了对主人的尊重程度，迟到、早退、逗留时间过短等行为都有失礼之嫌。赴约的时间要把握得当，可比请柬上标注或口头约定时间提前三五分钟到达，既不要太早显得急于进餐，也不能迟到失了礼节。

德高望重者可以略微迟些，普通宾客可以略微早些，与宴请人相熟的宾客不妨早些到达，帮忙做些准备工作或者招待宾客。中途退席者，需向宴请人及同桌宾客说明情况后安静离去。

3. 装扮

赴宴是一种交际活动，仪容、着装、仪态等礼节不可忽视，得体的装扮是对宴会的重视和对宴请者的尊重。在正式宴会场合，男士通常应穿西服系领带，头发整齐，胡须洁净，皮鞋光亮。女士应穿套装或礼服，头发造型，淡雅妆容，得体鞋履。在非正式宴会场合，男士与女士的装扮不做过多要求，只要合适、大方、端庄、整洁就可以了。

正式宴会进行过程中，无论气温如何变化，均不得当众解开纽扣、拉松领带、脱下衣服。非正式宴会上，可稍自由、随意一些。

4. 入席

宴会场合，赴宴人不要随意乱坐，要听从宴请人或是服务人员的招呼、引导，就座已安排好的桌次和座位，如没有固定安排的席位，应当和其他周围宾客礼让并从座位左侧入席，切记不要过分客气、推让。

社交礼仪

落座后坐姿要端正自然，不可用手托举双腮或将双臂肘放于桌面，双脚踩踏在本人座位周围，不可伸长影响他人。不可玩弄桌上摆放好的餐具，更不要用餐巾纸擦拭餐具，让其他宾客误认为餐具不洁。

5. 交谈

用餐前至用餐中，可以与邻近来宾聊天交谈，不要一味地静坐或者埋头苦吃，也不要只与"老相识"交流，话题可以挑选宾客共同感兴趣的点，不要对宴会和饭菜妄加评论。

6. 用餐

进餐时，要举止文雅，不要狼吞虎咽、不顾其他，更不要摇头晃脑、发出声响。夹菜时，要适量，可少量多次取用，不要贪多。

7. 敬酒

当有人敬酒时，应起立回敬。人多时，可举杯示意，不必碰杯。人少时，要注视对方、耐心倾听，从年长尊者开始依次轻轻碰杯，使用敬语，注意礼貌。如果酒量不好，可在解释后用其他饮品代替酒水，切忌饮酒过量失言失态。

8. 离席

中途离开，一定要向宴请人说明情况、感谢宴请并致以歉意，切忌悄然溜走。宴请人知晓后，向同桌或者个别宾客告辞后安静离开，不要喧哗，不要逗留。大型宴会上，尽量避免第一个告辞，或是最后一个离开。

7.4 饮品礼节

宴请聚会上除了吃以外，也少不了喝。饮品的种类、取用、饮用也有许多需要注意的礼节和禁忌。

7.4.1 酒水礼仪

酒可助兴、寄情、怡情，大到外交宴会，小到朋友相聚，但凡迎宾待客，往往都离不开酒，酒已经成为社交活动中的特殊载体，所以各种宴请的餐桌上总是出现它的身影。

1. 酒的分类

酒的种类比较多，常见的有以下三种分类方式。

一是按生产方法的不同分为蒸馏酒、酿造酒和配制酒。蒸馏酒又称烈性酒，是指以水果、谷物等为原料先进行发酵，然后将含有酒精的发酵液进行蒸馏而得的酒。这类酒刺激性较强，酒精度较高，如白酒、白兰地等。酿造酒是指以水果、谷物等为原料，经发酵后过滤或压榨而得的酒。这类酒刺激性较弱，酒精度较低，如葡萄酒、啤酒等。配制酒是指在各种酿造酒、蒸馏酒或食用酒精中加入一定数量的水果、芳香原料、中药材等浸泡后，经过滤或蒸馏而得的酒。这类酒用香料配制的称为露酒，用药材配制的称为药酒，如青梅酒、竹叶青等。

二是按酒精含量的高低分为高度酒、中度酒和低度酒。高度酒的酒精含量均在40%以上；中度酒的酒精含量在20%~40%；低度酒的酒精含量在20%以下。一般白酒以高度酒和中度酒居多，葡萄酒以低度酒居多。

三是按商业经营分为白酒、黄酒、果酒、药酒、啤酒。白酒又称为烧酒，其特点是无色透明、质地纯净，我国白酒按香型分为酱香型、浓香型、清香型、米香型、其他香型。黄酒是我国的传统酒类，其特点是颜色黄亮、越陈越香。果酒大都以果实名称命名，其特点是色泽娇艳，果香浓郁。药酒是配制酒，其特点是营养滋补、药用价值。啤酒是酿造酒，其特点是促进食欲，帮助消化。

2. 酒的选取

中餐关于酒和菜的搭配，似乎没什么讲究。正式宴会场合一般会选用白酒和红酒，非正式宴会场合会根据宾客的喜好和预算的多少选择合适类型的酒水。

西餐中，酒和菜的搭配，有一定原则。一般习惯以配餐的方式对酒进行选取。餐前可以选用开胃酒，目的是为了刺激食欲，如味美思、比特酒、茴香酒等。佐餐主要选用葡萄酒，冷盘和海鲜选用白葡萄酒，肉禽野味选用红葡萄酒，甜食要选用甜型葡萄酒或气泡酒，原则上是"白肉配白酒，红肉配红酒，甜食配甜泡"。餐后酒的饮用目的是为了帮助消化，可以选用白兰地、利口酒等。

3. 斟酒礼仪

宴请者斟酒时需注意以下几个方面：第一，酒瓶应当场打开，斟酒时应右手持酒瓶，将商标朝向宾客。第二，通常应从第一主宾开始斟酒，按顺时针方向绕餐桌依次进行。但是，由于宴会的规格、对象、民族风俗习惯不同，因此斟酒顺序也应该注意灵活变通。比如，在座有年长尊贵者或者职务较高者时，要先给他们斟酒。再比如，在西方国家中，应先斟酒给女主宾位，再斟酒给男主宾位。第三，斟酒需要适量，白酒与啤酒八分满，葡萄酒一般六分满，其他类型酒水无过多讲究。第四，酒杯应放在餐桌上，斟酒时瓶口不要碰到酒杯口，距离约2cm为宜，防止碰撞发出声响。第五，斟酒姿态端正，站在宾客身后右侧，身体不可紧贴宾客也不可距离太远。

宾客被斟酒时需注意：宴请人斟酒时，起身端杯或俯身扶杯以示礼貌，也可以使用"叩指礼"，也就是用右手拇指、食指、中指捏在一起，指尖向下，轻叩几下桌面以示感谢，如图7-15所示。

社交礼仪

图7-15　叩指礼

4. 敬酒礼仪

中式宴会上，宴请人的敬酒一般在入席后、用餐前，同时搭配祝酒词来完成，在用餐中大家可以随意互相敬酒，而用餐结束由宴请人或主宾来敬酒，同时发言感谢。

敬酒顺序与斟酒顺序基本相同，在这里不过多赘述。有以下几个方面需要注意：第一，集体敬酒时，要停止进餐和饮酒，端起杯来互相碰杯，如不胜酒力无法干杯可举杯抿上一点，以示尊重。个人敬酒时，在喝过对方的敬酒后，稍作休息，再回敬对方。第二，敬酒时，自己的酒杯应略低于对方酒杯，如对方推让，也可以一手轻托对方杯底，一手端低自己的杯子来敬，如果和对方相距较远，也可以用杯底轻碰桌面以示碰杯。第三，两个人碰杯，先干者以示敬意。比如，下级与上级敬酒时下级先干，晚辈与长辈敬酒时晚辈先干，男士与女士敬酒碰杯时男士先干。第四，同桌敬酒，年纪小、身份低的人应起身敬酒。如向年长尊贵者敬酒，以双手握杯相敬以示尊敬。

注意东西方的文化差异，西式宴会与中式宴会敬酒大体相同，不同的是一般不允许随便离开座位与他人敬酒干杯，更不能拒绝他人的敬酒，否则是不礼貌的。

5. 饮酒禁忌

一是代酒讲规矩，如果拒酒要向敬酒者解释说明情况，再找人代酒。一般只能上级找下级代、年长者找年轻者代、女士找男士代；反之，则不礼貌。

二是敬酒要面面俱到，一视同仁，切勿有挑有拣，只为个别人斟酒。

三是忌讳贪杯、酗酒，醉酒之人往往话多，言多必失。

四是可劝酒不可逼酒，喝酒的目的是人际交往、愉快尽兴，逼酒容易产生矛盾。

五是饮酒要诚实，不要有假喝酒、偷倒酒等行为。

7.4.2 茶水礼仪

中国人待客常说"坐,请坐,请上座;茶,上茶,上好茶",由此可见,以茶敬客是一项重要礼仪。

1. 茶品分类

茶的品种较多,根据加工、制作方法的不同,茶叶的基本分类有绿茶、红茶、乌龙茶、白茶、黄茶、黑茶等品种。

绿茶是新鲜茶叶采摘后,经过摊晒蒸发水分,然后下锅杀青炒制或烘干。绿茶最大特点就是不发酵,最大限度保留茶的原有成分。绿茶更适合在夏天饮用,可以消暑降温,如碧螺春、西湖龙井等。

红茶是用新鲜的茶叶烘制、完全发酵后制作而成。在冲泡前色泽油润乌黑,冲泡后气味浓香扑鼻。红茶更适合在冬天饮用,可以暖胃补气、提神益智,如滇红等。

乌龙茶是半发酵的茶,茶叶边缘发酵,中间不发酵,整体外观上呈黑褐色。喝乌龙茶可以化解油腻、健胃提神,如铁观音、武夷岩茶等。

白茶属于轻微发酵茶,基本工艺是萎凋、晒干或烘干,成茶芽叶自然舒展,带有白色茸毛,汤色清淡,如福建白茶等。

黄茶是鲜叶杀青、揉捻后经过堆积闷黄,再炒,再堆积闷黄,然后烘焙干燥,如君山银叶、霍山黄芽等。

黑茶的原料一般较粗老,制作过程中堆积发酵时间较长,叶色油黑,故称为黑茶。可以直接饮用,也可以压紧后制作成类似砖块的形状,一些少数民族比较喜爱。

从各地生活饮食习惯来看,南方人爱喝绿茶,东南沿海一带的人爱喝乌龙茶,欧美人爱喝红茶。

2. 茶具选择

喝茶时,选择的茶叶不同,配备的茶具也不同。

在有条件正规的场合中,泡茶用具与喝茶用具要区分开。泡茶用具多用紫砂陶或陶瓷茶壶,喝茶用具主要是茶杯、茶碗,切记泡茶用具与喝茶用具要注意配套、整洁,不要选用破损、残缺、有裂纹、有污垢的用具待客。

其他无条件场合中,也可以用玻璃杯、一次性纸杯冲泡茶水。

3. 沏茶礼仪

首先,泡茶前要清洗双手,保持双手洁净。尽量不要在宾客面前取茶冲泡。如无法避免,不可以直接用手取抓茶叶,要用勺子舀,或是直接将茶叶倒进茶壶、茶杯中冲泡。

其次,不同品种的茶叶冲泡时所用的水温也不相同,比如,绿茶需要用75~85℃的水冲泡,红茶需要用95℃以上的水冲泡。

社交礼仪

再次，有多种茶水可供选择的话，应当告诉客人并请客人选择自己的喜好。比如就外宾而言，美国人喜欢喝袋泡茶，欧洲人爱喝红茶，日本人则爱喝乌龙茶。

最后，茶水应该当着客人的面倒，显得安全、卫生，客人还没到达就倒好茶水，会让宾客无法确定茶水是为谁准备的，是否有人喝过？

4. 饮茶礼仪

第一，品茶讲究色、香、味、形四全，先看色泽，后闻香味，再品味道，最后喝完观察一下茶渣，方能鉴别出茶品好坏。

第二，倒茶讲究"茶浅酒满"，意思是给宾客倒茶只能续七分杯，倒茶顺序按照先客后主、先长后幼、先女后男来进行。

第三，上茶应当双手将茶奉上。

第四，及时为宾客茶杯续水，否则有怠慢之嫌。

第五，饮茶时，冲泡者向客人奉茶、续水时，宾客应当扶杯道谢或用右手中指和食指轻叩桌面以示感谢。饮饱茶后，再有人续茶，可以用手轻轻遮挡杯口示意不再续水。

5. 饮茶忌讳

一忌狼吞虎咽。不论主人还是宾客，都不应该大口吞咽茶水。

二忌连饮数。再口渴也不能狂饮数杯不间断，如牛饮水有失仪态。

三忌响声大作。不要把茶水喝得"咕咚"或者"滋滋"作响，应当慢慢地小口仔细品尝。

四忌嚼食茶叶。遇到漂浮在茶水表面的茶叶，可以轻轻吹开，不可用手从杯里捞出来扔掉，也不可把茶叶吸入嘴里咀嚼咽下。

五忌吐回杯中。无论茶水是否可口或者冷热是否适宜，都不能把已经喝入口中的茶水再吐回杯中，这是非常失礼的表现。

7.4.3 咖啡礼仪

咖啡是世界三大饮品（酒、茶、咖啡）之一，是西方钟爱的"国饮"，也成为社交活动中备受欢迎的一项内容。

1. 饮用场合

中式宴会场合，一般很少饮用咖啡，所以咖啡通常出现在西式宴会场合饮用。正式的西式宴会，咖啡往往是"压轴戏"，通常在晚上饮用。西餐厅里，人们往往会用咖啡佐餐助兴。家中会友时，饮用咖啡不要超过16时。因为有很多人在这个时间过后不习惯再喝咖啡。

2. 咖啡常识

正式情况下，咖啡都是盛入杯中，然后放在配套碟子上，搭配金属小匙一起端用。碟子的作用，一是放置咖啡匙；二是接收溢出杯子的咖啡，如图7-16所示。

图7-16　咖啡杯摆放示意图

有时根据个人喜好，需要自己动手往咖啡里加一些配料增加口感，如牛奶、糖块，注意不要主动、随意给他人添加配料。如果配料不够需要补充时，示意主人或服务员拿取就可以了。

咖啡匙是用来搅拌咖啡的，千万不要用来舀咖啡喝，更不要用咖啡匙来捣碎杯中的方糖。不用的时候应平放在咖啡碟里，不要立在咖啡杯里。标准的搅拌手法是将咖啡匙立于咖啡杯中央，先顺时针由内向外画圈，到杯壁再由外向内逆时针画圈至中央，然后重复同样的动作，这种方法令咖啡浓淡均匀。

饮用咖啡时，通常只需端杯子，而不必端碟子。如果距离咖啡放置桌比较远，或站立、走动时喝咖啡，应用左手把碟齐胸端住，再用右手拿着杯子喝。饮用完毕，应立即将咖啡杯置于咖啡碟中，不可将二者分别放置。添加咖啡时，不要把咖啡杯从咖啡碟中拿起来。

饮用咖啡时，会准备一些糕点、水果之类的小食品，需要食用时，应先要放下咖啡杯再取用食品，不可以同时吃喝。

握咖啡杯的得体方法，是伸出右手，用拇指和食指握住杯耳后，再轻缓地端起杯子。不可以双手握杯或用手托着杯底，也不可以俯身就着杯子喝。

3. 咖啡选择

咖啡分为现磨现煮咖啡和速溶咖啡。通常宴请、会客中都会采用现磨现煮咖啡。在西方国家，特别是在欧美，人们是很少主动去喝速溶咖啡的，磨煮咖啡几乎成为每

社交礼仪

个人都会的必备技能，除非在旅途中或者条件有限的场合下，人们才会喝速溶咖啡。有些人甚至极端地认为"速溶咖啡"不能算作是真正意义上的咖啡，口味上和内涵上都与现煮现磨咖啡相差甚远。

4. 饮用礼仪

喝咖啡的时候，一定要注意举止礼仪。在正式的场合，喝咖啡的时候杯数要少。不同于饮酒或者饮茶，不能一口气把一杯都喝完，也不能连续喝上几杯，喝咖啡最多不要超过三杯。

添加咖啡配料的时候，动作要轻柔。比如，添加牛奶的时候，动作要稳当，尽量不要洒到桌面上。添加糖的时候，要用夹取工具去拿，不要直接用手，取后要靠近杯子轻放入内，不要"投篮"，以免咖啡溅出弄脏衣服或台布。

饮用咖啡不是为了充饥解渴，所以要避免动作粗鲁。切忌一饮而尽、大口吞咽、响声大作。

饮用咖啡中的交谈，要适时、小声，不要大声喧哗，不要指手画脚，以免影响环境氛围。

思考题

1. 中餐的就餐形式一般有哪几类？分别适用于什么样的场合？
2. 一天傍晚，巴黎的一家餐馆迎来了四名中国人。老板特地让一名中国侍者为他们点餐。侍者向他们介绍了一些法国菜和本店的主厨推荐菜品。他们一下子点了三十多道菜品，并让侍者帮助他们打开自带的白酒以供饮用。菜品上桌后，他们不停地拍照、说话、大笑，嘴里还时不时地发出咀嚼食物的声音，菜品的骨头、残渣也吐在了餐盘旁边的桌布上。邻座的客人实在看不下去了，对他们提出了抗议。

请指出客人的失礼之处。
3. 宴会是为了表示欢迎、祝贺、答谢等意愿而举行的一种较为隆重、正式并且伴随着一定目的的餐饮活动。那么，宴会的类型如何划分？

第8讲

文书礼仪

人无礼则不立，事无礼则不成，国无礼则不宁。

——荀子

文书是人们通过制作文字资料来记录信息、交流信息、发布信息的一种信息交流工具。正因为有了这种在人类社会群体内信息交流的需要，也便促生了文书在写作和使用过程中的礼仪规范，目的是使信息既能及时准确地得到传递，又能使双方在信息交流中获得信任和好感，这是人类在社会交往中保持良好合作关系的重要基础。

文书礼仪是指文书写作活动中，在文体把握、文字措辞、语气使用，以及文书传递中所要遵循的礼仪修养和礼仪规范。其基本特点如下。

交际性。作为交流性的信息传递工具，文书礼仪的一个特点就是交际性，它所体现的是信息交流双方在事务处理过程中，必然体现出的交际行为和交际需要，也只有在礼仪相伴的合理有效交往过程中，才能更好地实现交际的目的。

礼节性。即交往双方在交往过程中必然表现的交往礼节，无论多少，也无论得体与否，它一定体现出的是人们所处社会群体的交际习惯和规范。如称呼上的"你"与"您"，处世当中的"承蒙"与"受到"，语词不同，礼貌程度也相异。礼节表达是否规范得体，在一定程度上也影响到交际的成败与顺利与否。

规范性。是人类社会在运行发展过程中所形成的需要共同遵守的基本行为规范和礼仪标准，是保证交往顺利、信息沟通顺畅和社会和谐的重要保障。

第8讲　文书礼仪

8.1　书信往来

烽火连三月，家书抵万金。

——杜甫

东去长安万里余，故人何惜一行书。

——岑参

礼貌使有礼貌的人喜悦，也使那些受人以礼貌相待的人们喜悦。

——孟德斯鸠

书信是一种向特定对象传递信息、交流思想感情的应用文书。它是情感交流的桥梁，也是信息传递的工具，是人类社会生活中最普通、最古老的一种信息沟通方式。

书信写法比较灵活，没有统一的标准，但书信写作一般要遵循一定的要求：一是必须合乎规范；二是言之有物，通情达理；三是礼貌有节。

8.1.1　一般书信礼仪

一般书信是指家人、亲戚、朋友、同志之间询问生活学习状况、交流思想感情、沟通信息、讨论问题、研究工作的私人信件。

一般书信主要由笺文和封文两部分构成。

1. 笺文礼仪

笺文是指写在信笺上的文字，是寄信人与收信人相互交流信息、表达问候与祝颂等内容，主要包括称谓、问候语、正文、祝颂语、落款及时间五部分。

（1）信笺的款式现在通常使用的有横竖两种款式。

竖式信笺也称中式信笺，是我国传统的信笺款式。竖式信笺在当代已不常使用，内地多见于年长者的书信往来，但在我国港、台地区及海外侨胞的中文书信中，竖式信笺仍是较为普遍使用的。

横式信笺又称"西式"信笺，是内地今天常用的款式。

（2）信笺的内容主要包括称谓、问候语、正文、祝颂语、落款及时间四部分。

① 称谓。称谓是对收信人的称呼。在信文的第一行起首位置单独成行，顶格书写，以示尊敬。称谓后用冒号。

称谓礼仪应遵循长幼有序、礼貌待人的原则，选用得体的称呼。应该考虑对方的性别、年龄、职业、身份以及双方的关系。比如，子女给父母写信，称谓常见的写法是"亲爱的（敬爱的）爸爸妈妈"。

称谓又分为家庭内、家庭外两类不同情况。家庭内根据亲缘关系来使用，家庭外

社交礼仪

常用的称谓主要有以下几种。

姓氏加称谓词。如李先生、王小姐、吴太太、刘夫人、钱老等。一般来说，男士可以统称为先生；女士则根据婚姻状况来定，未婚的称"小姐"，已婚的称"太太""夫人"，如果不清楚对方已婚与否，则统称"女士"。

姓氏加职衔、学衔、职称等。如艾经理、魏书记、刘博士、张教授、赵工等。中国人一般习惯称呼职衔，欧美人一般习惯称呼学衔。

姓氏加职业。如李医生、王护士、吴警官、苏老师等。

名字加称谓词。如晓辉叔、雯雯姐、建军兄等。

如果确实不知道对方姓名，可使用职务等中性名称，并在称谓前加"尊敬的"。

② 问候语。问候语是指对收信者的问候。在称谓下方另起一行，空两格，单独成段书写。常见的有"您好！""近好！"等。

问候语可以多种多样，常常根据节日、年龄、职业、健康等情况选用，如"新年好！""身体康安吧！""生意兴隆吧！"等。

③ 正文。笺文的主要内容是写信者与对方交流的情感思想或沟通的信息。可根据与书信对象的关系和所述写内容的不同，灵活地采用不同的文笔和风格。

写作时另起一行，空两格写起。一般先询问对方近况或谈谈与对方有关的情况，以表达对对方的关心和重视，如"酷暑炙热，起居如何""新作拜读，敬佩之至""见字如面""喜闻足下新婚燕尔，特表祝贺"。之后开始主要内容的书写，或是回答对方的问题，或是谈谈自己的事情和打算。最后简短表达自己的希望、意愿或者再联系之事。

④ 祝颂语。祝颂语是写信人在书信结束时向对方表达的美好祝愿、深情勉慰的短语。一般常用的有"此致、敬礼""即颂、近安""顺致、秋安""顺祝、安康"等词。

祝颂语的写作要注意规范，一般写在正文之后，分两行书写。上一行前空两格，写第一个词，如"此致"，下一行顶格写第二个词，如"敬礼"。

常用祝颂语：

对长辈、尊者：恭颂金安（大安、福安）、敬祝安康（荣寿、大安、福安）等。

对平辈、朋友：顺致安好、即此颂好、祝进步等。

对晚辈：顺祝、顺致、即问、望（根据希望，如"考试顺利"）等。

对病人：顺祝、敬祝（痊安、愈安、健康、早愈）等。

对不同职业：教师常用"此致教祺（教安）"等；军人常用"此致戎安（勋祉）"；学生常用"此致学祺（进步）"；旅行者常用"此致一路顺风（旅居平安）"等。

⑤ 落款及时间。在笺文最后要写上写信人的姓名和写信日期。

署名应写在祝颂语下另起一行靠右位置。如果写给领导或不太熟悉的人，应署上全名，以示庄重、严肃；如果是写给亲朋好友的，可只写名而不写姓。署名的后面可酌情加上启禀词，如对长辈用"奉、拜上"等词；对同辈则用"谨启、上"等词；对晚辈一般用"字、白、谕"等词。

日期写在落款后的下一行靠右位置。

第8讲 文书礼仪

【例文1】

亲爱的爸爸妈妈：

　　你们好！非常高兴有这个机会和你们畅谈。近来，你们的身体还好吧！一定又在为秋收而忙碌着吧！这些年来，为了我和弟弟健康成长，完成学业，你们早出晚归不辞辛苦地干着，就是为了让自己的儿女不要走自己所走的这条路。我和弟弟要对你们说："爸爸，妈妈，你们辛苦了！我们因拥有你们而自豪！我们会加倍努力，在我们的人生路上创造出自己的辉煌，让你们因拥有我们而感到自豪的。"

　　爸爸，妈妈，女儿要对你们说……

　　爸爸，也许您还不知道，从小到大，您是女儿的榜样，女儿崇拜您！您那认真而威严的态度，您那朴实而亲切的话语，时时会出现在女儿的脑海中，给予女儿以警醒，让女儿有信心和勇气去战胜人生中的坎坎坷坷。同样，女儿也知道，在您心里有很多的痛苦和遗憾，为自己的人生而痛苦，为不能上大学完成学业而遗憾，您把这些希望都寄托在我和弟弟身上。在此，我要对您说："爸爸，请您高兴起来吧！女儿此时已进入大学，圆了您一半的大学梦，请您相信女儿，在大学生涯中，我会以冷静的头脑，坚定的信念和充满活力的青春去珍惜人生的分分秒秒，抓住每一次机会，创造出自己的辉煌。爸爸，请您相信我吧！"

　　妈妈，不知您手上的病痛好些了吗？这些年来，您为了我和弟弟，不顾及自己的身体，我们身上一点点的疼痛是您心中的最大疼痛。记得，我有一次发烧烧得很厉害，您说了一句让我热泪盈眶的话，不知您还记得那句话吗？当时，您说："让我女儿的病快些好吧，怎么不把这些病痛都加在我一个人身上？"也许是您无意中说出的心里话，但它却让我感觉到妈妈的爱。在别人看来，这句话可能太普通了，可就是这句普通的话语让女儿如此的感动。妈妈，您经常对我和弟弟说："你们俩要好好学习呀，不要像我们一样，种地多累啊，一定要考出去。"在此，我要对您说："妈妈，您不要过于操劳，我和弟弟都会努力学习的，您要好好注意身体，等我们有了自己的事业，会让您好好享福。一定要记住：注意身体！妈妈，我爱您……哈哈。"

　　你们不要为我担心，我在这边生活得很好，伙食很对口，住宿环境也不错，宿舍人也非常好。总之，一切都很好。我会朝着自己的目标前进的，再大的挫折也不会击垮我的，因为我知道，在我的身边有你们永远注视着我，支持着我。

　　好了，咱们就说到这儿。

　　祝：身体健康！工作顺利！

　　永远开心快乐。

　　　　此致

　　敬礼

你们的女儿：×××
××××××××

社交礼仪

2. 封文礼仪

封文是指寄信人在信封上书写的送达信息和寄发地址，也就是收信人的地址、姓名和寄信人的地址、姓名等。封文是写给邮递人员看的，是让邮递人员知道书信从哪里来，要寄到哪里去。如果投递中找不到收信人，可以根据封文信息将书信退给寄信人。

封文礼仪所体现出的作用，一是可以保证书信准确无误地投递；二是直观反映出写信人的文化修养；三是体现出写信人对投递者的尊重程度。

（1）封文款式分为竖式与横式两种。现在通用的是横式封文。

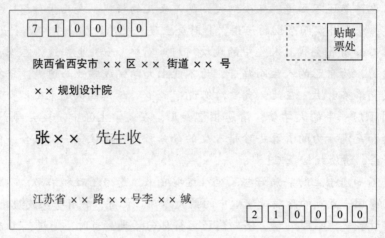

注：横式封文。

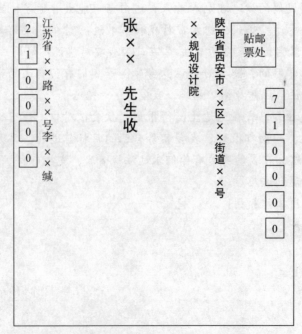

注：竖式封文。

（2）封文书写礼仪。信封上应依次写上收信人的邮政编码、地址、姓名及寄信人的地址、姓名和邮政编码。

① 横式封文写法如下。

收信人的邮政编码要填写在信封左上方的方格内。

收信人地址写在收信人邮政编码的下方，要写得详细无误、字迹工整清晰。如果是发给机关、团体或单位的信，要先写上地址，再写单位名称。

收信人姓名要写在信封的中间位置，字体要略大一些。在姓名后空2~3个字的位置写上"同志、先生、女士"等称呼，之后写上"收、启、鉴"等字。

需要注意的是，封文是给投递员看的，出于对传递者的尊重，收信人姓名后不能写带有亲戚的称呼，如"李克勤父亲收""李玲姐姐收"。

寄信人地址、姓名应写在信封下方靠右的位置，要尽量写得详细周全一些。

寄信人邮政编码要填写在信封右下方的方格内。

② 竖式封文写法如下。

收信人地址、邮政编码在右上方。

收信人姓名、称谓在正中央。

寄信人地址、邮政编码在左下方。

3. 信件托人转交礼仪

当信件不需要邮寄，而只是托他人转交时，在封文书写上主要有以下内容。

（1）托带语，书写在信封的左上方。

（2）收信人姓名、称谓，书写于信封的中央。

（3）写信人姓名等信息，书写于信封的右下方。

```
┌─────────────────────────────────┐
│ 烦请转交                          │
│                                 │
│                                 │
│         李 润 德  先 生  收        │
│                                 │
│                                 │
│                        刘××  敬托 │
└─────────────────────────────────┘
```

8.1.2 专用书信礼仪

专用书信是指党政机关、社会团体、企事业单位、个人为办理特定事务而使用的信件。专用书信具有传递信息、联络感情、沟通思想、宣传鼓动、表彰慰抚、提供凭

社交礼仪

证等功能。内容单一、具有公开性是专用书信的基本特点。

专用书信主要有介绍信、证明信、感谢信、表扬信、贺信、推荐信、求职信、慰问信、申请书、决心书、挑战书、应战书、倡议书、检讨书、保证书、邀请信以及聘书等。

专用书信的格式，分为基本格式和填充格式两种。基本格式同一般书信基本相同，有称呼、正文、结尾、落款几个部分。与一般书信不同的是，基本格式写作时，要标明专用书信的标题，如"感谢信"。填充格式是根据文种的特定格式事先印制好，以供需要者使用。填充格式主要用于介绍信、请柬等，使用时只需填上相应内容即可。

不同的专用书信有不同的写法，下面介绍几种专用书信。

1. 介绍信

介绍信是介绍被派遣人员到相关单位接洽事情、联系工作、参观学习、了解情况、出席会议等所使用的一种专用书信，起着介绍和证明的双重作用，可以使对方了解来人的身份和目的，以便得到对方的信任和支持。

（1）介绍信的款式一般有书信式和填表式两种。

书信式介绍信一般是印有单位名称的信笺，书写格式与一般书信基本相同。

填表式介绍信是一种有固定格式的印制式专用信纸，填写时要根据需要办理的具体事项按格逐一填写。填表式介绍信有存根，便于查存。

（2）介绍信的书写礼仪。

一封规范的介绍信包括以下内容。

① 收信方称呼。要求单独占一行顶格书写，称呼后加冒号。如"西北工业大学校长办公室："。

② 持介绍信者的人数、姓名、身份。如果涉及一定保密范围的事项时，须注明联系人的政治面貌、职务、级别等，以便收信单位根据情况进行接待工作。

③ 接洽、联系的事情。即有何希望与要求，一般用一段文字表达。

④ 开具介绍信的单位名称和日期。写在致敬语右下方，并加盖公章。

⑤ 介绍信的有效期限。

【例文 2】书信式介绍信

介 绍 信

××公司负责同志：

兹介绍我校×××等×位同志前往你处联系有关安排学生毕业实习事宜，请接洽为荷。

此致

敬礼

××职业学校（公章）
××××年××月××日

【例文3】填表式介绍信

```
                    介 绍 信（存根）

   兹介绍_____等同志_____人前往

   联系_____。

                              _____年_____月_____日

   （有效期_____天）
   ............... 字 ....... 第 ........ 号 ..........
                      介 绍 信
   _____：

   兹介绍_____等同志_____人，前往你处联

   系_____，请予接洽并提供协助。

          此致

   敬礼
                                    _____（公章）
```

2. 证明信

证明信是证明某人身份、经历或事情真相出具的信函，是用可靠的材料表明或断定人或事物的真实性，证实和说明人与事物具体表现或特性的专用文书。一般由单位或熟悉情况的个人来写。

证明信具有凭证的特点，是持有者用以证明自己身份、经历或某事真实性的一种凭证。有公文式、书信式和便条式三种。可以主动发往对方，可以是对方来信询问的回复。

（1）证明信的适用范围有以下几种情况。

① 某人要入党或入团，组织在进行调查时，原单位或有关人员要为其写证明信。

② 某些历史事实或事件的真相模糊不清，或被人歪曲，由亲历者写出证明以澄清事实。

③ 公安机关在寻找案件的目击者时，由当时在场的群众写出证明信，以说明案发时的真实情况。

④ 个人对具体情况必须向单位做出解释说明时，请有关人员出具证明。

（2）证明信是一种专用书信，尽管证明信有多种形式，但它的写法同书信的写法基本一致，它大部分采用书信体的格式。

证明信的格式由以下几项内容构成：标题的文种名称，写明"证明信"，或"证明"；受文单位名称；正文；落款；盖印等。与介绍信相比，不需要写作有效期时间，但一

般应该存根备查。

① 标题。证明信的标题通常有两种方式：一是单独以文种名做标题，是在第一行中间书写"证明信""证明"字样；二是由文种名称和事由构成，也是在第一行中间书写，如"关于×××同志××情况（或问题）的证明"。

② 称呼。在第二行顶格写上受文单位名称或受文个人的姓名称呼，然后加冒号。有些供有关人员外出时证明身份的证明信，因不同时间及不同地点的需要，可能会没有固定的受文者，因而开头可以不写受文者称呼，可以在正文前用公文引导词"兹"引起正文内容。

③ 正文。正文位置在称呼后另起一行，空两格书写。要求针对证明的内容如实书写，其他无关信息不写。正文之后，一般要写"特此证明"四个字，也可以另起一行，顶格书写。

④ 落款。在正文的右下方写上证明单位或个人的姓名称呼。成文日期要写在署名的下方另起一行，然后由证明单位加盖公章，或证明人签名、盖私章，否则证明信将视为无效。

【例文4】

证 明 信

××公司：

　　××同志，男，现年35岁，一九九四年九月考入我校学习，系×××专业本科生，一九九八年七月以优异的成绩毕业。特此证明。

　　此致

敬礼

××大学校长
×××（签名）
××××年××月××日

3. 感谢信

感谢信是重要的礼仪文书，是集体或个人对关心、帮助、支持过自己的集体或个人表示感谢的专用书信，如受到邀请、接待、慰问，收到礼品、得到帮助之后表达感激之情。感谢信可以直接寄送给对方单位或个人，也可公开张贴或送报社、电台。

（1）从基本内容来说，感谢信有感谢与表扬双重意思，一是感谢对方的关心、支持和帮助；二是表扬和宣传对方的善行善举。从写作层次来说，主要包括交代事由、陈述事迹、做出评价、表达谢意四项内容。

（2）感谢信一般由标题、称谓、正文、结语、落款五部分构成。

标题位于首行居中位置。常见的有三种写法：一是只写"感谢信"三字；二是由感谢对象与文种构成，如"致××同志的感谢信""致××大学的感谢信"等；三是感谢者、受信者与文种构成，如"张少鹏全家致××医院的感谢信"等。

称谓是感谢对象的单位名称或个人姓名。如"××公司""王淑文同志"等。称谓在标题下一行顶格书写。

正文主要写作两层内容：先写感谢对方的理由，即"因何事感谢"，后写感谢之意。称谓之后另起一行空两格写起。

感谢理由的写作：首先要准确、具体、生动地叙述对方的帮助，交代清楚人物、时间、地点、事迹、过程、结果等基本情况；其次在叙事基础上就对方的帮助作恰当、诚恳的评价，以揭示其精神实质、肯定对方的行为。

表达谢意的写作：一般是在叙事和评论的基础上直接对对方表达感谢之意，也可根据情况在表达谢意之后表示以实际行动向对方学习的态度。

一般常用"此致、敬礼""再次表示诚挚的感谢"之类的话结束全文；也可自然结束正文，不写结语。写法同一般书信。

落款要写明感谢者的单位名称或个人姓名和写作信函的时间。一般在正文后右下角先写姓名，在姓名下行写日期。

（3）感谢信的写作注意事项有以下四点。

一是内容以主要事迹为主，详略要得当，篇幅不能太长。

二是要洋溢着感激之情，使所有看到信的人都受到感染。

三是写作要及时，忌滞后。

四是公开张贴须征得对方同意。

【例文5】

感 谢 信

亲爱的市民朋友们：

在举世瞩目的2010年广州亚运会和亚残运会圆满成功之际，广州亚组委、亚残组委和中共广州市委、广州市人民政府向你们表示衷心的感谢并致以崇高的敬意！

举办第16届亚运会和首届亚残运会，是我国继北京奥运会、上海世博会后又一重大国际盛事，办好亚运会和亚残运会是党中央、国务院和全国各族人民赋予我们的光荣使命。在党中央、国务院和省委、省政府的坚强领导下，在全省和全国人民的大力支持下，广州举全市之力，万众一心、攻坚克难、卓越精细、无私奉献、大爱无疆，成功举办了一届高水平、有特色的亚洲体育文化盛会，倾情演绎了"激情盛会、和谐亚洲"和"我们欢聚、我们分享、我们共赢"的办会理念，全面兑现了向国际社会的郑重承诺，圆满实现了"两个亚运同样精彩"的奋斗目标，赢得了亚洲各国各地区的高度赞誉。

在广州亚运会和亚残运会举办期间，全市人民识大体、顾大局，全力支持、广泛参与、无私奉献。以"迎接亚运会，创造新生活"为主题，深入开展"迎亚运、讲文明、树新风、创平安"活动，形成"人人都是东道主、个个都是志愿者"的良好氛围，保证了赛场热情友好，交通安全顺畅，市容整洁优美，保障优质高效，服务周到细致，社会欢乐祥和。全市人民用心血和汗水浇铸了广州亚运会和亚残运会的丰碑，用热情

社交礼仪

和努力树立了广州的良好形象，为广州亚运会和亚残运会成功、精彩、圆满、难忘做出了重大贡献，为国家赢得了崇高荣誉，在亚运史上谱写了光辉篇章。历史将会永远铭记全市人民的辛劳和奉献！

广州亚运会和亚残运会的成功举办，极大地促进了广州经济社会发展，极大地增强了城市的凝聚力和影响力，有效地改善了人民群众的生活环境，有效地激发了人民群众的热情和斗志，为广州的发展留下了丰富的物质遗产和宝贵的精神财富。我们要以成功举办广州亚运会和亚残运会为新的起点，全面总结办会经验，努力把办好两个亚运的成功做法转化为推动城市发展的长效机制，弘扬"敢想、会干、为人民"的亚运精神，进一步凝聚全市人民的智慧和力量，更加紧密地团结在以胡锦涛同志为总书记的党中央周围，深入贯彻落实科学发展观，为加快建设国家中心城市和全省"首善之区"，让全市人民生活更加美好幸福而努力奋斗！

中共广州市委
广州市人民政府
2010年12月23日

4. 慰问信

慰问信是一种对他人表示慰藉、问候、鼓励、关切的专用书信。它是有关机关或者个人，以组织或个人的名义在他人处于特殊的情况下，如战争、自然灾害、事故，或在节假日等，向对方表示问候、关心的应用文书。

（1）慰问信的内容根据事件和对象的不同有所区别，主要包括两种：一种是表示同情安慰的，如对处于灾害、事故中人们的慰问，往往在表示难过或哀痛的心情之后，着重鼓励对方战胜灾害的勇气；另一种是节日的问候，如对节假日坚持生产的工农群众的慰问，着重称颂他们的贡献。

（2）慰问信一般由标题、称谓、正文、结语、落款五部分构成。

标题位于首行居中位置。慰问信的标题通常由以下三种方式构成：一是单独由文种名称构成，如"慰问信"；二是由慰问对象和文种名构成，如"给抗洪抢险部队的慰问信"；三是由慰问双方和文种名构成，如"朱德致抗美援朝将士的慰问信"。

称谓是慰问对象的单位名称或个人姓名。如"××学校""刘丽霞同志"。书写位置在标题下一行顶格处。如果是写给个人的，应在姓名之后，加上"同志""先生"等字样，后加冒号。

称谓下另起一行，空两格写慰问的正文。慰问的正文一般由慰问目的、缘由和慰问事项等几部分构成。

慰问目的是指发此信的目的是代表何人向何集体或个人表示慰问。该部分的写作要开宗明义。如"值此2017年新春佳节即将到来之际，中共西安市委、市人大常委会、市人民政府、市政协代表全市人民，真诚地向你们及亲属表示亲切的慰问，并致以崇高的敬意"。

慰问缘由或慰问事项：可根据情况分为两种。一是慰问先进事迹或人员，要概括地叙述对方的先进思想、先进事迹，或战胜困难、舍己为人、不怕牺牲的可贵品德和高尚风格；二是慰问受困对象，一般要简要叙述对方所遭受的困难和损失，要表现出写信方的钦佩或同情之情。

结语是祝福和希望语。结语一般有两项内容：一是表示共同的愿望和决心，如"让我们携手并进，为提高教育教学质量，为国家培养高质量的人才共同奋斗""困难是暂时的，最后的胜利一定属于我们"等。二是写祝愿的话，如"祝你们取得更大的成绩""祝节日愉快"等。需要注意的是，"祝"字后面的话要另起一行空两格书写。

落款要写明慰问者的单位名称或个人姓名和写作信函的时间。一般在正文后右下角先写姓名，在姓名下行写日期。

（3）慰问信的写作注意事项如下。

慰问信是表达友好情感的实用文书，应根据不同对象、不同情况表达真挚、自然、真切的慰问之情。因此，语言应当亲切、热情、富有感情色彩，能够真正安慰人、打动人心。

【例文6】

慰 问 信

汶川地震灾区的气象干部职工们：

惊悉四川省汶川县5月12日发生7.8级强烈地震。此次地震灾害影响范围广，抢救难度大，人员伤亡和财产损失十分严重，灾区气象站网、设备等也遭受了严重的破坏和损毁，六名气象职工和家属罹难，一名失踪。在此，谨向你们及你们的家属表示深切的慰问，向死难者表示沉痛的哀悼，向在此危险和困难的条件下仍坚守在抗震救灾第一线的广大干部职工表示诚挚的感谢和崇高的敬意！

灾害发生后，党中央、国务院高度重视，迅速组织、周密部署抗震救灾工作，要求各地、各有关方面务必把抗震救灾工作作为当前最重要、最紧迫的任务，坚决打赢抗震救灾这场硬仗，同时号召全国人民发扬"一方有难，八方支援"的精神，积极行动起来，支援灾区抗震救灾工作。

灾情就是命令，中国气象局已按照中央的要求全面部署气象部门的抗震救灾工作。灾难无情人有情，在这场突如其来的灾难面前，中国气象局已安排紧急抗震救灾资金2000万元，派出中国气象局领导赶赴一线指导抗震救灾工作，组织全国技术力量加强灾区天气会商。

灾情凝聚感情，中国气象局党组关心灾区气象干部职工和家属的安危冷暖，采取一切手段，及时全面了解和掌握灾情以及同志们最急需的救助。全国各级气象部门和广大气象干部职工也心系灾区，竭尽全力支援灾区，截至5月15日下午已募捐800余万元。请同志们放心，中国气象局将随时根据灾区的实际需要提供一切帮助，全力以赴调集各种资源和力量，帮助灾区气象部门恢复灾后重建工作。

希望灾区气象部门的广大干部职工，坚决贯彻党中央、国务院的紧急部署，在各级党委、政府和中国气象局的领导下，把抗震救灾作为当前最重要、最紧迫的任务，

社交礼仪

科学组织，积极投入，充分发扬气象人不怕牺牲、不畏艰险、连续作战、团结协作的精神，在做好抗震自救、确保人员安全的同时，严密监测天气变化，切实做好气象预测预报服务，竭尽全力服务于党和国家抗震救灾大局，全心全意为灾区人民贡献我们的力量。

我们坚信，在党中央、国务院的坚强领导下，在全国人民的大力支援下，灾区气象部门一定能够与灾区人民一起，众志成城，迎难而上，共同夺取这场抗震救灾斗争的胜利，谱写气象人抗震救灾的新篇章！

中共中国气象局党组
2008年5月15日

5. 贺信

贺信是表示庆贺、祝愿书信的总称，是指行政机关、企事业单位、社会团体或个人向其他集体、单位或个人表示祝贺的一种专用书信。这类书信应用范围广泛，如获奖、升迁、节庆、开业、盛会、婚嫁、寿辰等一切喜庆活动都可致信祝贺，其目的是增强喜庆气氛、激励人心、鼓舞士气，加深理解和感情、加强团结。主要有贺信、贺电等。贺信既可以宣读，也可以通过邮寄送达对方。

（1）贺信的主要内容有以下三方面。

一是祝贺的原因。主要结合当前的形势状况，说明对方取得成绩的大背景，或者某个重要会议召开的历史条件。

二是祝贺的事件。概括说明对方都在哪些方面取得了成绩，分析其成功的主观、客观原因。如果是祝寿的贺信，要概括说明对方的贡献及他的宝贵品质。

三是表示热烈的祝贺。要写出祝贺的心情，由衷地表达真诚的慰问和祝福。可以写些鼓励的话，提出希望和共同理想。

（2）贺信一般由标题、称谓、正文、结语、落款五部分构成。

标题常见有三种写法：一是首行正中直接写"贺信"作为标题；二是由贺信受者和文种构成，如"祝贺姐姐升迁的贺信"；三是由发信主体、贺信受者、文种构成，如"中共中央、全国人大常委会、国务院祝贺广西壮族自治区成立三十周年的电报"。

标题下一行顶格写收阅信函对象的称谓，即被祝贺单位或个人的称呼。

正文主要包括三层意思。

第一，表达祝贺。直接用简练的语言写出祝贺之意。常用"值此……之际，谨代表……向……表示热烈祝贺"。

第二，肯定成绩。是针对对方值得祝贺的事件所做出的评价和肯定。

第三，祝愿鼓励。写明祝愿和鼓励的话，并提出殷切的希望和共同的理想。

结语为祝愿的话。可使用喜庆套语，如"此致、敬礼""祝大会圆满成功""祝争取更大的胜利""祝兴旺发达、大展宏图""祝步步高升、前程似锦""祝您健康长寿""祝您福如东海、寿比南山""祝举案齐眉、百年和好"等。

落款要写明祝贺者的单位名称或个人姓名和写作信函的时间。一般在正文后右下角先写姓名，在姓名下行写日期。

（3）贺信的写作注意事项有以下四点。

一是内容要实在。评价成绩要恰如其分，表示决心要切实可行，不可言过其实。

二是感情要充沛。要给人以鼓舞和力量。

三是语言要精练、明快。不宜堆砌华丽的辞藻。

四是纸张要讲究。一般用红色或粉色的纸张书写，不能用白纸黑字。

【例文7】

朱镕基电贺他信·西那瓦就任泰王国总理

曼谷泰王国总理他信·西那瓦阁下：

在阁下就任泰王国总理之际，我谨向阁下表示热烈的祝贺。

近年来，在我们两国政府和人民的共同努力下，中泰友谊不断加强，各领域的合作继续深化。中泰友好关系符合两国人民的利益，有助于地区和平、稳定与繁荣。我相信，在阁下任期内，在两国二十一世纪合作计划《联合声明》的指引下，中泰睦邻互信的全方位友好合作关系必将取得更大发展。

祝泰王国国家昌盛，人民幸福。

中华人民共和国国务院总理朱镕基
2001年2月9日于北京

6. 倡议书

倡议书是由某一组织或社团就某事向社会提出建议或提议的具有公开性质的专用书信。

倡议书是促进社会精神文明建设的常用文书。它旨在建议、倡导人们追求真善美的事件和活动。从内容上讲，倡议书的内容一般都是与人们日常生活相关的一些事项。如关爱儿童成长；爱护花草树木，保护生态环境；众志成城，同心协力，援助灾区，救助灾民等。从形式上讲，它是以一种精神倡导而非强制要求的方式，使人们在无形之中受到教育和引导，感受真善美，追求真善美。

（1）倡议书一般由标题、称谓、正文、结尾、署名和日期五部分组成。

倡议书的标题常见的是由文种名称单独构成，即在第一行正中写"倡议书"三个字。还可以由倡议内容与文种名称共同构成。如"节水倡议书"。

可依据倡议的对象而选用适当的称谓。如"亲爱的同学们""广大的青少年朋友们""妇女同胞们"等。倡议书也可不用称谓，而在正文中予以指出。

倡议书的正文内容一般有以下两个方面。

第一，发出倡议的背景和目的。倡议书的发出贵在引起广泛的自觉响应，因此只有交代清楚倡议活动的原因，以及当时的各种背景事实，并申明发布倡议的目的，才能使人们理解和信服，并采取自觉的行动。如果这些因素交代不清会使人觉得莫名其妙，难以接受和响应。这部分要写得简明充分。

社交礼仪

第二，倡议的具体内容和要求。这是全文的核心部分。倡议的内容一定要具体化，要求针对性强，切实可行。开展什么样的活动，要做哪些事情，它的价值和意义都有哪些，具体的要求是什么，都需交代明白。为清楚明晰，倡议的具体内容一般分条列项书写。

结尾一般表达倡议者的决心和希望，或者某种建议。与其他专用书信不同的是，倡议书的结尾一般不写表示敬意或祝愿的话。

落款要在正文后右下方写上倡议者单位、集体或个人的名称、姓名和写作信函的时间。

（2）倡议书的写作注意事项有以下三点。

第一，内容要符合时代精神。要有新的时尚和精神，不违背国家的方针政策，要切实可行。

第二，要富于鼓动性。措辞要得体，情感要真挚，能真正打动人民群众，使之自觉响应倡导。

第三，篇幅不宜太长。

【例文8】

节水倡议书

亲爱的同学们：

你们可知道，西南五省正抵御着百年一遇的特大旱灾，农作物受灾面积已达4348.6千公顷；5××.4.9万人受灾；饮水困难人口1609万人，饮水困难的大牲畜1××5.5万头，因灾直接经济损失高达190.2亿元！仅因为一个字——水。

水资源不是取之不尽、用之不竭的。我国是一个水资源短缺的国家，在600多座城市中，约有一半缺水，且有愈演愈烈之势，每年因缺水造成的经济损失达100多亿元。随着人口的不断增长和经济的不断发展，淡水资源日益紧张。大学生作为未来社会的主力军，应该做勤俭节约风尚的传播者、实践者、示范者。为进一步强化节水意识，树立节约光荣、浪费可耻观念，我们特此向全院同学发出倡议：从我做起、从现在做起，请珍惜每一滴水。

一、树立爱水意识，做生命之源的呵护者。水和每一个人的日常生活息息相关。我们要充分认识爱水护水的重要意义，处处珍惜水、爱护水、节约水，自觉树立节约用水光荣、浪费用水可耻的观念。

二、养成节水习惯，做科学节水的实践者。不积跬步，无以至千里；不积小流，无以成江海。我们在用水的时候要做到洗脸用盆接水，洗衣洗物用桶接水，不能在水龙头下直接洗衣洗脸；用水后关牢水龙头，用过的水留起来拖地冲厕所，养成护水节水的好习惯。

三、弘扬节水风尚，做节约用水的宣传员。我们要从自己做起，积极传播节水理念，从带动身边的同学开始，进而带动更多的人投入节水中来，努力形成人人关心节水、时时注意节水的好风尚。

四、做爱水节水的生力军。当我们看到水龙头开着时，要主动去关掉；当我们发现供水设施发生损坏或跑漏时，及时告知有关部门；当我们遇到有人浪费水资源时应及时制止，敢于同不良用水行为做斗争。

请热心节水事业的同学从底下的篮子中取一个节水便条，贴到各自宿舍门口，表明该宿舍将为水资源的节约做贡献。

爱水是一个人的品质，节水是我们的责任。建设和谐校园，需要人人爱水、处处节水。让我们积极行动起来，爱惜每一滴水，共建人水和谐，让我们的生活更加文明，让我们的校园更加美丽，让我们的世界更加多彩缤纷！

××大学××学院学生会××部
××××年××月××日

7. 申请书

申请书是个人、单位或集体向相关组织、领导提出某种请求，要求批准或帮助解决的专用书信。

（1）申请书是一种适用范围很广的应用文书。从申请者角度看，可适用于个人事务申请和单位、集体公务的申请。从解决事项的内容来说，可适用于入团、入党、领证、建房、调换工作、承包、困难补助、贷款、法庭鉴定等事项的申请。

（2）申请书一般由标题、称谓、正文、结尾、落款五部分组成。

标题有两种写法，一种是直接写"申请书"；另一种是在"申请书"前加上申请事项，如"入党申请书""困难补助申请书"等。一般采用第二种写法。标题应于第一行居中书写。

称谓要写明接收申请书的单位、组织或有关领导，应于标题下一行顶格书写。

正文部分是申请书的核心，主要内容有以下三项。

① 申请内容。开篇就要向组织、领导提出申请事项。要开门见山、直截了当，不能含糊其词。

② 申请原因。要说明为什么申请，即说明申请的目的、意义及自己对申请事项的认知。这部分的理由要写得客观、充分，以显示所申请事项的重要性。

③ 决心和要求。表明自己的决心、态度和要求，以便组织了解申请者的情况和迫切性。这部分应写得具体详细、诚恳有分寸。

结尾一般用惯用语"特此申请""恳请领导帮助解决""希望领导研究批准"等结束全文，也可用"此致、敬礼"的礼貌用语。

落款要在正文后右下方写上申请者的姓名和写作时间。

（3）申请书的写作注意事项有以下三点。

一是申请事项明白无误。申请的事项要写清楚、具体，所涉及的数据应准确无误。另外，申请书要一事一书，内容单纯，不能一封申请书申请两件以上的事项。

二是理由陈述充分合理。要实事求是，不能虚夸、杜撰，否则难以得到组织和上级领导的批准。

社交礼仪

三是语言表达准确简洁。语言要简明通俗、表意清楚，不可佶屈聱牙或模棱两可。

8. 求职信

求职信又称"自荐信"或"自荐书"，是求职人向用人单位介绍自己情况以求录用的专用性文书。求职信具有毛遂自荐的作用，目的是让对方了解自己、相信自己、录用自己，是一种私人对公并有求于公的信函。好的求职信可以拉近求职者与人事主管之间的距离，获得面试的机会。

（1）求职信的礼仪特点。

针对性。求职信必须针对求职目标和用人单位的实际，以及读信人的心理，方能获得对方的接受。

自荐性。求职人与收信人、收信组织没有人事关系，求职者需要毛遂自荐。

竞争性。求职者一般会多于招聘人数，因而求职活动本身就是一次就业竞争，若想在竞争中取胜，就必须表现出自己的优势和与众不同。

（2）求职信一般由标题、称谓、正文、结语、署名和日期、附件六部分组成。

求职信的标题通常只有文种名称，即在第一行中间写上"求职信"三个字。

称谓是对受信人的称呼，写在标题下一行顶格处，写明受信者单位名称或个人姓名。单位名称后可加"负责同志"，个人姓名后可加"先生""女士""董事长""校长""同志"等。称谓后写冒号。

求职信不同于一般私人书信，受信人未曾见过面，所以称谓要恰当得体。

正文主要有以下几个方面的内容。

第一部分，求职者自然情况和求职原因。包括求职者的姓名、年龄、性别等，以及从何渠道得到有关信息以及写此求职信的目的。介绍有关情况要简明扼要，对所求的职务，要态度明朗，要增强吸引力，以吸引受信者有兴趣将信读下去。

第二部分，对所谋求职务的认知以及对自己能力的评价。说明自己如何能满足对方的要求，陈述个人的技能和个性特征。要着重介绍自己应聘的有利条件，要特别突出自己的优势和"闪光点"，以使对方信服。语言要中肯，恰到好处；态度要谦虚诚恳，不卑不亢，达到见字如见其人的效果。要给受信者留下深刻印象，进而相信求职者有能力胜任此项工作。这部分是求职成功的关键。

第三部分，提出希望和要求。感谢对方阅读并考虑你的应聘，如"希望您能为我安排一个与您见面的机会"或"盼望您的答复"或"敬候佳音"之类的语言。这部分的写作要适可而止，不能啰唆，不要苛求对方。最后标明与你联系的最佳方式。

结语多为祝颂语，写表示敬祝的话。如另起一行空两格写"此致"之类的词，然后换行顶格写"敬礼"；或写"祝工作顺利""祝事业发达"的相应词语。

落款要在正文后右下方写上求职者的姓名和写作时间。

附件是展示和证明求职者自身实力、符合对方用人要求的有力证明，所以求职信的附件是不可忽视的组成部分。附件一般在信的结尾处注明。如附件1.××××××；2.××××××；3.××××××。然后将附件的复印件单独订在一起随信寄出。附件不需要太多，但必须有分量，足以证明你的才华和能力。

（3）求职信的写作注意事项。

要突出自己适合所申请职位的优点。如果你看上去似乎有不足之处，必须在求职信中加以弥补。

要展示自己对职位的理解。对受信人而言，求职者表达自己对职位的理解，要远胜于表达对职位的兴趣，因为兴趣人人都可以有，只是感性的认知，而理解却是理性的，是见仁见智、各有千秋的。

内容要简练明确，切忌模糊、笼统、面面俱到，看不清或看不出求职者的真正能力和可取性。

【例文9】

求 职 信

尊敬的李经理：

您好！我叫郑××，是一名即将毕业的中山大学本科生，非常高兴在中华英才网、中国人才指南网和我们的校园网站上看到中国移动广东分公司的招聘信息，特别是看到广州和中山分公司都在招聘中。如果能在自己的家乡加入移动，对我这个喜爱移动喜爱广州的人来说是绝妙的。

但是您一定有疑虑，因为我这个学旅游酒店管理的人却想应聘市场营销！关于这个问题，我想进行以下说明。

首先，在学科知识上我并不逊于市场营销专业。我们的专业除了学习市场营销的一系列课程外，还专注于消费者心理的研究，正如移动所说"沟通从心开始"，把握消费者心理对于营销策划更为重要。另外，我还广泛阅读了从《定位》到《忠诚的价值》等众多营销论著。

其次，市场营销中许多具有艺术性、技巧性和因地制宜的东西，都不是可以从书上学到的，大卫·奥格威在成为广告教父之前是一个被牛津退学的普通厨师，策划狂人史玉柱也不过是一个整天计算数学方程式的平凡学生。在这点上，我已经显示出一定的天赋，我的营销案例分析课程是全院最高分95分，而且从简历中您能够看到，我曾经成功地参与了企业的策划活动。

在广东移动的业务当中，我很中意12580移动秘书服务，我觉得这是一个设计得非常好的增值服务，工作人士以及像我们这样正在找工作的大学生非常需要此项服务。最关键的问题是如何推广给顾客！假如我有幸能够加入移动，我会采取以下的方法进行推广。

首先，在大学校园设立咨询台进行推广。我们可以联系学校的就业辅导中心，强调我们这项服务可以帮助大学生不错过任何一家企业的面试通知，那么很可能学校会免费提供场地让我们做宣传。

其次，免费免操作为顾客提供半个月的12580移动秘书服务，免操作是指顾客不需要到营业厅办理，不需要自己打10086开通，也不需要设立密码，一切都和短信

社交礼仪

一样，是自行开通的！顾客对于任何一项服务都是非常怕麻烦的，所以我们要把服务做好，尽量为顾客提供方便！当顾客已经习惯这项服务时，我们就可以要求顾客打电话开通此项业务了！

当然，目前我对于移动的业务完全是"门外汉"，不过，我只是想让您了解我对通信业务的热情和喜爱！同时我相信自己能够为广东移动的壮大添砖加瓦，和全球通的新广告词一样，"我能"！

感谢您的阅读，忠心期待您的回复。同时祝您身体健康，一切顺意！

中山大学　郑××

2008 年 9 月 1 日

8.2　电子商函

商函是工商企业用于联系业务、洽谈生意、磋商问题、沟通信息的重要工具，是商务工作中使用频率很高的文种。

电子商函又称电子函件或电子信函，它是综合了邮政服务网点普及化和计算机所组成的互联网信息传递快速的传输方式，向交往对象所发出的商务电子信件的一种方式，其使用方便、传递迅速、准确安全、服务周到、经济高效，已成为当今商界最常使用的现代化通信手段。

8.2.1　电子商函适用礼仪

第一，与对方建立业务联系时。主要有主动跟新买家建立联系，对新买家要求建立业务联系的回复，向老客户介绍公司的最新产品信息。

第二，回复对方的查询及报价时。主要有回复对方对某个产品的查询，无法提供对方查询中所要求的产品时的回复，提供报价。

第三，提出还盘及信用证时。主要有作为供应商，当对方压价太低时的还盘，要求对方开立信用证。

8.2.2　电子商函写作礼仪

电子商函的写作格式由六个部分组成：称谓、问候语、正文、祝颂语、附件、落款。

称谓是商函发送对象，可以是人也可以是收函单位。对人可以加上敬语，如"尊敬的"，对单位要写单位的全称。应顶格书写。

与一般的信件一样，多采用惯用的问候语，如"您好"。

正文包括三部分，即开头、主体和结尾。

开头一般交代发函的起因或出发点，如"3月19日来函已悉""通过商界朋友的介绍，得知贵公司……"。

主体是主干部分，可根据发函的目的和所要表达的具体内容进行充分的陈述。

结尾表达希望和相关要求。如果是第一次与对方进行业务合作或交往，结尾处要将本企业的联络方式写清楚，以便对方能准确地回复。

同一般书信写法，在正文结束后，分两行书写祝颂语。如"此致、敬礼"等。

附件是随信发出的相关文件。如图表、收据、报价单、单据等。

落款是发函人或单位的名称、发函日期。在祝颂语下一行靠右书写。

8.2.3 电子商函的写作注意事项

一是内容要实在具体、简明扼要。主题明确、内容单一明了是电子商函的最大特点。如果引用数据、资料，最好标明出处，以便收件人核对。

二是行文短小精悍。电子信函的阅读最忌耗费大量时间，商界对此的说法是"在商务交往中要尊重一个人，首先就要懂得替他节省时间"。所以，聪明的做法是以最简短的篇幅交代清楚所要表达的信息。

三是语言要通俗流畅。电子邮件的阅读，要求的是语言流畅、通俗易懂。要尽量做到口语化、语气语调平和朴实，不写生僻字、异体字，不用华丽的辞藻。

四是态度上礼貌待人。要体现出为对方考虑、体谅对方的心情和处境，以求得最佳合作效果。

【例文10】一般商务函件

香港环宇有限公司××总经理：

您好！4月9日来函已悉。贵公司3348号信用证项下3吨一级白果，业已装船完毕，拟于××××年××月××日由"龙江号"货轮直抵香港，请贵公司注意船期。

白果业务，在贵我双方合作下，经与广西等有关省份联系组织货源，已满足贵方所需。今后，我公司将广开土产门路，并在平等互利的原则下，与贵公司继续合作，贵公司若需查询各类土产行情，请随时函电示告知，我公司竭诚服务。

顺颂

商祺

××公司

××××年××月××日

【例文11】商务往来函件

共有以下五种不同情况下的电子商函往来。

第一，主动与新客户建立联系。

社交礼仪

尊敬的×××先生/女士：

我们从您在阿里巴巴网站上发布的信息中了解到，您经销的是纺织产品，我们想借此机会介绍我们的公司和产品，希望能与您进行交流。

我们是一家合资企业，专门从事制造和纺织产品的出口。随信附上了我们公司的产品目录。您也可以访问我们公司的网站 http://www.××××.alibaba.com。如果您对我们的产品感兴趣，在收到您的详细要求后我们将很乐意给您一个报价。我们期待很快收到您的询问。

此致
商安

×× 公司
×××× 年 ×× 月 ×× 日

第二，对新客户建立业务联系的回函。

尊敬的×××先生/女士：

我们已经收到您4月9日的来信，了解到您对我们产品信息的关注。我们的产品主要包括优质纺织品，现给您一个大致的现在可以出口的纺织品种类，同时随信附上商品的目录和价目表。您也可以访问我们公司的网站 http://www.××××.alibaba.com，其中包括我们最新的产品。我们期待您的具体查询，并希望有机会与您进一步合作。

此致
商安

×× 公司
×××× 年 ×× 月 ×× 日

第三，向老客户介绍公司的新产品。

尊敬的×××先生/女士：

我们在 http://www.××××.com 网站更新了我们产品的在线目录。我们相信，您会发现我们的产品有一定的吸引力。我们非常愿意寄样品给您，以做进一步的验证。我们将随时向您通报我们新产品开发的进展情况，并期待您的回音。

此致
商安

×× 公司
×××× 年 ×× 月 ×× 日

第四，回复客户对某产品的查询。

尊敬的×××先生/女士：

谢谢您3月16日的询问。我们很高兴知道您对我们的产品"烤面包机"感兴趣。我们随信附上了产品的照片和详细的资料，供您参考。

产品：烤面包机

规格：××××

包装：1 个 / 箱

价格：10 美元 / 件

付款方式：现款

购买数量超过 1000 件的个别项目，我们会给您 1% 的折扣。

我们期待收到您的第一个订单。

  此致

商安

                  ××公司

               ××××年××月××日

第五，无法提供客户查询中所要求的产品。

尊敬的×××先生/女士：

  感谢您的电话咨询，感谢您在推广我们的产品方面的努力，很遗憾地告诉您，我们无法提供您所需货物。但是，我们希望借此机会提供以下材料作为替代品。

  ……

  此致

商安

                   ××公司

               ××××年××月××日

【例文 12】商务约谈函件

尊敬的×××先生/女士：

  我们将很高兴与您会面并与您商谈新的显示器，但 5 月 6 日不太合适。如方便的话，我们愿在 5 月 7 日与您会面。期待与您见面。

                  您诚挚的×××

               ××××年××月××日

【例文 13】商务通知函件

尊敬的×××先生/女士：

  谢谢您 4 月 5 日标号为 A-4 的来信，该信向我们提供 6 UI-4 图像数据。我们已把该信转给了技术部，以备他们考虑。

  此致

敬礼

                    ×××

               ××××年××月××日

社交礼仪

8.3 签名赠言

8.3.1 签名礼仪

签名是在公务往来与私人交际中，人们为认定某件事项常用到的一种表达方式，它带有一定程度的法律效力。签名是否得体，影响着人们的工作效果和交际得失。

1. 一般签名礼仪

第一，要选择正确的书写工具。一般应选择毛笔、钢笔、签字笔，而忌用铅笔、圆珠笔。

第二，要选择颜色正确的墨水。签名时忌用红色、紫色、绿色等彩色墨水。一般用黑色墨水。

第三，书写字迹要认真。签名时应做到字迹笔画清晰，忌笔迹潦草难辨。

第四，要遵守顺序礼貌待人。若是多人签名，应按顺序依次签写，不应拥挤喧哗；若是单人签名，签名后应递还对方，表示尊重。

2. 电子邮件签名礼仪

在公务往来与个人交往中，电子邮件已成为今天人们最常用的收发信件方式。虽然我们可以从邮件中认出发件者的身份信息，但从礼貌礼节的角度来说，为了体现对收件者的尊重，每封邮件都应有签名，这样可以让对方清楚地知道发件人的信息。

首先，签名档信息得体。一般来说，签名档包括姓名、职务、公司、电话、传真、地址等信息。但要注意签名档行数不宜过多，以不超过 4 行为好。一般只需将一些必要信息签写上即可。如果对方需要更详细的信息，会主动进行联系。

在签名实践中，有时可以引用一个短语作为签名的一部分，比如，座右铭、公司的宣传口号等。但是这样做一定要符合与收件人的关系状况和场合，切记要得体。

其次，签名档模式灵活。不要任何场合都只用一种签名模式。一般来说，对内、对私、对熟悉的客户等群体的邮件往来，签名可以简化，以免过于正式的签名让对方感觉疏远。而不熟悉、对外或特别需要显示尊重的客户等群体，则应该予以非常正式的签名。我们可以在邮箱中设置多个签名档，使用时根据情况灵活调用。

最后，签名档文字恰当。文字选择应与正文文字匹配，或简体、或繁体、或英文。要避免出现乱码。字号选择一般应比正文字体小一些。

8.3.2 赠言礼仪

赠言是指为了惜别留念或者相互勉励，而为他人所题写的一段文字。它主要适用于私人交往的场合，多见于关系密切的亲朋好友之间。

古人云："赠人以言，重于金石珠玉。"恰当得体的赠言，对于增进彼此之间感情、激励鼓舞他人等方面所起的作用，往往是其他礼仪文字所难以比拟的。

1. 赠言内容要高雅健康

赠言内容是其价值核心所在。在确定具体内容时，要做到有的放矢，注意因人、因事、因时而区别对待。比如，要考虑拟赠对象的性别、年龄、职业、身份、爱好、阅历，以及与对方之间关系现状。

赠言可以引用他人语句，也可自行独创。

一般来说，赠言内容必须具备以下三点要求。

第一，内容实在健康。一方面，好的赠言，通常都是有感而发、真实自然、言之有物的。书写赠言时，最忌无病呻吟，生编滥造。另一方面，一篇好的赠言要讲究思想性，它不仅反映着题写者的思想水平，也从侧面体现了题写者对受赠者思想状况的个人判断。

第二，品格高雅脱俗。既然是赠予他人以示惜别或鼓舞，留作彼此情谊的纪念，那么在撰写赠言时，就最忌格调低下，内容低级庸俗、消极颓废、取笑他人，而应选择别致脱俗、独具匠心、振奋人心与催人向上的话语。如果在此基础上还能做到读之让人耳目一新、情绪振奋、过目难忘，则不失为一篇佳作。

第三，篇幅要简短精要。赠言要以最精练的文字和篇幅，承载最丰厚的内容和情感。因而，赠言写作宁可简短、耐人寻味，也绝不长篇大论、空洞无物。

2. 赠言形式要择佳而行

从人类的实践看，赠言的形式多种多样，可根据具体情况和需要进行最佳选择，以体现赠言的真正意义。

赠言形式选择的标准：第一，准备表达的内容与所选形式是否协调。第二，是否是本人擅长的形式，以免失当而尴尬。第三，是否是受赠对象所喜欢的形式。

赠言常见的形式有以下五种。

（1）格言式

格言式赠言是直接引用格言书写。格言大都历经了历史锤炼，言简意赅，为世人所接受，只要引用得当，均可给人以有益的启迪。赠人的格言，可直接借用他人之语，也可略作改造。

（2）名句式

名句式赠言是直接利用名人名言，或名作里的名句作为赠言的内容。

（3）诗词式

诗词式赠言是个人撰写诗词以赠他人。这种形式的赠言很具有魅力，能使赠言与书写者显示出儒雅的气质。但需要注意的是，不懂诗词格律的人，不要随便赋诗赠人，以免失礼。

（4）对偶式

对偶式赠言也叫对联式赠言，是以对偶句作为赠言的具体形式。一般要求对仗工整，朗朗上口，容易记忆。这种形式的赠言很受欢迎。

（5）公式式

公式式赠言是将赠言的具体内容用类似于公式的形式书写出来。这种形式较为新颖别致，会给人留下十分深刻的印象。

3. 赠言格式要恰当

一篇完整的赠言，从内容来说，通常包括赠言主体内容、受赠者姓名、赠言缘由、书赠者姓名、书赠时间等。其中，受赠者姓名与赠言缘由称为上款，书赠者姓名和书赠时间称为下款。二者在书写赠言时可略去其中之一，又可同时省略不写。

不论赠言在书写时具体内容多少，它都可分为横式与竖式两种格式。

（1）横式赠言

横式赠言是横写的赠言。在具体书写时，通常在左上方顶格写上受赠者姓名与赠言缘由，在下一行正中央书写赠言主体，而将书赠者姓名与书赠时间另起一行写在前者的右下方。

在日常交往中，横式赠言最为常用。

（2）竖式赠言

竖式赠言是竖写的赠言，这是中国最传统的书写方式。具体方法：先在右上方顶格自上而下书写受赠者姓名、赠言缘由；再另起一行自上而下、自右而左地书写赠言主体；最后将书赠者姓名、书赠时间另起一行自上而下写在赠言主体的左下方。

这种赠言方式在与年长者和海外华人打交道时最为适用。另外，在采用诗词式、对偶式赠言时，也可采用竖式赠言，以显雅致。

4. 赠言用具要得体

书写赠言时，应当尽量使自己所用的笔具和纸张合乎常规。

（1）笔墨

赠言往往会有较长时间保存和留念的需要，因此，书写赠言时要根据个人的条件，从毛笔、钢笔、签字笔中选取其一。最好不要使用铅笔、蜡笔或圆珠笔等。另外，不能在书写同一条赠言时，使用两种不同类型的笔具，或是使用两种不同颜色的墨水。

如果书赠者擅长书法，最好选用毛笔书写赠言。如果使用钢笔书写赠言，黑色或蓝黑色的墨水是最佳选择。不要用不宜保留字迹的纯蓝色墨水，或红色、绿色、紫色等颜色鲜亮的墨水。

（2）书写物

一般情况下，赠言应被书写在一定规格的纸张上。用于书写赠言的纸张，应当干净、平整、耐折、吸墨。在肮脏、粗糙、残破的纸张上留言，通常是不合礼仪的。

有时候，赠言也可写在书籍、影集、日记簿、纪念册、明信片以及照片上；或在受赠者指定之处书写，比如，在手帕、丝绢、书画、服装、帽子等上书写赠言。

书写赠言时，应充分考虑书写物面积的大小，做到恰到好处、美观大方。书写中切勿出现涂改、写错字，或是漏字的情况。

5. 赠言字迹要工整清晰

工整的字迹也是对他人的一种尊敬和诚意的表现。赠言是写给他人的东西，是要留存很长时间的。所以书写时要认真工整，让对方感受到真诚的情谊和祝愿。对于本人的签名要特别注意，不能写出只有自己认识而他人无法辨识的字迹。

6. 赠言往来要礼貌谦恭

写完赠言和签过字后，应双手将赠言书写物捧还给主人。如果你想要让他人给你签字赠言，首先要选准时机，在对方愉快方便时进行，不要让他人感到为难。注意要双手递上赠言书写物，并在对方签字赠言后表示感谢。

8.4 请柬

请柬也称请帖，是机关、团体或个人为邀请宾客参加某一活动所使用的一种书面形式的通知。一般用于联谊会、纪念活动、婚宴、诞辰和重要会议等。

发请柬即是为了表示对客人的尊敬，也表明邀请者的郑重态度以及活动的隆重，所以请柬在款式和装帧设计上应美观、大方、精致，使被邀请者体味到主人的热情与诚意，感到喜悦和亲切。

8.4.1 请柬的类型

现在通行的请柬有两类：纸质请柬和电子请柬。

1. 纸质请柬

纸质请柬是一种传统的请柬类型，包括双帖帖与单帖帖两种形式。双帖帖是将一张纸对折成长方形；单帖帖不对折，用一张长方形纸做成。传统型请柬帖文的书写或排版款式可以有横排、竖排两种。

2. 电子请柬

电子请柬是互联网时代出现的新型请柬类型，是一种利用现代数字技术，在结合常规结婚请柬形式的基础上充分发挥个性的创意，集视觉、听觉于一体的全新请柬形式。电子请柬以环保、传递快速和表现方式生动有趣越来越受到人们，尤其是年轻人的欢迎。目前，国内在婚庆行业已经开始流行使用电子请柬，比如，"爱网""喜帖纪"等网站的请柬，除了具备传统请柬的邀约功能外，电子请柬还能够将电子导航地图和客人回执等非常实用的功能提供给用户。

8.4.2 请柬的写作礼仪

请柬一般由标题、称呼、正文、结尾、落款五部分构成。

1. 标题

标题写于封面上。通常所用的请柬是按照书信格式印制好的现成品，封面已直接印有"请柬"或"请帖"字样，发帖者只需填写正文而已。

2. 称呼

称呼与一般书信相同，顶格写上被邀请者（单位或个人）的名称或姓名，姓名后要有职务、职称或尊称。如"×××院长""×××教授""×××先生"等。称呼后加冒号。

3. 正文

称呼下一行空两格用"兹定于""谨定于"开头，写明邀请参加会议或活动的内容及其具体时间、地点和其他事项。如果是请人观看演出还应将入场券附上。若有其他要求也需注明，如"请准备发言""请准备节目"等。

4. 结尾

结尾应是表示敬意和邀请的礼貌用语，如"此致、敬礼""敬请光临""敬请届时出席""敬请莅临指导""顺致——崇高的敬意"等。在正文后紧接着写，或换行顶格书写。

5. 落款

署上邀请者（单位或个人）的名称或姓名、发柬日期。

8.4.3 请柬的写作注意事项

1. 篇幅宜简短

请柬的篇幅有限，书写时应根据具体场合、内容、对象，认真措辞，在有限的篇幅内准确写出邀请内容。

2. 措辞应典雅

请柬是一种庄重典雅的书信形式，表达的是对对方的尊敬之情，以及对活动的重视心情，因此，在遣词造句时需多用心，可使用文言语句使请柬显得古朴典雅；也可以选用平易通俗的语句，使之亲切热情。

3. 书写要美观

无论是传统请柬，还是电子请柬，都要讲究文字美，做到工整、美观、大方。

【例文 14】

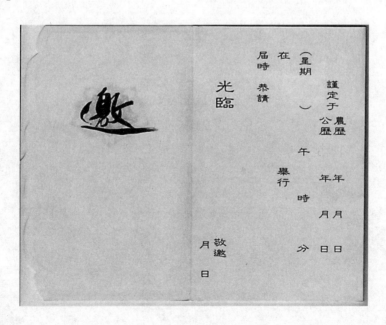

【例文 15】

请　柬

×××老师：

学校定于 10 月 11 日（星期五）举行离退休教工 90、80、70 华诞祝寿活动。请您于当天 10：00 在图书馆门口参加全体寿星合影留念，随后移步漪园二楼中厅（请入座第 3 席）出席祝寿活动。

联系人：李××　　　电话：××××××

××××大学离退休管理处
2017年5月8日

思考题

1. 对于刚进大学校门的你，惊喜于多姿多彩的大学生活。现给你父母写一封家书，介绍一下大学生活。

2. 好利来公司收到一封来自客户咨询月饼的价格、成分等内容的信件。经理让你给客户进行回复，请你拟定一份商函。

3. 小王10月1日国庆节举办婚礼，该如何给亲朋好友发结婚请柬呢？

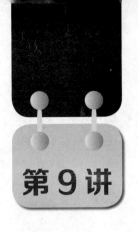

第9讲

国际礼仪

> 礼仪是在他的一切别种美德之上加上一层藻饰，使它们对他具有效用，去为他获得一切和他接近的人的尊重与好感。
>
> ——洛克

随着改革开放的不断深化和全球经济一体化进程的加快，中国人走出国门，与来自世界各地的公民开展密切交往。由于各国文化差异悬殊，在对外交往中我们需要了解国际通行的礼仪规范，做到相互尊重、相互理解。国际礼仪也称为涉外礼仪，是指在国际交往中，在维护国家形象及个人形象的前提下，所执行的向外宾表示尊重、友好与礼貌的礼仪规范。良好的礼仪会让你看起来更为自信、谦逊，使你的事业如虎添翼。

9.1 国际礼仪规范

国际交往中对礼仪的运用得当与否，直接影响着国家的形象和个人的尊严。外事无小事。凡是从事对外交往和涉外工作的人员，必须在实际操作中遵循基本礼仪原则。

9.1.1 平等相待，不卑不亢

在国际交往中，我们对待交往对象要一视同仁，不论是重要人物还是普通人。对待交往对象忌厚此薄彼，无论是来自大国或小国，富国或穷国，强国或弱国。《法言义疏·修身》谓："上交不谄，下交不骄。"告诫人们不能以权取人，若是位高权重就巴结逢迎，位卑无权就不屑一顾，是极为失礼的。不管贫富，每一个人在人格和国格上都是平等的。另外，在对外交往中也不可以貌取人。我们必须认识到，交往对象会把交往中个人的一言一行都与中国、中华民族的形象联系在一起。因此，我们的言行应当堂堂正正、从容得体、优雅大方，切不可表现得狂妄自大、盛气凌人，也不可表现得卑躬屈膝、丧失民族气节。与外国人打交道时，要自尊、自重、自爱和自信，虚心学习其他国家先进的科学技术、管理经验等，积极吸取、借鉴世界文明的优秀成果，博采众长，弥补不足。

不卑不亢，有为国家和民族争气的精神，是涉外交往中的一项基本原则。国际交往中保持人格平等，无论是"卑"还是"亢"，都是置对方或置自身于不平等位置上的交往态度。"卑"有损自身人格甚至国格；"亢"则显得虚张声势，也有伤对方的自尊。要做到"不卑不亢"，一定不能对对方有金钱或物质利益上的希望与企图。"心底无私天地宽"，我方无所企求而心地坦然，对对方无须戒备则轻松自如，这样的交往自然分不出尊卑，双方的人格是平等互利的。如果冀望对方担保子女出国或获得其他物质上的好处等，就难以做到交往中"不卑不亢"。在涉外交往中尤其重要的是不过谦，不说过头话，实事求是。以宴请为例，西方人请客，不管饭菜质量如何，主人都自我夸赞："这是本地最好的饭店""这是我的拿手好菜"，目的在于表示诚意。而中国人相反，即使菜肴相当丰盛，主人也会自谦："今天没什么好菜，请随便吃点。"同样地，中国人去做客也是客气有余，主人问是否再添饭，中国客人常说不用不用，实际上也许并未吃饱。而西方人作为宾客赴宴，说不吃不喝时则是真的，绝不是客气。因此，在国际交往中，客气与谦虚都不能过分。在外交中，一味地"亢"并不一定总会使自己扬眉吐气，"扬我国威"，却反而会给人以虚张声势之感，甚至会伤害交往对象的自尊心。一味地"卑"，也并不一定真能委曲求全，讨好交往对象，却反而有可能使对方得寸进尺，欲壑难填，同时也会严重地危害自己国家利益。唯有不卑不亢，才是自尊自爱、平等待人的正确做法。

社交礼仪

小故事 9-1   "派克"的来历

20世纪50年代，有一次周恩来接受一位美国记者的采访。该记者走进总理办公室，看到办公桌上放着一支派克钢笔，便带着几分讽刺，得意地发问："总理阁下，也迷恋我国的钢笔吗？"周恩来听了风趣地说："这是一位朝鲜朋友送给我的。这位朋友对我说：'这是美军在板门店投降签字仪式上用过的，你留下做个纪念吧！'我觉得这支钢笔的来历很有意义，就留下了贵国的这支钢笔。"美国记者的脸一直红到了耳根。

9.1.2 尊重礼俗，求同存异

在国际交往中，"入国而问禁，入乡而问俗，入门而问讳"是涉外人员须知的常识。世界各国、各民族在其自身发展、生存的历史过程中，创造了光辉灿烂的文化，形成了独特的风土人情和习俗，让人赞叹不已。去其他国家或地区进行访问、参观、旅游、工作、学习的时候，需要对当地所特有的风俗习惯有一定的了解并尊重当地风俗，不要因个人兴趣爱好随意而为。对于各国、各民族礼仪习俗的差异性，重要的是了解和尊重，而不是评判是非，鉴定优劣。在对外交往时，尽可能地理解对方，尊重其独具的风俗习惯，做到求同存异、和平共处，尽力"不伤主人之雅，不损客人之尊"。交往中表示尊重，既要顾及各国礼仪的共性（遵守国际通行的礼仪惯例，如握手礼），也要顾及各国礼仪的个性（尊重交往对象所在国的特殊礼仪与习俗，如贴面礼）。尊重一个国家和民族的习俗，是尊重一个国家和民族主权平等的体现。

在国外，重视个人隐私权。涉外交往时，切记凡涉及经历、收入、年龄、婚恋、健康状况、政治见解等个人隐私的，均不应询问。中国人交往，喜问"您老高寿""吃饭了没有""结婚了没有""孩子几个，多大了"等诸如此类问题。而在西方人，询问对方年龄、婚否等都被认为是极其失礼的行为，特别是妇女，最讨厌被别人询问年龄了。美国人有三大忌：一是忌问他的年龄；二是忌问他所买东西的价钱；三是忌在见面时说："你长胖了。"这是因为美国人认为前两忌属于个人私事，不喜欢被他人干涉，后一忌则是美国流行"瘦富胖穷"的观念。西方人不喜欢给他人留家庭住址，也不随便请人到家中做客，更不愿意透露财产、收入状况。拜访他人、前往办公室洽谈，都须预先约定时间。宗教信仰和政治派别在西方是非常严肃的事，不可随便谈论。与外国人交流时，我们大可选择安全适宜的话题，诸如天气、体育、音乐和环保等，展开谈话。

由于宗教信仰、文化背景、生活习俗等不同因素，使得世界各国、各民族各自有其禁忌。如伊斯兰教徒不吃猪肉，斋月里日出后、日落前不能吃喝。有的佛教徒不吃荤；在佛教国家不能随便摸小孩头顶。天主教徒忌讳13这个数字，尤其是13日、星期五，遇上这种日子，一般不举行宴请活动。使用筷子进食的东方国家，用餐时不可用一双筷子来回传递，也不能把筷子插在食物中间。给日本人送礼要注意花式，绿色被视为不吉祥，荷花是祭奠用的；在婚礼上忌用离开、重复、多次等字眼，在喜庆场合忌用去、旧、坏了、完了等字眼；不要把菜汤和饭拌在一起吃，因为这是喂猫的方式。如果违背了这些风俗，会被认为对他们不敬，可能带来不必要的麻烦。

9.1.3 信守约定，维护形象

在国际交往中，必须讲信用，遵守承诺、言而有信。这是涉外礼仪的基本原则之一，在一切正式的国际交往之中，我们都必须认真而严格地遵守自己的所有承诺。正所谓"言必信，行必果"。言行一定要谨慎，表态一定要慎重，切不可说大话、空话，更不能信口开河，随便承诺。承诺的事不能遗忘，也不能失信；与人约会不能失约，不能超时，也不允许早退。如果言而无信、有约不守或守约不严，不仅是不尊重对方，更是有辱国格、人格。说话务必要算数，许诺一定要兑现，约会必须如约而至。在一切有关时间方面的正式约定中，尤其需要恪守不怠。不遵守时间是一种很失礼的行为。有约在先而不按时赴约，极易引起对方的误解，有时甚至被认为是故意冷落。如你本已同意应邀赴宴而临时不去，主人会难堪，甚至恼怒。看戏听音乐迟到，应等节目间隙，才允许入场。去机场车站送行，应提前早到。若客人已到，迎接的人却姗姗来迟；或等你到达机场车站时，客人已经离去。这都是非常失礼的行为。因此，做好自己的日程表，合理安排各项活动，以免出现失约的现象。参加各种外事活动，一般按时抵达。过早抵达，主人会因准备未毕而难堪；过迟到达，让主人与其他客人空等过久而失礼。如确因故迟到时，应诚恳向主人和其他客人致以歉意，并说明原因。因故不能赴约的，提前礼貌地告知主人，并表示歉意。在涉外交往中，要身体力行地做到信守约定，许诺必须谨慎；认真遵守约定；因不可抗拒的因素导致失约，或是有约难行，应提早通知对方，如实说明情况，并且向对方致歉，给对方所造成的物质损失主动负担，按照规定和惯例进行赔付。

一国国民的素质，反映了一个国家或民族的文明程度。越文明的国度，其国民或族人越讲礼貌、懂礼节，其国际形象就越佳。在国际交往中，人们对交往对象的个人形象普遍倍加关注，因为个人形象总是与国家形象、民族形象、企业形象密切相关，通过个人形象可以如实地反映出对交往对象的重视程度，而且个人形象能真实地展现人的教养和品位、精神风貌和生活态度。涉外交往中，外国人对中国的了解和看法，除间接渠道外，大多来自他有机会接触到的某些中国人。因此，国人若不注意维护自身形象，某种程度上就有可能损害国家形象、民族形象与企业形象。中国素有"礼仪之邦"的美誉，个人对外交往时应注重形象，面、手、衣、履要洁净，按交际场所着装，面带微笑，矜持和蔼，使用规范的尊称、谦辞、敬语和礼貌语，遵守公共秩序，以大方得体的方式与人打交道。国际交往中，塑造个人形象要注意四个方面：一要仪容整洁，服饰得体，待人彬彬有礼。二要对外交谈时要律己敬人，讲文明，注意谈话艺术。三要诚信为本，热情友好，求同存异，乐于服务。四要爱国敬业、自强自立、充实自我、面向世界。

社交礼仪

小故事 9-2　　　　　　　　　微笑的中国人

有一年，上海男子排球队赴欧洲参加比赛，荣获"最佳文明队奖"。尽管队员的体能和球艺与欧洲强队差距较大，可是他们勇于拼搏的精神、良好的球风让西方观众耳目一新。外国朋友说："上海队员微笑待人，服从裁判，礼貌谦让给观众留下的印象太深刻了，你们中国人就是与众不同！"一位美国青年更是赞叹道："中国的山美、水美、人更美，中国人的微笑是最美好的！"

9.1.4　尚礼好客，热情适度

在对外交往时，应尚礼好客，客随主便。作为主人，自当热情好客，待客彬彬有礼，讲究规格。当发现我们的接待方式不适应客人时，可适当地采用对方习惯的礼节、礼仪，让客人感觉舒服自在，有"宾至如归"的感觉，以表示对客人的体贴和尊重。当我们作为客人参加涉外活动时，则不能我行我素，给主人增添麻烦，或让主人无所适从，而应客随主便，做到"入乡随俗"，这才真正体现"礼仪之邦"的风范。中国人待人接物讲究委婉含蓄、热情客套，而西方人一般则较外向、直接。在涉外交往中，我们的好客要让对方感到亲切、自然，切不可过头。

在国际交往中，不仅待人要热情友好，更重要的是要把握好待人热情友好的具体分寸，否则就会事与愿违。要遵守好"热情适度"这一基本原则，不要对外国友人表现得过于关心，妨碍对方的工作、生活和休息；不干涉对方个人自由，勿使对方勉为其难，让对方难以适从。对待外国友人的所作所为，只要对方不触犯我国法律、不有悖伦理道德，没有污辱我们国格、人格，就没有必要去评判是非对错。特别是不要当面对对方进行批评指正，或是进行干预。和外国人进行交往应酬时，要根据双方关系的不同，和对方保持着适度的空间距离。国际交往中，人和人距离小于 0.5m，只适用于家人、恋人和至交。距离大于 0.5m、小于 1.5m，适合于一般性的交际应酬，所以也称为"人际距离"；距离大于 1.5m、小于 3m，适用于会议、演讲、庆典、仪式以及接见，意在向交往对象表示敬意，所以又称"敬人距离"；距离在 3m 以外，适用于在公共场所和陌生人相处。和外宾相处，务必要对自己的举止言行多加检点。要在国际交往中真正做到"举止有度"，切不可太过热情，吓着了对方或是让对方不适。在我国，朋友相见彼此拍拍肩膀；长辈遇见孩子，常会亲昵地抚摸一下孩子的头顶或捏捏脸蛋；两名同性朋友在街上携手而行等。但是，外国人却绝对接受不了这一套。

9.2　涉外接待礼仪

在外事活动中，接待是最常见的社交礼节，是整个社交活动的开始。涉外接待工作遵照常规接待礼仪来进行操作，让接待方的种种善意真正为对方所接受。

9.2.1 悬挂国旗

国旗是国家的标志和象征，代表着一个国家的尊严。在国际交往中，形成了为各国所公认的悬挂国旗的惯例。

1. 悬挂国旗的场所

按照国际关系准则，一国元首、政府首脑访问他国期间，在其住所及交通工具上悬挂本国国旗，是一种外交特权。东道国在接待来访的外国元首、政府首脑时，在隆重场合、下榻的宾馆、乘坐的汽车上悬挂对方（或双方）的国旗，是一种礼遇。

按照国际惯例，一个国家的外交代表在接受国境内，有权在其办公处和官邸以及车辆上悬挂本国国旗。

在国际会议上，按规定的礼宾顺序在会场悬挂与会国国旗。按会议组织者的有关要求，各国政府代表团团长可在一些场所或交通工具上悬挂本国国旗。

2. 悬挂国旗的要求

于室外悬挂国旗，日出升旗，日落降旗。参加升降国旗仪式者，着装整齐、立正、脱帽、行注目礼。升旗一定要升至旗杆杆顶。

正式场合悬挂国旗宜以正面面向观众，不可倒挂、反挂。旗面应完好、整洁，不能使用有污损的国旗。各国国旗的图案、式样、颜色、比例均按本国宪法规定。不同国家的国旗，其长、宽比例是不同的，因此在并排悬挂时，应按同一规格略放大或缩小，使旗的面积大致相等。

按照国际礼仪要求，悬挂双方国旗，以右为尊。两国国旗并挂时，应以旗本身面向为准，右挂客方国旗，左挂主方国旗。在汽车上挂国旗时，以汽车前进方向为准，司机右手为客方，左手为主方。

致哀应降半旗。降半旗的方法是先将旗升至杆顶，再下降至离杆顶约1/3杆长的地方。降旗时，也应先将旗升至杆顶，然后再下降（有的国家不降半旗，而在国旗上方挂黑纱致哀）。

9.2.2 礼宾次序

礼宾次序是东道主依据宾客的身份和职务高低，给予宾客相应的礼遇。国际交往中涉及位次顺序，讲究右尊左次。按照惯例，在同一职务身份的情况下，再依据宾客的姓氏顺序、参加国的国名字母（多以英文字母为准）、通知代表团组成的日期先后来依次排列。

1. 同行

在不同场合的特殊要求下，进门或上车的时候，要让尊者先走、女士优先。迎宾

社交礼仪

引路时，迎宾，主人走在前；送客，主人走在后；上楼时，尊者、妇女走在前面；下楼则相反。两人同行，以前者、右者为尊；三人同行时，以在中间的人为尊，前后行走的时候，以前者为尊。上车时，低位者要让尊者或女士从右边上车，然后再从车后绕到左边上车；坐轿车时，以后排中间为大位，右边为其次，左边又其次，前排最小。不过欧美有些国家把前排视为上座，把客人安排在后排反而是失礼的，因此要事先了解外宾的习惯，再来安排轿车座位。下车时，要"尊者居后"，即长辈、身份高者、女士后下车。迎宾者提前下车，为来宾打开车门，用手挡住车门上框，协助其下车。

2. 宴会

重大宴会上的礼宾次序，遵循以右为尊的原则，主要体现在桌次、席位的安排上。在室内，以朝南或对门的座位为尊位。

国际上一般习惯，桌次高低以离主桌位置远近而定。在宴会厅摆放圆桌时，以"面对正门"来进行定位，这个主位通常由主人就座，主宾或主宾夫人就座于主位的右侧，位于主位左侧的位次低于主位右侧的位次。其他人的位次，一般距离主位越远，位次越低，如图9-1所示。我国通常按客人职务、社会地位来排次序；外国习惯男女交叉安排，以女主人为准，主宾在女主人右上方，主宾夫人在男主人右上方。如果两桌以上的宴会，其他各桌第一主人的位置可以跟主桌主人的位置同向，也可以面对主桌的位置为主位。

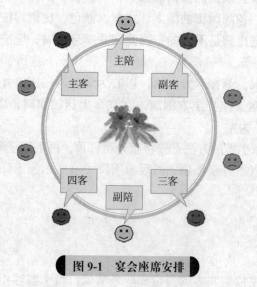

图9-1　宴会座席安排

3. 多边活动

在多边活动中，席位安排主要依据礼宾次序来排。排席前，按礼宾次序开列出出席的主宾双方名单，考虑语言习惯、专业对口等因素进行布置，方便主宾交谈。礼宾次序的排列必须考虑客人之间的关系，如果双方有分歧或矛盾，关系紧张，就不适合安排在一起。

在实际操作中,礼宾次序是比较敏感的问题。布置礼宾次序时,我们要尽量避免因安排不周而引起的不必要误解。安排席位时,有些国家忌讳以背向人,特别是安排长桌席位时,背向群众的一边和正面第一排桌背后的座位,都不要安排主宾。许多国家,陪同、翻译人员一般不上席,为便于交谈,译员坐在主人和主宾的背后。

9.2.3 着装礼仪

在国际社交场合,着装应大方、整洁、得体。衣服平整,裤线笔直;衣领袖口洁净,皮鞋锃亮。出席庆典仪式、正式宴会、会见外宾等活动时,男士应穿中山装、西服或民族服装,参观游览可以穿便服。如果穿西服可以不打领带,并解开衬衫的第一粒扣子。夏天除中山装、西服、民族服装外,一般可以穿两用衫和短袖敞领衫。长袖衬衫的前后摆要塞在裤内,袖口不能卷起,而短袖衬衫的下摆不要塞在裤子里。长裤不能卷起。任何情形下穿短裤出席涉外活动,都是不礼貌的行为。女性按不同季节和活动性质可着以下服装:西服(下身长裤或裙子)或民族服装,中式上衣配裙子或长裤,连衣裙、旗袍。夏天也可以穿衬衫配长裤或裙子。在国外参加外事活动时,服装一般应尊重东道主的要求和当地习惯。

进入室内场所都要摘帽和手套、脱掉大衣、风雨衣以及套鞋。不过允许妇女在室内戴纱手套、纱面罩、帽子、手套。在家里或饭店房间里接待临时来访的外国客人,不要光脚,不能只穿内衣、睡衣、短裤接待客人。

9.2.4 迎送礼仪

迎来送往是涉外礼仪中首尾两个重要环节。一个用心安排的欢迎仪式,能给客人创造良好的第一印象,而一个周到完美的欢送仪式,能为客人留下一个美好的回忆,使对方久久不能忘怀。

迎送外宾,无论是个人还是团体,都应事先确定迎送的规格。双方应身份相同、职位相等,这是对来宾的礼遇。如果来访者是公司董事长或总裁,那么接待方也应是董事长、总裁或企业负责人;如果来访者是经贸部部长,那么接待方也应是经贸部部长。如果被确定前去迎送的人,由于某种特殊原因,不能或不便前去迎送,应由职位相当的人来替代,并向对方做出解释,以示对客人的尊重。

在外宾出发前,应先问清来访者的身份地位、陪同人数及对住宿的要求,有准备地安排好宾馆。如果对方初次来华,可预订在国外闻名的国内宾馆。掌握好客人抵达时间和离开时间,配备好交通工具,提前 10~20min 到达接送地。如果迎接的客人素未谋面,一定要事先了解其外貌特征,并准备一块迎客牌,用中英文写上"欢迎×××先生(女士、小姐)"及本组织的名称。

客人走下飞机、火车或轮船,主人应热情地迎接上去,说问候语,行见面礼(握手礼、拥抱礼或鞠躬礼等)。之后,迎接方身份最高者或熟悉外宾的人员出面向客人介

社交礼仪

绍前来迎接的人员身份。客人到达住处后，应给予足够的休息时间，再开展其他活动。客人抵离，派专人协助办理出入境手续及行李提取与托运手续。

9.3 涉外会谈礼仪

在国际交往中，会见与会谈是一种十分重要的交往形式。会谈双方或多方就实质性问题交换意见、进行讨论、阐述观点、表明立场，会谈内容较为正式，专业性较强。

9.3.1 会谈的准备

涉外活动的会见与会谈需提前做好准备。

1. 约定时间和地点

双方或多方协商确定会见、会谈时间与地点。一方要求拜会另一方，应将会见、会谈时间和地点提前告知对方，另一方应及时回复对方的请求。不予回复或无故拖延会导致关系恶化，合作失败。高级领导人之间的会见通常安排在重要建筑物的宽敞的会客厅内进行，也有在宾客下榻酒店的会客室或办公室内进行。

2. 确定人员和规格

参加会见、会谈的人数及双方最高领导者的身份、地位应大体相等。因此，双方约定会见、会谈的时间后，提出要求会见、会谈的一方，应提前将自己一方出席人员的姓名、职务提供给对方；接到要求的一方也应把自己一方参加人员的名单通知对方。

3. 了解背景和准备资料

会见、会谈前，不论是主方还是客方，均应提前了解对方的背景资料及其风俗习惯、礼仪特征、禁忌等。准备好会谈所需的文字资料（中文、外文各一套），以便主宾双方参阅。

9.3.2 布置会场

一般公务性或商务性的会见、会谈，我国大多在会客室或会议室进行，国外多在主人的办公室内进行。

1. 场所的布置

在涉外活动中，主方应根据来访者的身份和访谈目的，精心布置会见、会谈场所，做到宽敞、明亮、整洁。既是对外宾的礼貌和尊重，也是展现自身形象。房间的陈设是主人心灵和品位的展现。任何一个会客室，不管面积大小、档次高低，遵从礼仪要求，应优先考虑光线、色彩、温度与湿度四大要素。

会客室应安排足够的座位，室内陈设与装饰应简洁、实用、美观、整洁，备有一定的茶具、茶水或饮料，可适当加上点心。会谈桌上通常放置主宾双方国旗，事先安排好座位图，每一座位上放置中外文座位卡（上写中文，下写外文），卡片要字迹工整、清晰，以便与会者对号入座。会谈场地正门口安排专人迎送，对于级别高的客人，应将其送达座位处。如果会谈场所面积较大，人数较多，还应安排扩音设备。会场周围应备有完好的通信、传真、复印设备及必要的文具，以备临时之需。

2. 座次的安排

按照惯例，会见、会谈时宾主座次均由主方负责安排。会见通常安排在会客室或办公室进行，宾主各坐一边。客人坐在主人的右边，译员、记录员安排坐在主人和主宾的后面。其他客人按礼宾次序在主宾一侧就座，主方陪见人在主人一侧就座。座位不够，可在后排加座。某些国家元首会见还有其独特礼仪程序，如双方简短致辞、赠礼、合影等。

双边会谈通常用长方形或椭圆形桌子，宾主相对而坐，以正门为准，主人在背门一侧，客人面向正门。主谈人居中。我国习惯把译员安排在主谈人右侧，但有的国家也让译员坐在后面，一般应尊重主人的安排。其他人按礼宾次序左右排列。记录员可安排在后面，如参加会谈人数少，也可安排在会谈桌就座。

横桌式：面门为上，居中为上，以右为上（静态的右）。

竖桌式：以右为上（动态的右），居中为上，以右为上（静态的右）。

小范围的会谈，也有不用长桌，只设沙发，双方座位按会见座位安排。

9.3.3 会谈礼仪

主方应提前到达会见或会谈场所，以迎候外宾到来。外宾抵达时，主人与客人握手、致意，主人在主宾左侧，陪伴客人步入会见厅。重要的会见、会谈，除陪同人和必要的译员、记录员外，其他工作人员安排就绪后均应退出。如允许记者采访，也只是在正式谈话开始前采访几分钟，然后全部离开。谈话过程中，旁人不要随意进出。

如需合影，应事先安排好摄影器材、摄影人员、摄影场地，备好后排站人的梯架。合影时双方主要领导居中，主人右侧为上，双方分两边排列站好。如果人数较多，可排成数排，身份高者站在前排，其余按顺序排后。摄影站位时，由主方人员把边。摄影人员要注意让所有人摄入镜头。

会见、会谈结束，主人应将客人送至门前或车前，握手话别。客人应当表示感谢，还可以趁机发出邀请。主人目送客人离去后方可转身离开，整个会见、会谈程序及接待工作宣告结束。

社交礼仪

9.4 国外礼俗举要

受国别、地域、民族特征、政治制度、文化背景、宗教信仰和社会风俗等因素的影响，各个国家、不同地区的礼仪千差万变，形成各具特色的礼仪文化。因此，在涉外交往中，我们要熟悉且尊重交往对象的礼仪文化，做到因人施礼。

9.4.1 东方国家习俗礼仪

这里说的东方国家，主要是指亚洲地区、中国周边的部分国家，如日本、新加坡、韩国、泰国、印度、印度尼西亚。

1. 日本

国旗：旗面为白色，正中有一轮红日。白色象征纯洁和正直，红色象征真诚和热忱。

民族构成：主要是大和民族。

语言：日语。

宗教：主要信奉神道教和佛教，少数信奉基督教和天主教。

日本是一个注重礼节形式的国家，保留着浓厚的我国唐代的礼仪和风俗。日本人盛行鞠躬礼。第一次见面时行"问候礼"，鞠躬30°；分手离开时行"告别礼"，鞠躬45°。初次见面，相互鞠躬，互递名片，一般不握手。没有名片的自我介绍姓名、单位、职务。而老朋友或比较熟悉的人见面会主动握手或深情拥抱。遇到女宾，女方主动伸手才可以握手。商务谈判中即使想法不同，谈判的全程始终保持微笑点头。注意维护对方的面子，也希望对方这样做。

常用的寒暄语："您好""您早""请多关照""请休息""对不起""失陪了""晚安"等。日本人对教师、医生、年长者、上级或特殊贡献者常用"先生"称呼，切不可称呼一般人为"先生"，会让对方难堪的。

日本人正式场合里一般着礼服，男子穿西服，女子穿和服，不准穿背心或赤脚。天气炎热时，衬衫不能卷起袖子，也不能随意脱外衣。只有主人请宽衣后，才能脱外衣。

日本人送礼、还礼一般都是通过快递公司的员工送上门的，送礼者和收礼者互不见面。忌4、9等数字，因为日语里4的发音和"死"相同，9的发音和"苦"一样。不要赠送数字为4、9的礼物，安排食宿时要避开4层楼4号房间4号餐桌等。他们认为偶数是2的倍数，容易导致夫妇分离，因此送日本人婚礼礼金要避免偶数。

宴席的座位讲究等级，一般听从主人的安排。主人或侍者斟酒时，要右手持壶，左手托壶底，壶嘴不能碰杯口；客人则右手拿酒杯，左手托杯底接受对方斟酒。在一般情况下，客人接受第一杯酒是礼节，客气地谢绝第二杯酒不为失礼。谢绝第二杯酒的客人，不能将酒杯倒放，要等大家喝完酒后，一起把酒杯倒放在桌子上。与日本人一起喝酒，不宜劝导他们开怀畅饮。

日本人喝茶不直接把茶叶放进茶杯，而是放到小巧玲珑的茶壶里。倒的时候，用一个过滤网防止茶叶进入杯里，总以半杯为敬，一般不再续茶。

日本人用筷子很讲究，筷子都放在筷托上，忌舔筷、移筷、扭筷、剔筷、插筷、跨筷、掏筷。同时，忌用同一双筷子依次给大家夹取食物，筷子也不能垂直插在米饭里。

日本人忌荷花图案，认为是妖花；忌讳绿色，认为是不祥之兆；不喜欢紫色，认为是悲伤的色调；讨厌金银眼的猫，认为人看到这种猫是要倒霉的。

日本人认为三人合影，中间的人被两个人夹着，是不祥的预兆；邮票不能倒贴，倒贴表示绝交。

2. 新加坡

国旗：自上而下由红、白两个相等的平行长方形组成，旗面左上角绘有一弯白色新月和五枚白色五角星。白色象征着纯洁与美德，红色代表了平等与友谊，新月表示新加坡是一个新建立的国家，而五颗五角星代表了国家的五大理想：民主、和平、进步、公正、平等。

民族构成：有华人、马来人、印度人、巴基斯坦人和斯里兰卡人。

语言：马来语为国语，英语为行政用语，华语、泰米尔语为官方语言，四种语言平等。

宗教：佛教、伊斯兰教、印度教、基督教。

新加坡各民族的风俗习惯因民族及宗教而不同。华人的传统习俗与我国相似，比如，两人见面时作揖，或鞠躬、握手；多数人信奉佛教，喜欢室内诵经，不喜欢被打扰。印度血统的人保持印度的礼节和习俗，男人扎白色腰带，妇女额头上点"吉祥痣"，见面时双手合十致意。马来血统和巴基斯坦血统的人依照伊斯兰教的礼节行事。

新加坡商人重"面子"，不做没有把握的生意，守信用，只要签订合同，便会认真履约。和他们交谈时，不要谈论有关宗教和政治方面的敏感话题，忌讳说"恭喜发财"，认为发财是指发不义之财，是对其侮辱和谩骂。新加坡人忌讳黑色、白色和黄色，认为紫色、黑色不吉利；忌讳数字7，不喜欢乌龟，严禁放烟花爆竹；随地吐痰、扔弃废物、不排队，都会受到法律制裁；大年初一必须把扫把收起来，以免把一年的好运气扫走了。公共场所竖有"长发男子不受欢迎"的标语牌，对留胡须、蓄长发的男士不喜欢。

9.4.2 西方国家习俗礼仪

这里介绍的西方国家，主要是指文化相近、政治体制类似、经济发达的欧美国家及澳大利亚、新西兰。这些国家的习俗礼仪有相通处，例如，遵循"女士优先"社交

社交礼仪

原则，禁忌数字13，特别是13号又是星期五这一天。

1. 美国

国旗：俗称"星条旗"，又称"合众国旗"，由13道红白相间的宽条构成，左上角还有一个包含了50颗白色小五角星的蓝色长方形。50颗小五角星代表了美国的50个州，而13条间纹则象征着美国最早建国时的13块殖民地。红色象征勇气，白色象征真理，蓝色则象征正义。

民族构成：白人占多数，还有黑人、亚洲人等种群的人口。

语言：官方语言为英语，南方有西班牙语。

宗教：基督教、天主教、犹太教。

美国人崇尚自由，张扬个性，平时穿衣以宽大舒适为原则，爱穿什么就穿什么。春秋季，美国人一般是衬衫配长裤（西裤或牛仔裤），天气凉就加件毛衣或夹克。夏天天热，穿短裤和着短裙者大有人在。在旅游或海滨城市，穿着游泳衣，外搭一块浴巾，就可以逛大街或下饭馆了。不过在正式场合，美国人还是比较讲究礼节的，男士着西装，女士着礼服，手指甲要清洁，鞋要擦亮。美国商人初次见面，常常是点头微笑致意，礼貌地打个招呼，不一定握手。男女交往中，如果女士无握手之意，男士不要主动伸手；男士握女士的手要斯文，不可用力。握手时不能用双手。长幼之间，长者先伸手才握手；上下级之间，上级先伸手才握手；主宾之间，主人先伸手才握手。男性之间交往不要相互勾肩搭背。美国人谈话时习惯于保持一定的社交距离，一般保持120~150cm，最少也不得小于50cm。

在美国，12岁以上的男子享有"先生"的称号，但多数美国人不爱用先生、夫人、小姐、女士之类的正式称呼或正式的头衔来称呼别人，更喜欢直呼其名，这样才显得亲切友好。正式头衔一般只用于法官、军官、医生、教授、宗教界领袖等人物。对于行政职务，美国人从来不称呼"×××局长""×××经理"。

拜访前，事先约定时间、地点。在即将抵达时，先通个电话告知。应邀去美国人家中做客或参加宴会，最好给主人带上一些小礼品，如化妆品、儿童玩具、本国特产或烟酒之类。对家中的摆设，主人喜欢听赞赏的语言，而不愿听到询问价格的话。当你因特殊情况不能准时赴约，一定要打电话通知主人，并说明理由，或者告诉主人什么时间可以去。赴宴时，当女士步入客厅时，男士应该站起来，直到女士找到了位子你才可坐下。美国人热情好客，即使偶遇，你也有可能被邀请去看戏、吃饭或外出旅游。但一星期之后，这位朋友很可能把你忘得一干二净。去酒店或餐馆，即使你一分钱不花，服务员仍是满脸堆笑，临走时还笑盈盈地说谢谢你的光临，希望下次再来。

美国商界流行早餐与午餐约会谈判。美国商人喜欢表现自己的"不正式""随和"与"幽默感"。能经常说几句笑话的人，往往易为对方所接受。在美国使用商品的商标，都要到美国联邦政府进行登记注册，不然你的商品会被别人侵权。销美的商品最好用公司的名称做商标，便于促销。美国人喜欢象牙色、浅绿色、浅蓝色、黄色、粉红色、浅黄褐色等。通过实例可以观察到美国人的色彩爱好与购买习惯的关系：纽约市民喜欢白色的鸡蛋,而波士顿市民却喜欢红褐色的鸡蛋;波士顿人爱好绿色的龙须茶,芝加哥市民却喜欢白色的龙须茶;美国南部的女人喜欢蓝色系,而新英格兰人喜欢购买适合自己皮肤颜色的衣服。

美国由于犹太人甚多,故圣诞节与复活节前后两周不宜往访。除6—8月多去度假外,其余时间宜往访。

2. 英国

国旗:俗称"米字旗",由深蓝色和红、白米字组成,综合了原英格兰(白底红色正十字旗代表英格兰守护神圣乔治)、苏格兰(蓝底白色交叉十字旗代表苏格兰守护神圣安德鲁)和爱尔兰(白底红色交叉十字旗代表爱尔兰守护神圣帕特里克)的旗帜标志。

民族构成:大多数为英格兰人,还有苏格兰、威尔士、爱尔兰人。

语言:英语为国语。

宗教:基督教。

英国人讲究穿戴,只要一出家门,就得衣冠楚楚。出席宴会或晚会时,男士习惯穿黑色礼服,衣裤笔挺;女士穿长晚礼服。按英国商务礼俗,宜穿三件套式西装,打传统保守式的领带,勿打条纹领带。英国人和善、友好,待人彬彬有礼,绅士风度驰名中外,善于互相理解,能体谅别人,遇到问题也易于解决,营造出让大家和谐又愉快的环境。职业感强烈,是英国人的另一大特性。对待自己的职业,认真负责,业务上精益求精。英国人守旧,生活刻板。一般家庭喜爱以前几代传下来的旧家具、旧摆设、旧钟表而炫耀于人。首都伦敦有许多百年老店,而且越是著名的商店,越对原有的式样或布置保持得越完整。

在英国经商,必须守信用。英国人的时间观念很强,拜会或洽谈生意,访前必须预先约会,准时很重要,最好提前几分钟到达为好。英国人初次见面,一般都以握手为礼,不像东欧人那样常常拥抱。随便拍打客人被认为是非礼的行为,即使在公务完结之后也是如此。英国商人善应变,有很好的灵活性,对建设性的意见反应积极。商务交往中,他们重交情,不刻意追求物质,不掂斤拨两。避免老用 English 一字来表示应英国的,宜用 British 一字。若受到款待一定要致谢,事后致函表示谢意,更能引起注意,赠送小礼品能增加友谊。商务活动最好安排在 2—6月、9月中—11月。圣诞节及复活节前后两周最好勿去。

在英国,不流行邀对方早餐、午餐谈生意。一般来说,对晚餐比较重视,视为正餐。因此,重大的宴请活动,大都放在晚餐时进行,在酒店或饭店举办,因为英国人不喜欢邀请至家中饮宴。去英国人家里做客,最好带点礼品,花费不要太多以免有行贿之嫌,比如,带些高级巧克力、名酒、鲜花,或者民间工艺美术品。英国人会当着客人的面打开礼品,无论礼品价值如何,或是否有用,主人都会给以热情的赞扬表示谢意。在正式的宴会上,一般不准吸烟。进餐吸烟,被视为失礼。

在英国,女士优先的社会风气很浓。如走路时,要让女士先进。乘电梯时让妇女先进。乘公共汽车、电车时,要让女子先上。斟酒要给女宾或女主人先斟。在街头行

社交礼仪

走,男的应走外侧,以免发生危险时,保护妇女免受伤害。丈夫通常要偕同妻子参加各种社交活动,而且总是习惯先将妻子介绍给贵宾认识。上街走路,千万注意交通安全,所有车辆都靠左行驶。

英国人喜饮茶,尤其是妇女嗜茶成癖。英国人有饮下午茶的习惯,称为"茶休",即15:00—16:00放下手中的工作,喝一杯红茶,配点点心,休息一刻钟。主人邀请你共同喝下午茶,大可不必推却。在英国,邀请对方午餐、晚餐、到酒吧喝酒或观看戏剧、芭蕾舞等,会被当作送礼的等价。主人提供的饮品,客人以不超过三杯饮量为宜。如果感到喝够了,可以将空杯迅速地转动一下,然后交给主人,表示多谢。

英国人忌谈个人私事、家事、婚丧、年龄、职业、收入、宗教问题。日常生活中尽量避免13这个数字,用餐时不准13人同桌。不能手背朝外,用手指表示二,这种V字形手势是蔑视别人的一种敌意做法。从不从梯子下走过,在屋里不撑伞,从不把鞋子放在桌子上、和人像做装潢等。菊花在任何欧洲国家都只用于万圣节或葬礼,一般不宜送人。白色的百合花在英国象征死亡,也不宜送人。其他的花都可以送人。盆栽植物一般是宴会后派人送去。忌讳孔雀、黑猫,忌碰响水杯。

9.4.3 非洲国家习俗礼仪

虽然中国与非洲相距甚远,但是万水千山也阻断不了双方的友谊与合作。在漫长的岁月里,中非人民结下了深厚友谊。迄今,中国已同48个非洲国家建立了外交关系。中非人民交往日益密切,各领域务实合作方兴未艾。

1. 南非

国旗:呈长方形,由红、绿、蓝、白、黑、黄六种颜色组成,呈Y形(官方给出的解释是V然后流向一条平线,而不是Y)。旗面上区为红,下区为蓝,各占旗宽的1/3,代表鲜血。旗面中央是一横Y形三色条,占旗宽的1/3。象征着聚合不同的南非民族,共同发展,一起走向今后的道路。用来区隔红区、蓝区和连接旗杆罩布处的黑色三角形。三色条的中间色为绿色,宽度占旗宽的1/5,代表土地,绿色的两侧各有金色和白色,各占旗宽的1/5,金色代表金子,白色代表白人以金色一端连接黑色三角形,黑色代表黑人。

民族构成:74%为非洲黑人,有色人种(混血种人)240多万,亚洲人70多万,白种人440多万(其中荷兰血统的占60%、英国血统的占38%)。

语言:英语和南非荷兰语同为官方语言。

宗教:白人、大多数有色人和60%的黑人信奉基督教、新教或天主教;亚裔人约60%信奉印度教,20%信奉伊斯兰教;部分黑人信奉原始宗教。

长久以来由于种族原因,南非社交礼仪概括为"黑白分明""英式为主"。"黑白分明"是指受到种族、宗教、习俗的制约,南非的黑人和白人所遵从的社交礼仪不同。"英式为主"是指在很长的一段历史时期内,白人掌握南非政权,白人的社交礼仪特别是英国式社交礼仪广泛地流行于南非社会。

拜访须先订约。南非的商务谈判，穿着保守式样的西装，说话大胆直率。许多生意在私人俱乐部或对方家中做成。在社交场合，南非人所采用的普遍见面礼节是握手礼，他们对交往对象的称呼则主要是"先生""小姐""夫人"。

在城市里，南非人的穿着打扮基本西化了。但凡正式场合，他们都讲究着装端庄、严谨。南非黑人通常还有穿着本民族服装的习惯。不同部族的黑人在着装上往往会有自己不同的特色。

在南非黑人家中做客，主人一般送上刚挤出的牛奶或羊奶，有时是自制的啤酒。客人一定要多喝，最好一饮而尽。在黑人部族中，尤其是广大农村，南非黑人往往会表现出和社会主流不同的风格。比如，他们习惯以鸵鸟毛或孔雀毛赠给贵宾，客人得体的做法就是把那些珍贵的羽毛插在自己的帽子上或头发上。

信仰基督教的南非人，忌讳数字13和星期五；南非黑人非常敬仰自己的祖先，他们特别忌讳外人对自己的祖先言行失敬。跟南非人交谈，不要为白人评功摆好；不要非议黑人的古老习惯；不要为对方生了男孩表示祝贺；不要评论不同黑人部族或派别之间的关系及矛盾。

2. 埃及

国旗：自上而下由红、白、黑三个平行相等的横长方形组成，白色部分中间有国徽图案。红色象征革命，白色象征纯洁和光明前途，黑色象征埃及过去的黑暗岁月。

民族构成：主要为阿拉伯人。

语言：官方语言为阿拉伯语，通用英语和法语。

宗教：伊斯兰教为国教；小部分人信奉基督教，还有少数犹太教徒。

埃及人见面时异常热情。一般情况下，见到不太熟悉的人，先致问候"你好"（发音"安塞俩目尔来库姆"），称呼对方为阿凡提，意思是先生。如果是老朋友久别重逢，则拥抱行贴面礼，即用右手扶住对方的左肩，左手搂抱对方腰部，先左后右，各贴一次或多次，而且还会连珠炮似的发出一串问候语："你好吧""你怎么样""你近来可好""你身体怎么样"。

埃及的传统服装是阿拉伯大袍，边远地区妇女保持着出门蒙面纱的习俗。20世纪20年代后期，西方服装逐步进入埃及。在商务场合，宜穿着保守式样西装。拜访须先订约。埃及人晚餐在日落以后和家人一起共享，在这段时间内，勉强请人家来谈生意是失礼的。在埃及从商的人经验丰富，时间观念差，很少依照所约定的时间行事。他们说："请等5min"，可能30min也见不到人。若说请等1h，那么等于要重新约定时间了。当地每周工作日是从本星期六到下星期四，星期五是伊斯兰教的休息日。进行商务活动，最好是在10月到次年4月。

进伊斯兰教清真寺时，务必脱鞋，忌讳踩祈祷用的铺垫。在斋月期间，不要在当地人面前吃喝东西或吸烟，否则会被训斥。受伊斯兰教影响，埃及人认为"右比左好"，右是吉祥的，左手是不干净的。做事要从右手和右脚开始，握手、用餐、递送东西必

社交礼仪

须用右手，穿衣先穿右袖，穿鞋先穿右脚，进入家门和清真寺先迈右脚。用左手与他人握手或递东西是极不礼貌的，甚至被视为污辱性的。

埃及人一般都很爱仙鹤，5、7数字会给人们带来"吉祥"，例如朝觐者回来后，第7天请客；婴儿出生后，第7天宴请。忌讳黑色、蓝色、黄色，喜爱绿色和白色。视猫为神圣的精灵，宠猫、敬猫。讨厌当众吐唾沫，赞女窈窕为不纯。男士不要主动和妇女攀谈。不要称道埃及人家里的东西，否则会认为你在向他索要；不要和埃及谈论宗教纠纷、中东政局及男女关系。喜欢金字塔形莲花图案。禁穿有星星图案的衣服，除了衣服外，有星星图案的包装纸也不受欢迎。

9.4.4 拉丁美洲国家习俗礼仪

随着时代的进步、交通的发达、各民族间经济联系的扩大、特别是第三世界各国人民团结的增强，我国和拉丁美洲各国人民之间的友好往来日益密切。

1. 巴西

国旗：呈长方形，旗底为绿色，中间是一个黄色菱形。菱形的四个顶点与旗边的距离均相等。菱形中间是一个蓝色天球仪，其上有一条拱形白带。绿、黄色是巴西的国色。绿色象征该国广阔的丛林，黄色代表丰富的矿藏和资源。

民族构成：由欧洲人、非洲人、印第安人、阿拉伯人以及东方人等多种民族组成的国家，但核心是葡萄牙血统的巴西人。按照2010年的数据，巴西人口中47.3%为白种人，43.1%为混血种人，7.6%为黑人，2.1%为亚洲人，其余则为印第安人和其他黄种民族。

语言：官方语言为葡萄牙语，日语、英语日常使用。

宗教：88%的人口信奉天主教。

巴西人性格开朗豪放，待人热情而有礼貌，在大街上相见也热烈拥抱。无论男女，见面和分别时都握手。妇女们相见时脸贴脸，用嘴发出接吻时的声音，但嘴不接触脸。他们的风俗也颇有趣。如男人喜欢在自己的胸前画一只虎，以表示英勇；或者在胸前画一支箭，表示自己是最好的射手。他们还把一种稀有的"金桦果"视为幸福的象征。

商务访问时，宜穿保守式样深色西装，言谈举止宜保持温暖友好。无论访问政府机关或私人机构，均需事先订约。在巴西，使用当地语言会话和行文会更便利与亲切。使用名片应有当地通用文字，商品说明应有当地文字对照。和巴西人打交道时，主人不提起工作时，你不要抢先谈工作。因为巴西人对时间和工作的态度比较随便。闭口不谈当地政治问题，避开涉及当地民族玩笑。巴西人喜欢别人夸奖自己的孩子。

在巴西，以棕色、紫色表示悲伤，黄色表示绝望。他们认为人死好比黄叶落下，所以忌讳棕黄色。人们迷信紫色会给人们带来悲伤。另外，还认为深咖啡色会招来不幸。巴西人的生活跟咖啡有不解之缘，一天内喝个数杯咖啡是常见的事。巴西人会请客人喝浓咖啡。在巴西人家里做客后的第2天，应托人给女主人送一束鲜花或一张致谢的便条。鲜花千万不能送紫色的，紫色是死亡的象征。

巴西有个规定，要进入私人的土地或住处，必须先获得主人的准许。如果被问了三次而仍不回应，对方可以举枪射击。在巴西必须按章办事，小心为妙。外出开车时一切以行人为优先。在巴西看电影的时候，一定要把护照带上，以便检查。巴西的印第安人邀请客人一起跳进河里去洗澡，一次又一次，有的一天要洗上十几次。因为洗澡和吃饭是他们生活中最重要的内容。洗澡次数越多，表示对宾客越客气、越尊重。

2. 阿根廷

国旗："三横两色"的国旗，最顶和最底也是蓝色，中央部分为白色，并加上一个32道光线的太阳，其太阳（"五月太阳"）由16个波浪状和16条直线构成。

民族构成：白种人占97%，几乎全是欧洲移民的后裔。

语言：西班牙语为国语，还有英语、意大利语、德语。

宗教：天主教为主，教徒占全国人口的94%。

初次见面，以握手为礼；久别相见，男人相互拥抱，女人则握住对方双手并亲面颊。亲友及见过两三次面的熟人相遇或告别时，长辈与晚辈之间、女性之间或异性之间大多是互相亲吻面颊，实际只是轻轻接触一下面颊，嘴里发出亲吻的声音，先右后左，或只亲右边。阿根廷人送礼不要送衬衫、领带之类贴身用的物品，阿根廷人喜欢别人夸奖他们的孩子、家里的陈设和他们的菜。避免谈论有争议的宗教、政治问题。可以谈谈体育，特别是足球以及当地的公园。女士优先是阿根廷生活习惯，女士礼让男士反而会让他难堪的。

在阿根廷商务会谈，男士穿保守式样的西装（最好不要穿灰色的西装），女士穿套裙或长裙，流行以握手为礼，频繁交换名片。阿根廷商人喜欢邀请你至家中做客。去做客时可给女主人送上一束鲜花或一些糖果。商务活动，5—11月最宜往访。圣诞节与复活节前后两周不宜。1—3月为阿根廷"暑假"度假期。拜会或应邀做客，应比约定时间晚几分钟到达，早到或者迟到太多都不好。

若在餐厅吃晚餐，也要穿西装，系好领带，一副绅士模样。即使你是外地来的游客，也绝不例外。服装就是他们据以做"人物评价"的基准。因此到公司或机关访问，或到客商家做客，你都必须西装革履，整整齐齐才行。穿灰色西装去访问对方，印象一定会被大打折扣，不能不慎。在阿根廷乘火车，你若在特等厢或头等厢脱下上衣，打算轻松一下，随车的车长会马上向你提出警告。公共场合不要大声喧哗。"谢谢""对不起""借光"是阿根廷人日常使用率最高的词汇。进餐馆、旅馆或电梯，都要对为你服务的人员说声"谢谢"；碰到别人要说"对不起"；超越前面的人或取走别人桌上的物品，要说"请允许"或"借光"。阿根廷人遵守公共道德习以为常，凡是该排队的地方，都会按顺序排好队，对于不排队的行为大家会愤而制止。

社交礼仪

思考题

1. 国际交往中遵循的基本礼仪原则是什么？
2. 涉外活动需提前做哪些准备工作？
3. 在西方国家存在哪些共同的禁忌？

参考文献

[1] 编写组.机关礼仪修养实用手册［M］.北京：中国言实出版社，2015.
[2] 北京未来之舟礼仪培训机构.最新公民礼仪［M］.北京：中国经济出版社，2015.
[3] 林友华.社交礼仪［M］.2版.北京：高等教育出版社，2007.
[4] 谢瑶函，金秀美.通用礼仪实训教程［M］.北京：中国人民大学出版社，2015.
[5] 张文菲.青年礼仪教程［M］.北京：中国商业出版社，2005.
[6] 艾建玲.旅游礼仪教程［M］.长沙：湖南大学出版社，2006.
[7] 卢新华，康娜.社交礼仪［M］.北京：北京大学出版社，2012.
[8] 金正昆.公务礼仪［M］.北京：北京联合出版公司，2013.
[9] 金正昆.职场礼仪［M］.北京：北京联合出版公司，2013.
[10] 金正昆.社交礼仪［M］.北京：北京联合出版公司，2013.
[11] 金正昆.社交礼仪［M］.北京：北京大学出版社，2005.
[12] 金正昆.商务礼仪［M］.北京：北京大学出版社，2005.
[13] 达敏.20几岁要懂得的社交礼仪常识［M］.北京：中国华侨出版社，2015.
[14] 钟敬文.中国礼仪全书［M］.合肥：安徽科学技术出版社，1997.
[15] 柴一兵.一天一点礼仪训练［M］.北京：北京工业大学出版社，2014.
[16] 杨瑞杰.现代公关礼仪教程［M］.郑州：郑州大学出版社，2011.
[17] 杨文丰.现代应用文书写作［M］.北京：中国人民大学出版社，2017.
[18] 耿云巧.现代应用文写作［M］.北京：清华大学出版社，2010.
[19] 闫杰.礼仪文书写作［M］.北京：气象出版社，2012.
[20] 姚群.商务文书与公关礼仪［M］.北京：北京大学出版社，2007.
[21] 薛颖.新案例应用写作教程［M］.北京：北京理工大学出版社，2012.
[22] 胡伟.应用文写作［M］.北京：北京大学出版社，2015.
[23] 夏晓鸣.应用文写作［M］.上海：复旦大学出版社，2012.
[24] 李波.商务礼仪［M］.北京：中国纺织出版社，2006.
[25] 王海霞，刘俊.社交礼仪读本［M］.武汉：华中科技大学出版社，2015.
[26] 叶明.商务礼仪基于国际视野［M］.北京：清华大学出版社，2015.
[27] 林慧.商务礼仪［M］.北京：中国财富出版社，2015.
[28] 冯玉珠.餐饮礼仪全攻略［M］.北京：对外经济贸易大学出版社，2005.
[29] 王芳.西餐文化与礼仪［M］.北京：中国轻工业出版社，2016.
[30] 林莹.西餐礼仪［M］.北京：中央编译出版社，2009.
[31] 张宇平，王雪霏.社交礼仪教程［M］.北京：中央广播电视大学出版社，2013.
[32] 纪亚飞.优雅得体中西餐礼仪［M］.北京：中国纺织出版社，2014.
[33] 张朝晖.礼仪规范教程学习指导与训练［M］.北京：高等教育出版社，2008.
[34] 李荣建.社交礼仪［M］.北京：清华大学出版社，2013.